Helge Timmerberg, Abenteurer und Globetrotter, hat den letzten ihm noch unbekannten Kontinent bereist, sieben Monate lang, von Nord nach Süd, von Ost nach West. Afrika lag vor ihm wie eine Großwildjagd nach Geschichten. In den Großstädten inspizierte er die Hölle auf Erden, in der Serengeti das Paradies. Er war mit Buschfliegern unterwegs, mit uralten Dampfern und bangte bei einem nächtlichen Fußmarsch um sein Leben. Er schwamm mit Krokodilen, wurde von einem Elefanten attackiert und von einem Nashorn verfolgt. Er durchstreifte den Regenwald in Uganda, besuchte die weißen Strände von Sansibar und entdeckte die schönste Insel Afrikas, die Ilha de Moçambique. Er wurde im Senegal mit einem Voodoozauber belegt und lernte in Malawi das kleine Einmaleins der Korruption kennen. Er zog durch die Reggaekneipen von Dakar, traf Marabouts, Primatenforscher, Straßendiebe und – Lisa. Dank ihr verbindet sich seine Liebe zum Abenteuer mit dem Abenteuer der Liebe. Beides hat seine Risiken: durchgeknallte Gefühle.

Das berühmte «afrikanische Fieber»: Helge Timmerberg hat es gesucht und gefunden. Ein hintergründiges, lebenskluges und lustiges Buch – und eine ebenso exzentrische wie sympathische Abenteurergeschichte, wie sie heute kaum noch zu erleben ist.

HELGE TIMMERBERG

Ein Abenteuer

Rowohlt Taschenbuch Verlag

Für Lore, Walter,
Flo und Peter

Veröffentlicht im Rowohlt Taschenbuch Verlag,
Reinbek bei Hamburg, August 2013
Copyright © 2012 by Rowohlt · Berlin Verlag GmbH, Berlin
Karte Harry Jürgens, Leipzig
Umschlaggestaltung und Titelillustration Frank Ortmann
Satz aus der Fleischmann PostScript
bei hanseatenSatz-bremen, Bremen
Druck und Bindung CPI – Clausen & Bosse, Leck
Printed in Germany
ISBN 978 3 499 63026 2

INHALT

1. Die Invasion der Paviane 9
2. African Queen 18
3. Die Lodge 27
4. Das Krokodil, meine Freundin und ich 37
5. African Shopping 47
6. Bad Passport 66
7. Ansehen, umdrehen, weggehen 89
8. Troubles in Transit I 104
9. Ça va 109
10. Voodoo mir, so ich dir 128
11. Der Marabout 151
12. Feuergeschichten 168
13. Troubles in Transit II 184
14. Das Paradies ist aus Glas 190
15. Troubles in Transit III 200
16. Nollywood Inn 207
17. Alles Sansibar 213
18. Heimaturlaub 222
19. Highway to Heaven 234
20. Vertreibung aus Eden 255
21. Nairobbery 266
22. Babylino, ich glaube, wir gehen besser 274
23. Die Pyramide 282
24. Die Moschee 296

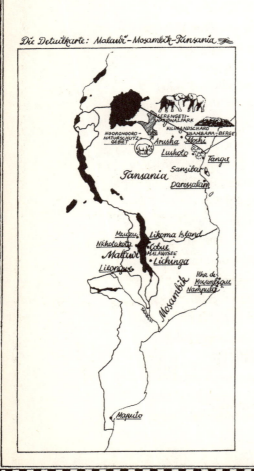

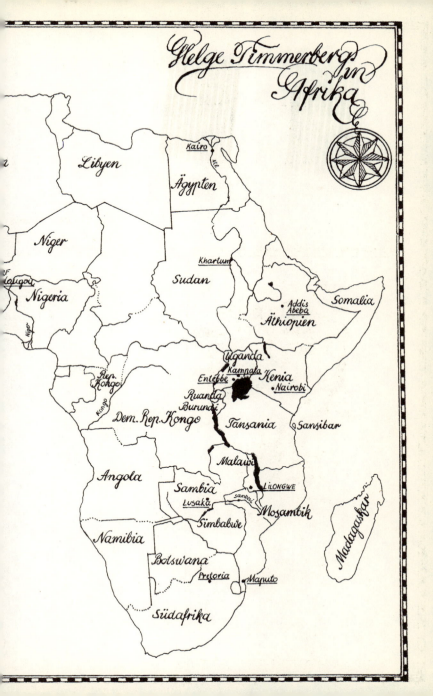

1. DIE INVASION DER PAVIANE

Lisa sagt erst mal gar nichts, als wir das Zimmer betreten. Die vierzehn Stunden Flug mit Zwischenstopps in Kairo, Khartum, Nairobi und Lusaka haben uns etwas zu dünnhäutig für die Hölle gemacht. Das Fegefeuer ist nicht immer heiß, es kann auch kalt sein, entsetzlich kalt und leer. In diesem Raum gibt es nichts, was im weitesten Sinne nach Trost aussieht. Kein Bild, kein Foto, keine Vase, kein Deckchen, keinen Teppich, nicht mal einen Bierdeckel oder so etwas. Kahle Wände, kahler Boden, ein wackliger Stuhl und das Bett mit Albträumen bezogen. Sind wir dafür achttausend Kilometer geflogen? Ich bin in Afrika, aber ich bin nicht mehr allein. Der Vorteil des Zu-zweit-Reisens ist, dass immer nur einer am liebsten tot umfallen möchte, und dem anderen fällt was ein. Ich nehme sofort die Chance wahr, Lisas Held zu sein, und checke wieder aus.

Nächstes Hotel, nächste Prüfung. Das «Korean Garden» hat einen Swimmingpool, ein Restaurant und eine Kakerlake im Bad. Eine nicht besonders große und anscheinend auch bereits halbtote Kakerlake, die sich über den Boden schleppt, bevor Lisa einen Abfalleimer über sie stülpt. «Tu etwas», sagt sie, «bitte tu etwas.» Fakt ist allerdings: Ich ekle mich vor Kakerlaken noch mehr als sie. Also, was soll ich jetzt machen? Drauftreten? Sogar die Kakerlaken-Tötung ohne direkten Körperkontakt ekelt mich, außerdem wäre dann mein Schuh für immer eklig, mit dem Kakerlakenbrei untendran. In die Hand nehmen? Raustragen? Glitsch und Schleim in meiner Faust für, sagen wir, eine volle Minute ertragen? Ich weiß nicht, ob ich das kann. Der Gärtner kann es. Ich hole ihn von draußen, und er lacht, als er die Kakerlake sieht. Er hat nach meiner Schilderung mit einem Skorpion gerechnet, mit einer Kobra oder einer Ratte. Er nimmt das arme Tier vom Boden und steckt es sich in die Hosentasche. Nachdem ich ihm Trinkgeld gegeben habe, verlässt er noch immer lachend das Zimmer, und das war es dann mit der zweiten Heldentat an diesem Tag.

Lisa reagiert darauf gespalten. Einerseits bin ich schlimmer als ein Mädchen, andererseits souverän. Reist sie mit einem souveränen Mädchen? Oder mit einem mädchenhaften Souverän? Und was bedeutet das für Malawi, wenn erst im «Korean Garden», aber bald auch in jedem anderen Hotel des Landes die Gärtner minimum eine Kakerlake pro Tag in jedes Zimmer legen, weil das Trinkgeld, das einst ein weißer Mann einem der ihren gab, doppelt so hoch wie sein Tageslohn war?

Der erste Tag ist immer schwierig. Bei Fernreisen kommt die Seele erst drei Tage später an. Und man fühlt sich seltsam ohne Seele. Man ist nirgendwo zu Hause, weder im Alten noch im Neuen. Außerdem ist es Sonntag. Da zeigt keine Stadt, was sie kann. Alle Geschäfte geschlossen, die Bürgersteige hochgeklappt, hin und wieder bewegt der Wind auf den staubigen, menschenleeren Straßen einen Fetzen Papier. Mit dieser Ödnis harmonieren die Häuser der Stadt. Hauptsache-es-regnet-nicht-rein-Architekten haben ein Stadtbild des schnörkellosen Funktionalismus auf unterstem Materialniveau geschaffen, und infrastrukturell glänzt die Metropole Malawis mit zwei, drei asphaltierten Straßen. In Lilongwe sonntags allein zu sein bedeutet, einsam im Alkohol zu versinken, aber zu zweit trinken wir manierlich, und im Bett halten wir uns aneinander fest. Jeder ist des anderen Decke und Kissen, jeder ist des anderen Wärme und Schutz. Ich atme ihren Atem, ich atme in sie hinein, und damit schlaf ich ein.

Der zweite Tag ist immer leichter. Ausgeschlafen, satt und von der Sonne geküsst, finden wir sofort die drei besten Adressen für unsere Interessen. Das «Kiboko Town Hotel», den «Fastest Internetshop» und das Restaurant «Don Brioni». Alle drei sind im selben Gebäude. Das Hotel gehört einer geschmackssicheren Holländerin, der Cybershop einem geldgierigen Inder und das Restaurant einem «Fake-Italiener» namens Brian, der weltweit, aber am liebsten auf Kuba Hotel- und Restaurantpersonal ausgebildet hat, bevor er sich in der Hauptstadt von Malawi niederließ, um, wie er sagt, seine alten Tage mit Trinken, Freundemachen und Geldzählen zu verbringen. Der Engländer ist über siebzig, seine afrikanische Frau unter vierzig, und sie sieht exakt so aus wie das, was die Restpotenz eines Siebzigjährigen braucht. Highheels, Hotpants, Megatitten und zwei knallrote Sofas statt Lippen. Don Brioni bietet die Standards der italienischen Küche, außer Pizzas, warum, habe ich vergessen, aber sein ganzer Stolz ist ein Avocado-Gericht. Es fand Erwähnung in einem dicken Hochglanz-Gourmet-Bildband, der über seiner Theke steht, und er zeigt es jedem Gast, also auch mir. «In diesem Buch zu sein, ist so 'ne Art Nobelpreis für Gastronomen», sagt er und strahlt mich an. «Und was machen Sie?»
«Ich bin Schriftsteller», antworte ich und strahle zurück.

«Sind wir das nicht alle?»

Die anderen Gäste: Missionare, Großwildjäger, Geheimdienstler, Buschflieger, Botschaftsmitglieder, UN-Leute und ein paar Touristen, von denen sich aber mindestens die Hälfte nicht als Touristen bezeichnen würde, sondern als Entwicklungshelfer. Medikamente verschenken, Geld verteilen, Brunnen bauen, dafür haben sie bezahlt. Pauschalreisen einschließlich der guten Tat sind zu einem recht blühenden Zweig der Tourismusindustrie geworden; es gibt aber immer noch Individual-Helfende wie den Kanadier, mit dem ich kurz an der Theke spreche. Er hat dreißigtausend Bibeln dabei.

Wir warten hier auf Collin. Der Generalmanager einer Fünfsternelodge in Mosambik und Lisas zukünftiger Chef macht eine Einkaufstour rund um den Malawisee und ist heute in Lilongwe. Gleich werde ich auf das schottische Phantom treffen. Wie wird er auf mich reagieren? Und wie ich auf ihn? Und was wird er zu Lisa sagen? Zu ihrer Mail, die die Lösung für unsere Verlustängste gewesen ist? Sie hatte sie aus Wien geschickt und ihm darin mitgeteilt, dass sie nicht für ein Jahr in der Lodge als Frontdoormanagerin arbeiten werde, sondern nur für drei Monate, und außerdem ihren neuen Freund mitbringe. Collin brauchte eine Woche, um «Das geht okay» zurückzumailen, aber wie okay geht das wirklich, wenn er Lisa gegenübersitzt? Und wie okay geht das für sie? Das sind unsere Fragen unter Don Brionis Deckenventilatoren und bei Don Brionis Wein. Who the fuck is Collin? Und wie wird er sein?

Einige dieser Fragen klären sich auf der Stelle, als Collin kommt. Rote Haare, roter Bart, Sommersprossen und Nickelbrille in einem jungenhaften Gesicht. Lisa hat recht. Ein Pfadfinderlein ist kein Grund für mich, eifersüchtig zu sein. Und er ist nicht allein. Eine hübsche junge Frau namens Rose begleitet ihn, auch sie rothaarig und sommersprossig, und sie scheint ein bisschen verliebt in ihn zu sein. Und er in sie? Man wird sehen, auf alle Fälle ist das ideal. Zwei Paare, ein Busch, und niemand muss auf seine Frau aufpassen. Rose lebt als Volontärin in der Lodge. Sie arbeitet umsonst, ihr Lohn ist das Aufenthaltsrecht im Paradies. Sie sagt, sie sei vor drei Wochen gekommen und müsse sich noch immer fangen, denn die Lodge sei noch schöner als auf den Fotos. Magisch schön. Freut das Lisa? Oder schmerzt es sie? Ich sehe beides kurz in ihren Augen und hoffe, dass unterm Strich nicht Wut rauskommt, denn sie hat ihren Jahresvertrag im Paradies meinetwegen um neun Monate verkürzt. Wird ihr das Glas ein Viertel voll oder drei Viertel leer erscheinen, wenn wir angekommen sind? Collin sieht das entspannt. «Lisa macht in den drei Monaten all den Scheiß, auf den ich keine Lust habe», sagt er, und ich muss herzlich lachen. So reden keine Pfadfinder, nein, so nicht. Anschließend regelt er am Handy, wie es weitergeht. Er besorgt uns eine Kabine für die zwanzigstündige Schiffsfahrt über den Malawisee und eine Unterkunft auf der Insel Likoma sowie ein Speedboot der Lodge, das uns am nächsten Morgen von Likoma zur Küste von Mosambik bringen wird. Drei Anrufe, drei Ergebnisse, sofort, und das in Afrika. Ich revidiere meinen ersten Eindruck vom Generalmanager der Lodge. Und auch den von Rose. Sie trinken so viel wie wir, machen aber früher Schluss, denn sie wollen am nächsten Morgen mit dem Jeep weiterfahren. Die Tour werde noch ein paar Tage dauern, aber zu unserer Ankunft seien sie zurück. «Let's walk with Johnnie», sagt Collin und bestellt eine Runde Whisky, bevor sie gehen.

Die Reise beginnt immer erst am dritten Tag. Wir nehmen ein Taxi für die hundertfünfzig Kilometer von Lilongwe zum Malawisee. Endlich rollen die Räder, und ich schlafe sofort ein, nachdem wir aus der Stadt raus sind. Lisa weckt mich, ich weiß nicht, wann, und plötzlich ist da Afrika. Das Afrika der Träume, der Postkarten, der Buchcover und Filmplakate. Afrikanische Savanne, afrikanische Bäume, afrikanische Farben und, ach ja, afrikanische Weite. Man vergisst in den Städten, wie groß und unverbaut der Kontinent ist. Wo bin ich? Westlich von Mosambik, östlich von Sambia, nördlich von Simbabwe und südlich von Tansania. Im Land der Nilpferde und Leoparden, im Wirkungsbereich Livingstones und auf alten Sklavenpfaden. Die Weite, die Zeit, die Grenzenlosigkeit der Möglichkeiten, all das weht durch das offene Fenster herein, und ich danke Lisa zum ersten Mal dafür, dass sie mich nach Afrika gebracht hat.

Am See angekommen, checken wir in irgendeiner Hundertdollar-Beachlodge ein. Das ist in Afrika die Mittelklasse. Darunter liegen die Backpacker-Paradiese mit zwanzig Dollar, darüber alles Mögliche. Lisas Lodge kostet dreihundert, andere tausend pro Nacht. Ich hörte sogar von Lodges, die zehntausend Dollar für vierundzwanzig Stunden in der Wildnis nehmen. Da checkt dann Madonna ein, wenn sie Kinder adoptieren will, aber für unsere Zwecke geht die Mittelklasse in Ordnung.

Allerdings fehlt in der «Sunset-Lodge» eindeutig die weibliche Hand. Im Zimmer, im Garten, im Restaurant und am Strand, überall fehlt Moni, die zweite Hälfte von Toni, seit einem Jahr managt er die Lodge allein. «Warum?», frage ich. «Es war ihr zu viel Arbeit», antwortet Toni. Toni ist Deutscher, präziser ein Ossi, und von Beruf Tischler; er hatte einen eigenen Betrieb in der Nähe von Rostock, bevor er wegen der schlechten Auftragslage und des angeborenen Hasses ostdeutscher Bürokraten auf Freiberufliche die Faxen dicke hatte und ihn der Hafer stach. Irgendeine Stimme in ihm sagte AFRIKA, aber Genaueres sagte sie nicht, darum machte es Toni folgendermaßen: Er nahm eine Afrikakarte und drehte sie mit geschlossenen Augen auf dem Tisch, dann tippte er mit dem Finger drauf. Augen auf. Malawi? Nein, Namibia. Das war eine sehr kluge Wahl des Zufalls. In ehemals Deutsch-Südwestafrika gibt es noch jede Menge Deutsche, die Arbeit für gute Handwerker haben, aber Toni arbeitete in Windhuk auch für einen holländischen Hotelier, der ihm einen festen Job anbot. In einer seiner Lodges in Malawi war der Manager gestorben, weil er unglücklicherweise zwei schwere Fieberkrankheiten gleichzeitig bekommen hatte. Toni selbst hatte sechsmal Malaria, seitdem er hier Chef geworden ist, das erste Mal hätte es ihn beinah umgebracht, und er sah das weiße Licht, die restlichen Erkrankungen steckte er wie eine schwere Grippe weg. Und zwischendurch lief ihm Moni davon.

Eine traurige Geschichte, die noch immer nicht beendet ist, denn Toni hat noch ein Problem. Eine Pavian-Invasion. Primaten checkten ein. Sie kamen aus dem Regenwald und fanden, dass eine Lodge für sie artgerechter sei. Nicht ein Pavian, nicht zwei, nicht drei, sondern ein ganzes Volk zog geschlossen aus der Wildnis in Tonis Lodge um, so sechzig bis achtzig Tiere, genauer kann er es nicht sagen, sie lassen sich nur schwer zählen, weil sie sich entweder verstecken oder in Aktion sind, außerdem werden es täglich mehr. Der Trick der Primaten ist die sanfte Übernahme. Sie greifen nicht an, sie beißen nicht, sie vertreiben die Menschen nicht mit ihrer unglaublichen Körperkraft und ihrem fürchterlichen Gebiss, denn sie sind ja nicht blöd. Auch sie wollen keine Paviane als Köche oder einen Affen, der statt des Gärtners dem Swimmingpool täglich sauberes Wasser zuführt. Auch Primaten schätzen Qualität, und wer, außer den Gästen, würde hier sonst sein Essen unbewacht herumliegen lassen? Bestimmt kein Affe, und es wäre ein lausiges Leben, wenn hier Affen nur Affen bestehlen könnten, nein, sie brauchen die Menschen, und ihr Kniff ist: Vergesellschaftung. Schleichende Gewöhnung. Der Garten von Tonis Lodge ist groß, und er hat auch recht zugewachsene Teile, die fließend in den angrenzenden Regenwald übergehen. Diese Transit-Welten sind bereits fest in der Hand der Paviane, hier schlafen sie, und hierhin ziehen sie sich auch tagsüber zurück, wenn zu viele Gäste den freien Rasen nutzen. Aber der Pool in der Mitte des Gartens zählt mit seinen künstlichen Miniaturfelsen und seinem Miniwasserfall ebenfalls bereits als Pavian-Territorium. Hier laben sich nur noch Affen, der Mensch badet am Strand. Morgens allerdings, wenn die Sonne aufgeht, sind im gesamten Open-Air-Bereich von Tonis Lodge nur noch Affen, selbst auf den Zimmerterrassen. Frühaufsteher wie ich haben dann die Chance, Affenkindern beim Spielen zuzusehen und den Alten beim Ficken. Okay, sie machen das auch tagsüber auf offener Bühne, denn Primaten kennen keine Scham. Sie haben keine Religion, und sollte es unter ihnen doch so etwas wie einen Gott geben, so hat er nichts gegen Exhibitionisten. Paviane zeigen gern, was sie haben, warum, ist mir nicht ganz klar. Die Männchen haben dünne Penisse und winzige Hoden, die Weibchen monströs geschwollene Pobacken. Gut, dass Paviane nicht in der Lage sind, Männermagazine zu produzieren, denn sonst hätten wir einen «Playboy» mit den hässlichsten Ärschen der Welt. Pavianärsche zum Ausklappen! Noch finden Tonis Gäste das lustig, aber der Tag wird kommen, an dem ihnen die Affen in die Kaffeetassen pinkeln, und dann ist Schluss mit dem Tourismus, dann kann die Lodge noch ein paar Jahre an Primatenforscher vermietet werden, die hier luxuriöser als anderswo ihren Studien nachgehen. Doch besser, und zwar für alle Beteiligten, wäre es, wenn Toni endlich das tun würde, was hier getan werden muss und was auch sein an Malaria und der Schlafkrankheit verstorbener Vorgänger gemacht hat, um der Sache Herr zu werden. Aber Toni kann seine Abneigung gegen Feuerwaffen einfach nicht überwinden. Er ist Pazifist, er ist zu weich für Afrika. Hat ihn Moni deshalb verlassen? Man weiß es nicht.

2. AFRICAN QUEEN

*M*an weiß auch nicht, wann die «Ilala» morgen in See sticht. Toni meint, um 18 Uhr, sein Fahrer sagt, 17 Uhr, und im «Lonely Planet» steht, vormittags um zehn. Don Brioni sagte gestern, man solle, egal, wem man glaubt, vier Stunden vorher da sein. Die «Ilala» sei das unpünktlichste Schiff der Welt und ihr Fahrplan nicht mehr als ein Diskussionsvorschlag fürs Schicksal. Wir sind um 17.30 Uhr am Hafen von Chipoka, und ich glaube es fast nicht, wie deckungsgleich dieser rostige Dampfer mit den Träumen Hollywoods ist. Der Film heißt «African Queen», und das deutsche Schiff, das Humphrey Bogart versenkt, sieht aus wie die «Ilala». Das Glück der Cineasten durchflutet mich, weil das Original noch rostiger ist als die Kopie, Lisa dagegen sieht nur den Rost. Und sie sieht, was ihrer Laune noch abträglicher ist, den Rost auslaufen. Wir haben die Abfahrt der «Ilala» um schätzungsweise fünf Minuten verpasst. Und jetzt?

Jetzt flippt Lisa mal kurzfristig aus.

Wir kennen uns seit drei Monaten, und ich weiß noch immer nicht so recht, wie ich damit umgehen soll, wenn sie die Schnittstelle ihrer Existenz mit dem Universum dermaßen einfaltet, dass sich, von ihrer Wut ausgehend, die Welt wie ein großes Stück Papier durchgehend zu verknittern beginnt. Die Welt ist vielleicht übertrieben, aber bis zu Toni reicht die Irritation der Atmosphäre ganz bestimmt: «Warum habe ich nicht auf meine Intuition gehört! Ich habe Toni zweimal gebeten, wegen der Abfahrtzeiten anzurufen. Er sagte, er habe es getan, aber ich wusste, dass er es nicht getan hat. Er hatte einfach keine Lust dazu. Jetzt müssen wir der ‹Ilala› hinterherfahren. Und ich hasse es, in der Dunkelheit auf afrikanischen Landstraßen zu sein.»

Die «Ilala» ist das einzige Passagierschiff, das den drittgrößten See Afrikas regelmäßig befährt, und sie macht das gründlich. Sie läuft im Zickzackkurs elf Häfen an, und der nächste ist glücklicherweise noch auf unserer Seite des Sees und auch nur zwei, drei Stunden mit dem Auto entfernt. Lisa ruft Toni an, um von ihm das zu hören, was sie jetzt hören will. Sein Fahrer wird uns umgehend nach Nkhotakota bringen, und das auch nicht für hundert Dollar, die für diese Tour der normale Preis sind, sondern nur für die Spritkosten und die zwei Red Bull, die der Mann braucht, um auf dem Rückweg nicht einzuschlafen. Eine halbe Stunde später beginne ich, Toni still und heimlich für seine Schlamperei zu danken, denn der Himmel färbt sich während der Fahrt wie auf dem Umschlag eines Afrikaromans: «Die weiße Massai», «Ich träumte von Afrika», «Ich kehre zurück nach Afrika», «Karibu heißt willkommen», «Der Ruf der Kalahari», «Die Regenkönigin» – das sind nur ein paar Beispiele für die Kapitulation der Kreativität vor dem Sonnenuntergang in der Savanne. Eigentlich jedes Cover der von Frauen geschriebenen Romane sieht so aus, aber auch feminisierte Schriftsteller wie Hardy Krüger («Die andere Seite der Sonne») und Henning Mankell («Die flüsternden Seelen») konnten nicht anders, als das weiblichste Bild von Afrika für ihr Buch zu wählen, und das ist zur Hälfte rubinrot, rosenrot, rotweinrot und richtig rot und zur anderen Hälfte mangoorange und zitronengelb, aber dort, wo die Sonne in die Erde sinkt, ist weißes Licht. Und davor steht schwarz und wie hingezeichnet eine Schirmakazie oder ein Affenbrotbaum. Immer. Auch jetzt.

Lisa nimmt meine Hand und sagt nichts. Ich schließe mich ihrem Schweigen an, obwohl es mich drängt, ihr zum zweiten Mal dafür zu danken, dass sie mich nach Afrika gebracht hat. Ich hatte mich nicht nur dagegen gewehrt, sondern auch einiges dafür getan, sie von der Reise abzuhalten. Weil ich dachte, dass ich überreist bin. Weil ich glaubte, nicht mehr neugierig zu sein. Und weil mir dieser Kontinent am Arsch vorbeiging. Sie war stärker als ich, und jetzt freue ich mich über meine Schwäche, denn eine Fahrt durch das ländliche Afrika um diese Uhrzeit gehört zur Champions League der Reiseeindrücke. Das wird mir schlagartig klar. Das ist dasselbe wie eine Wanderung im Himalaya oder eine Nacht unter den Sternen der Wüste. Das ist das ganz große Kino der Seele. Die Erinnerung der Gene. Die Menschheit kommt von hier. Unter diesem Himmel lernten wir, aufrecht zu gehen. Mama Afrika trägt zum Sonnenuntergang ihr ewiges Cocktailgewand. Und was den Unterschied betrifft, das allein oder zu zweit zu genießen: Ein alter indischer Freund sagte einmal zu mir, dass 1 und 1 in der Regel 2 ergibt, aber manchmal ist 1 und 1 auch 11, und dann handelt es sich nicht um eine Addition, sondern um eine Transformation des Genusses. Ich lasse Lisas Hand los, um eine Dose zu öffnen. Ich gebe sie ihr. Unter all den Möglichkeiten, sich wortlos zu bedanken, gilt ein kühles Bier nicht als die schlechteste.

Sechs Stunden später ist die Nacht nur noch schwarz. Wolken schlucken das Licht der Sterne. Es ist ein Hafen ohne Lampen und Laternen. Nur die «Ilala» ist beleuchtet, aber sie ankert zweihundert Meter vom Ufer entfernt. Einen Anlegesteg gibt es nicht. Die Schiffssirene mahnt zum Aufbruch, und um uns herum erheben sich Menschen wie Geister. Sie schnappen sich ihre Körbe, Säcke, Koffer, Käfige und Kinder und rennen zum Wasser. Wir rennen mit, aber werden von einem Mann abgefangen, der uns einen Einbaum anbietet. «Lasst euer Gepäck nicht los», ruft uns der Mann hinterher, als wir mit vier oder fünf anderen Weißen in die Nussschale springen, und jeder hat Angst um seinen Laptop, sein Geld und seinen Reisepass, denn es schaukelt bedenklich. Neben uns waten Afrikaner durch das Wasser, jetzt mit ihrem Gepäck auf den Köpfen. Zwei Beiboote der «Ilala» rasen herbei und halten zehn Meter vor dem Ufer, um die Leute aufzunehmen. Wenn alles gutgeht, werden dabei die großen Passagiere bis zur Hüfte und die kleineren bis unter die Achselhöhlen nass. Wir klettern inmitten des Gedränges von dem Einbaum in eines der Boote und verlieren auf der Stelle was. Es ist nichts Materielles, nur Kulturelles, wir verlieren ein Stück Zivilisation. Mit Rücksichtnahme kommt hier niemand aufs Boot. Mit Höflichkeit findet hier keiner einen Platz. Manieren sind in Afrika Quatsch. Frauen quetschen, Männer schimpfen, ein Kind setzt sich auf meine Gitarre. Um die sorge ich mich auch. Und ich sorge mich um Lisa, aber Lisa hat es ganz gut im Griff, obwohl ihr Rucksack riesig ist. Sie sorgt sich nur um mich. Das ist nicht gut. Es sollte sich immer nur einer sorgen und einer nicht. Geschafft. Wir hocken irgendwie, und ein bisschen auch auf irgendwem, in dem Beiboot, und es zischt ab. Wir nähern uns der «Ilala».

Dabei wird sie größer und rostiger. Wie zum Teufel kommen wir auf das Schiff? Mit Strickleitern? Nein, die Leitern sind aus Eisen. Sobald das Beiboot an ihnen angelegt hat, wollen alle mit Kind und Kegel gleichzeitig hoch. Ich mache dabei keine gute Figur, ich bin definitiv ein Anlegesteg-Typ. Trotzdem: Wir sind auf dem Schiff.

Die «Ilala» wurde 1949 in Schottland gebaut und in achttausend Einzelteilen nach Mosambik verschifft, von dort ging es mit der Bahn weiter, und am Malawisee hat man sie wieder zusammengeschraubt. Sie ist 52 Meter lang, 620 Tonnen schwer und kann 365 Passagiere und hundert Tonnen Fracht transportieren. Wenn es unbedingt sein muss, transportiert sie auch mehr. Und noch etwas:

1. Die «Ilala» entspricht nicht den internationalen Passagiertransportbestimmungen.
2. Die «Ilala» ist oft kaputt.
3. Die «Ilala» ist schon mehrfach gesunken.

Aber all das ist unnützes Wissen für Lisa, darum erzähle ich es ihr nicht. Ich behalte auch für mich, dass vor gerade mal einer Woche in Uganda ein ähnliches Schiff gekentert ist. Von den dreihundert Passagieren konnte man zwanzig lebend aus dem Viktoriasee ziehen, der Rest ernährt derzeit die Fische. Und der Malawisee ist noch unberechenbarer. Die Wetterwechsel sind legendär. Als Livingstone den See 1859 entdeckte, nannte er ihn «See der Sterne», weil er so ruhig und glatt war, dass sich der Nachthimmel in ihm spiegelte. Ein bisschen später nannte er ihn «See der Stürme». Fünf Meter hohe Wellen, manchmal auch zehn Meter hohe, macht dieses Binnengewässer mit links. Und tuuuuuuut, wir laufen aus.

Auf dem Unterdeck der Dritte-Klasse-Passagiere geht es Quadratmeter für Quadratmeter genauso zu wie auf dem Beiboot vorhin, auf dem Oberdeck schläft die Zweite Klasse auf Luftmatratzen. Wir finden unsere Erste-Klasse-Kabine im Zwischendeck. Ein schwuler, einäugiger Steward führt uns hin. Er ist betrunken. Der Typ, der uns etwas später das Ticket verkauft, ist auch betrunken, aber die Kabine geht okay. Zwei schmale Betten, ein Tisch, ein Stuhl und nur eine Kakerlake. Und bis auf die Kakerlake ist alles angeschraubt. Ist doch fabelhaft hier. Wir schlucken Lisas Tabletten gegen Seekrankheit mit jeweils einer Dose Bier und gehen noch mal aufs Oberdeck, um dem Schauspiel beizuwohnen, wie die paar Funzeln von Nkhotakota in der Nacht verschwinden. Dabei lernen wir zwei schottische Studenten kennen, beide so um die zwanzig. Außer dass sie jung sind und keinen Bauch haben, sind sie stinklangweilig. Darum redet nur Lisa mit ihnen, ich sitze ein paar Meter abseits auf einer Bank und denke gar nichts. Als sie wieder bei mir ist, frage ich Lisa nach der Uhrzeit.

«Viertel drei», sagt die Wienerin.

«Also Viertel nach zwei?»

«In etwa.»

«Dann trink mit mir auf den Geburtstag meiner Tochter.»

«Wie alt wird sie?»

«So alt wie du.»

Lisa verliert ihr Lächeln. Sie wendet sich ab und sieht ein bisschen verzweifelt in die Dunkelheit. Da haben wir den Salat. Wir arbeiten an dem Thema Altersunterschied seit unserem ersten Kuss, und wir haben darüber zwar noch nicht promoviert, aber zumindest das Wichtigste ist geklärt.

«Und das wäre?», fragt sie.

«Bei uns ist es definitiv keine Vater-Tochter-Beziehung.»

«Aber die anderen denken das.»

«Es ist mir scheißegal, was die anderen denken.»

«Mir nicht.»

Ein Vierteljahrhundert Erfahrung trennt uns. Wäre sie so alt wie ich, interessierte sich auch Lisa weniger dafür, wie sie wirkt, und mehr dafür, wie sie ist, und würde im besten Fall freier und im schlechtesten Fall asozialer sein, aber bis dahin ist es noch ein weiter Weg, und wenn sie endlich da angekommen ist, wo ich jetzt bin, werde ich wahrscheinlich tot sein. Oder ein Tattergreis, der nicht mehr weiß, wie sie heißt. Der Altersunterschied ist das schwarze Loch unserer Beziehung, und immer wenn wir hineinsehen, fällt uns nichts mehr ein, außer die Botschaft der Hormone. Wir sind verliebt. Das macht die Sache zwingend. Was immer uns da draußen in der Zukunft an offenen Messern erwartet, es ist unser Weg.

Eine Reise, zwei Abenteuer. Afrika und die Liebe. Was ist gefährlicher? Bisher war es immer die Liebe. Dschungel, Bestien, Räuberbanden und marodierende Soldaten haben mich auf Reisen nicht einmal angekratzt. Das habe ich von meinem Opa. Er war in zwei Frankreichfeldzügen als einfacher Soldat, also als Kanonenfutter unterwegs, aber er hat die Kanonen hungern lassen und ist ganz und gar unverletzt wieder heimgekommen. Nicht mal einen Streifschuss konnte er vorweisen. Lieber Vorschuss als Streifschuss ist meine Variation unseres Familienglücks. Nur Amors Pfeile fliegen nicht an mir vorbei, Gott weiß warum. Mein Herz ist so zerschossen, dass es der Zielscheibe eines Frauen-Bogenschützenvereins gleicht. Ergebnis: Ich traue der Liebe nicht, wenn sie mich umarmt, weil ich das Messer fürchte, das sie dabei für gewöhnlich in der Hand hält.

In Herzen kann man auch durch den Rücken stechen. Immer und immer wieder. Und das ist mein Problem. Mediziner nennen es das Schmerzgedächtnis. Es macht mir Angst, und Angst ist kein guter Liebhaber. Die Scheißwellen des Malawisees sind mir dagegen relativ egal.

Der «See der Stürme» macht ohnehin auf halblang, also nur fünf Meter hohe Wellenberge, und immer wenn die Wolken aufreißen und den Vollmond freigeben, erhellt er das schwarze Wogen um uns herum bis zum Horizont, und langsam wundert es mich, dass Lisa so cool bleibt. Sie hat Flugangst, aber keine Schiffsangst. Warum? Sie antwortet mit einer Gegenfrage.

«Weißt du, worin für mich der wesentliche Unterschied zwischen einem Flugzeugabsturz und einem Schiffsuntergang liegt?»

«Nein.»

«Ich kann nicht fliegen, aber ich kann schwimmen.»

«Ach so.»

Der Malawisee ist 570 Kilometer lang und bis zu 75 Kilometer breit, auch bis zu 704 Meter tief. Wie lange wir schwimmend bis zum nächsten Hafen bräuchten, ist mir deshalb nicht ganz klar, die «Ilala» wird es in sieben Stunden schaffen. Aber selbst wenn wir mit Schwimmwesten und Gottes Hilfe durchkämen, wäre das nicht das Ende aller Probleme, denn die Ufer des Malawisees sind mit Krokodilen, Nilpferden und Seepythons verseucht. Dabei würden die Nilpferde allein schon reichen, sie sind die gefährlichsten Tiere überhaupt, obwohl sie Vegetarier sind. Aber Hitler war ja auch einer. Ich esse ebenfalls weder Fleisch noch Fisch, und darüber freuen sich alle, die unter uns sind. Dieses Gewässer ist das fischartenreichste der Erde. Vierhundertfünfzig Arten insgesamt, Buntbarsche, Nilhechte, Welse, Karpfen, Salme und diese kleinen Flitzer, deren Name ich vergessen habe, die aber weltweit als der Mercedes unter Aquaristen gelten. Weil sie so bunt sind, so schnell, so geil, so unterhaltsam. Die Männchen jagen die Weibchen, bis denen die Kiemen platzen. Darum hält man in Aquarien auf jeweils einen männlichen Malawisee-Zierfisch drei weibliche. Eins wird gejagt, zwei können Pause machen.

Zurück in der Kabine, variieren wir das Thema Liebe auf unsere Weise. Ich liege lange wach auf meiner Pritsche und bin so scharf wie Nachbars Zierfische, aber will Lisa nicht belästigen, weil ich glaube, dass sie schläft. Und Lisa erzählt mir am nächsten Morgen, dass sie ebenfalls die halbe Nacht wach gelegen hat und mich nicht wecken wollte. Liebe ist, wenn beide unbefriedigt bleiben. Und so beginnt ein weiterer, wunderschöner Tag in Afrika.

3. DIE LODGE

Das weiße Speedboot der Lodge liegt wie ein Gefährt von Außerirdischen zwischen den Einbäumen und Fischerbooten im Hafen von Likoma Island. Fünf Sterne kleben auf ihm, und die beiden Bootsleute tragen Uniformen. Kurze blaue Hosen und beige Poloshirts mit blauen Kragen und blauen Bündchen an den Ärmeln. Sie sind wahnsinnig nett. «Welcome», sagt der jüngere von beiden. «My name Andrew, I speak English, my brother Jackson no speak English.» Nachdem das geklärt ist, bringen sie uns zu einem kleinen Rohbau aus Beton, der die Einwanderungsbehörde beherbergt. Likoma ist die letzte Insel von Malawi vor Mosambik, wir müssen uns abmelden, bevor es weitergeht. Tuuuuuuuuuuut. Das ist die «Ilala». Sie dampft gerade ab.

Auf dem Speedboot bekommen wir Cola aus der Kühlbox und Schwimmwesten. Zurzeit ist es windstill, der See erholt sich vom Sturm der Nacht, aber Jackson gibt Gas und verprügelt mit dem Bug die Wellen. Zwanzig Minuten später ankern wir am Strand von Cobue, ein Nest, das noch kleiner als der Hafen von Likoma ist. Wir krempeln die Hosen bis zu den Knien hoch, springen aus dem Boot und folgen Andrew barfuß zum hiesigen Passbüro. Es ist Sonntag, und es ist nichts los. Ein paar Ziegen, ein paar Kinder, ein Hängebauchschwein, und auch das Büro ist nicht besetzt. Andrew geht los, um den Beamten zu fin-

den, und kommt mit dessen Frau zurück. «Bom dia», sagt
sie, «Bom dia», antworte ich. Damit sind wir in Mosambik.

Noch mal dreißig Minuten mit dem Speedboot, aber
jetzt parallel zur Küste. Sie ist bergig, wild und grün. Hohe
Schilfwiesen am Ufer, dichter Busch dahinter, dazwischen,
wie hingesprenkelt, die Grashütten der Fischer, und überall stehen uralte Affenbrotbäume, wie schwarze Riesen,
und bewachen die Zeit. Am Himmel sind große, weiße
Vögel mit schwarzen Köpfen und schwarzen Flügelspit-
zen unterwegs. «Seeadler!», ruft Lisa entzückt. Noch ent-
zückender finde ich die bizarren Felsformationen aus Vul-
kanstein, die wie Finger aus dem Wasser ragen und von
Dalí gemalt sein könnten oder von Tolkien beschrieben.
Abstrakte Natur, Magie aus Stein, grau zumeist und die
Spitzen weiß, und keiner steht allein, sondern immer nur
in Gruppen, in familiären Verbänden. Manchmal fahren
wir zwischen ihnen hindurch, manchmal müssen wir sie
umrunden, und es hört nicht auf. Filigrane Klippen schmücken diese Küste, und dann, fast habe ich es vergessen, bil-
den sie ein Tor, und dahinter liegt eine kleine Bucht mit einem Anlegesteg, und am Ufer stehen Collin und Rose und
winken uns zu.

Wir betreten den heiligen Boden aus Lisas Träumen.
Seitdem ich sie kenne, redet sie von der Lodge wie von einem anderen Leben. Und ich redete dagegen. Ich bin dein
neues Leben, wir sind die Veränderung, und die Liebe ist
das Paradies, nicht irgendeine Ecke in Afrika. Natürlich
ist das gemein, ich meine, gemein vom Leben. Erst un-
terschrieb sie den Vertrag, dann kam ich. Sie musste sich
entscheiden, aber konnte es nicht, darum entschied sie
sich nur halb oder, genauer, ein Viertel. Die Lodge zum
Schnuppern, nicht zum Bleiben. Und ich musste mich auch

entscheiden und konnte es nicht und fuhr mit. Jetzt sind wir da und begrüßen Collin mit Handschlag und Rose mit Wangenkuss, und jeder Meter, den wir nun mit ihnen gehen, ist wie ein Traum-Striptease, wie die Entblätterung von Visionen, und darunter kommt eine nackte Wirklichkeit zum Vorschein, die, wie Rose vor Tagen bei Don Brioni sagte, noch schöner ist als die Fotos auf der Homepage. Collin führt uns zu einem anderen Strand. Der Sand ist so weiß wie Papier, das Wasser so türkis wie der gleichnamige Edelstein, und auf den Vulkansteinminaretten, die hier den See schmücken, stehen große Reiher, schlank, elegant und hundertprozent stressfrei, was für den Frieden des Ortes spricht. Durch den Busch, der den Strand begrenzt, schlängelt sich ein Pfad zu Lisas Hütte.

Auch von ihr spricht sie seit drei Monaten. Die Grashütte des neuen Lebens. Der Palast der Genügsamkeit. Einfach, aber sauber, klein, aber mit Terrasse, und das einzige Möbelstück ist ein Bett mit Platz für drei, also ideal für zwei, mit einem weißen Moskitonetz, das bis auf den Boden fällt und das Bett zu einem Raum im Raum macht, zu einem Séparée in der Hütte. Collin und Rose lassen uns für die paar Minuten allein, die es braucht, um anzukommen. Wir stehen auf der Terrasse und sehen in den Busch. Er ist grün, aber nicht sattgrün, er wartet auf den Regen. Durch die Bäume schimmert der See, und gleich links von uns ist ein Bambuswäldchen, vor dem ein kleiner Affe mit riesigen schwarzen Augen sitzt und uns beobachtet.

Ich spüre es auch so, ich brauche mich nicht umzudrehen. Ich tue es trotzdem und blicke in ein total verzweifeltes Gesicht. «Was ist los?», frage ich.

«Willst du es wirklich wissen?»

Eigentlich nicht. Ich weiß es sowieso. Lisa ist wie ein offenes Buch für mich. Aus ihrem Mund hört es sich folgendermaßen an:

«Es ist mein Fehler. Ich hab's verschissen.»

Was sie meint: Der Fehler bin ich. Ihre Entscheidung für mich hat ihr die Chance genommen, hier ein Jahr zu bleiben oder für immer und ewig. Ich erinnere mich noch genau an diesen Vormittag, an dem sie Collin mitteilte, dass sie den Mann ihres Lebens getroffen hat, den Mann, mit dem sie leben will, und dass sie deshalb nicht so einfach auf Nimmerwiedersehen im Busch verschwinden, sondern nur die drei Monate der Hochsaison kommen kann. Und ich weiß genau, was gerade passiert. Von jetzt an wird es Lisa nur noch darum gehen, doch länger zu bleiben. Von jetzt an bin ich ihr Feind.

Aber schon eine halbe Stunde später schickt Gott eine große schwarze Rauchwolke, um mir zu helfen. Jedenfalls sieht es wie eine Rauchwolke aus, was da über dem See aufsteigt und vom Wind zu uns getrieben wird. Wir sind gerade mit einer Frau unterwegs, die von Collin beauftragt wurde, uns alles von der Lodge zu zeigen. Sie heißt Mama. Und Mama sagt:

«No smoke. Kungo!»

Wissenschaftlicher Name: Chironomidae. Besser bekannt als Zuck- oder Tanzmücke. Die Mücken steigen in Schwärmen bis zu hundert Meter hoch, um sich zu paaren. Die Männchen finden ihre Liebste, indem sie heftig mit den Flügeln schlagen. Dabei entsteht ein Ton, ein Summen, sie singen sozusagen mit den Flügeln in einer artspezifischen Frequenz, von der sich die Weibchen derselben Art angezogen fühlen. Die Evolution hat den männlichen Zuckmücken Genitalzangen spendiert, mit denen schnappen sie sich die Süße und beginnen mit der Begattung noch

30

in der Luft. Zum Höhepunkt kommt es erst auf dem Boden. Diese große schwarze Rauchwolke ist also eine Mückenschwarmorgie, und der Wind treibt sie recht flott direkt auf die Lodge zu. Wir stehen mit Mama am Strand, wenig später stehen wir mit ihr an der Buschgrenze, und noch mal wenig später im Busch, aber es gibt keine Fluchtmöglichkeit. Plötzlich sind sie da. Überall. In den Augen, in der Nase, im Mund, in den Haaren, auf den Händen, auf Hemd und Hose, zwischen Flipflops und Fußsohlen – überall kopulieren zehn Millimeter große, potthässliche Insekten. Sie verdunkeln den Tag. Kungo hat die Lodge verschluckt. Und wird sie morgen wieder freigeben. Länger leben die Männchen nicht. Ein Massensterben bereits jetzt. Der Boden ist mit entweder vor Lust oder im Todeskampf zuckenden Mücken bedeckt.

«Mama, was machen wir jetzt?»

Mama ist eine schöne Frau um die vierzig und sehr intelligent. Sie ist die Chefin der Afrikaner hier, also Collins schwarze Hand. Und Mama sagt: «Wir fegen sie zusammen und machen McDonald's draus.»

«Für die Gäste? Oder die Angestellten?»

Mama lacht.

Trotz ihrer ansteckenden Fröhlichkeit macht die Besichtigungstour durch die Lodge jetzt weniger Spaß als gedacht. Wo immer uns Mama hinführt, Kungo ist schon da. Zuerst zeigt sie uns die sieben Chalets für die Gäste. Das sind keine Hütten, sondern kleine Dschungelpaläste. Wände, die mal Felsen waren, Böden aus Teakholz, Möbel aus Bambus, breite Natursteintreppen, die zu Dschungelköniginnen-Betten führen. Jedes Chalet ist anders, und jedes ist mit viel Geschmack, Kreativität und Liebe gebaut, eingerichtet und dekoriert. Die Bäder sind draußen, die

Badewannen sehen wie riesige versteinerte Muscheln aus. Aber wen kümmert's mit fickenden Mücken im Mund? Dasselbe gilt für die imposante zweistöckige Dining Hall im Kolonialstil und für die Restaurantterrasse auf einem Hügel über dem Strand, auf der man an Tischen, aber auch in Hängematten speisen und trinken kann. Es gilt für die Küche, das Lager, die Werkstatt und die Tischlerei, für die Wäscherei und auch das Bootshaus – Kungo wischt die fünf Sterne aus der Lodge. Sie ist zwar noch bewohnbar, aber nicht zu genießen. Und obschon Kungo lästig und eklig ist, freue ich mich über den Erkenntnisschub, den es bei Lisa lostritt.

«Paradies ist anders», sagt sie.

Wie recht sie hat, wie wahr das ist, wie überaus weise. Es gibt keine äußeren Paradiese. Das ist alles Quatsch. Es gibt auch kein neues Leben. Man nimmt das alte immer mit. Egal, was man im Reisegepäck vergessen hat, sich selbst vergisst man nicht. Die Launenhaftigkeit der neuen Heimat plus die Unverwüstlichkeit des alten Ichs bremsen die Freude, ein Gesetzloser zu sein, mächtig. Die Gesetze, die sich nicht abwerfen lassen: Nicht nur wir müssen sterben, es stirbt auch jeder Tag, jedes Gefühl, jedes Glück. Es gibt keinen Fluss ohne Wellen, es gibt kein Leben ohne Auf und Ab, und wenn es doch eins gibt, dann kenne ich es nicht. Die Lodge ist es jedenfalls nicht.

Collin ist derselben Meinung. «Die Lodge ist kein Paradies, aber ein cooler Platz», sagt er.

Wir sitzen inzwischen auf der Terrasse vor Collins Büro. Auf Stühlen, die so groß wie Sessel sind oder so groß wie der Dorfthron irgendeines Buschhäuptlings, und sie sind nicht wirklich bequem, man verliert sich ein bisschen in dem rustikalen Sitzmöbel, es sei denn, man hockt in ihnen entspannt im Schneidersitz, so wie Collin, manchmal legt er auch ein Bein auf den Tisch. Aus unerfindlichen Gründen sind hier weniger geile Mücken unterwegs als überall sonst in der Lodge, die Terrasse und das Büro werden von ihrem Massen-Gang-Bang weitgehend verschont. Vielleicht liegt es an der Küche, die dem Büro gegenüberliegt. Drinnen arbeiten sie mit Gas und Strom, aber davor ist noch eine kleine Grillküche mit einem gemauerten Feuerofen, und das Feuer ist immer an. Vielleicht mögen Zuckmückenschwärme, die wie Rauch aussehen, keinen echten Rauch, vielleicht liegt es an der Größe des Platzes, um den alle wichtigen Betriebsgebäude der Lodge gruppiert sind, vielleicht spricht hier die Thermik ein Wörtchen mit, die Strömungsverhältnisse der Winde, es weht ein bisschen über die Terrasse, und es kann auch sein, dass es alle Gründe zusammen sind, die Kungo von Collins Tisch fernhalten, während er uns das Konzept der Lodge erklärt.

Es wurzelt in dem Wunsch, Afrika zu helfen. Richtig zu helfen. Schenken ist falsche Hilfe. Spenden auch. Wohin soll das führen, außer zu Abhängigkeiten? Hilfe zur Selbsthilfe ist der einzige Weg, und die fünf Gründer der Lodge, zu denen Collin nicht gehört, wussten darüber recht gut Bescheid, denn sie hatten jahrzehntelang für die UNESCO gearbeitet, bevor sie mit einer Cessna über die tausend unberührten Buchten des Malawisees flogen, um die schönste von ihnen auszusuchen. Umgeben von wilden Wäldern, wilden Tieren und ein paar abgelegenen Fischerdörfern. Das nächste ist zwei Stunden Fußmarsch entfernt. Keine Infrastruktur, keine Anschlüsse an die Adern der Zivilisation. Die Materialien, die es brauchte, um die Lodge aufzubauen, stammen aus den umliegenden

Wäldern. Der Strom kommt aus Sonnenkollektoren, das Wasser wird aus dem See gepumpt, und das Personal rekrutiert sich aus den benachbarten Dörfern. Die Lodge bildet Köche, Kellner, Zimmermädchen, Bootsleute, Barkeeper, Wächter, Gärtner, Handwerker aus. Achtzig Leute arbeiten hier, und weil jeder Afrikaner, der ein festes Einkommen hat, statistisch gesehen vierzehn Menschen miternährt, leben von dieser Lodge gut elfhundert Menschen, wie Collin zu Recht stolz erklärt. Finanziert wird das Ganze von Leuten, die bereit sind, in der Hochglanzversion afrikanischer Ursprünglichkeit dreihundert Dollar für Vollpension auszugeben. Die meisten bleiben nur drei Tage, und das ist sinnvoll, denn drei Tage funktioniert jedes Paradies.

«Noch Fragen?»

«Wie machen wir es mit mir, Collin? Wieviel zahle ich? Du weißt, ich bin ein armer Schriftsteller.»

«Gib mir ein bisschen Zeit, um drüber nachzudenken, okay? Und wohin wollt ihr eigentlich danach?»

«Wann danach?»

«Nach der Lodge.»

Collin stellt die Frage völlig arglos, vielleicht aus echtem Interesse, vielleicht aus Höflichkeit, aber weh tun will er mit ihr sicherlich niemand hier am Tisch, trotzdem zuckt Lisa zusammen, als habe sie mal kurz ein offenes Stromkabel gestreift.

Der Sonnenuntergang legt sich dann in den bekannten Farben wie ein Theatervorhang auf den Malawisee, und die Milchstraße übernimmt die Deckenbeleuchtung am Strand. Wir sitzen um ein ziemlich großes Feuer. Es ist für zehn oder zwölf oder mehr Herumsitzende gemacht, aber es sind derzeit keine Gäste in der Lodge, und das Feuer gehört uns allein. Auch hier greifen die Anti-Zuckmücken-Garanten Rauch und Wind, Kungo hat sich in den Busch verzogen. Und Lisa ist ganz in Schwarz gekommen, schwarze Strandhose, schwarze Bluse, schwarze Brille, schwarze Haare, lange schwarze Haare, offen getragen, scharf gezogene Lidstriche, und auf ihrem dezent roten Lippenstift glitzert das Sternenlicht ein bisschen, also das volle Ich-zeig-mal-wie-ich-aussehen-kann-Programm. Das wird ein Teil ihrer Arbeit sein. Sie muss jeden Abend mit den Gästen am Feuer Konversation betreiben, oder Guest-Hosting, wie Collin es nennt. Gut aussehen, gut reden, gute Miene zu jedem Scheiß machen. Und das kann Lisa, wenn sie motiviert ist, mit links.

Sie ist überaus motiviert heute Nacht. Collin lacht ehrlich über ihre Scherze, und sie lacht tief und gurrend über seine, und ich weiß, dass man das ein herzliches Lachen nennt, aber für mich ist es Anmache. Ich hasse diese Einschätzung der Lage sowie die Gefühle, in die sie mich bringt. Aber was soll ich machen? Die Eifersucht ist ein Teil der Leidenschaft, und die Leidenschaft ist die ungezogene Tochter der Liebe. Außerdem muss ich selber lachen. Collin antwortet gerade auf Lisas Frage, ob es hier am Strand wirklich ein großes Krokodil gebe. Mama hat es ihr erzählt. Collin sagt, ja, das stimmt, es lebt am Ende des Strands in dem Schilfbestand einer ausgetrockneten Bachmündung. Lisa kann es nicht ganz glauben und ich auch nicht. Stimmt das wirklich, Rose? Und Rose sagt, ja, das stimmt. Sie hat es bereits gesehen. Wie groß ist es? Sehr groß. So vier, fünf Meter. Und was bedeutet das für uns?! Gar nichts, sagt Collin. Erstens ist es ein Seekrokodil, die sind weniger aggressiv als die Krokodile in den Flüssen, und zweitens jagen sie nur bei Dunkelheit. Darum ist in der Lodge das Schwimmen nach Anbruch der Dämmerung zwar nicht untersagt, aber es wird doch dringend davon abgeraten. Warum tötet ihr es nicht? Weil in der Nachbarbucht ein Haufen kleinerer Krokodile lebt, die rüberkommen würden, wenn das große weg ist. Außerdem ist noch nie etwas passiert. Nur einmal hat sich ein Gast beim Schnorcheln mit dem Maul des Krokodils konfrontiert gesehen, etwa zwanzig Zentimeter von seiner Taucherbrille entfernt, aber der Gast war vor Sonnenaufgang im See. Und trotzdem ist nichts geschehen. Das Krokodil hat abgedreht.

«Nein, Lisa», sagt Collin, «es kann wirklich nichts passieren. Ganz sicher. Hundertprozentig. Ich schwör's. Es ist absolut ausgeschlossen, dass du tagsüber beim Schwimmen gefressen wirst, völlig unmöglich, aber wenn es doch passieren sollte ...» – und jetzt legt Collin seine Hand auf ihre Schulter und schaut sie treuherzig an –, «... dann, sorry, Lisa!»

4. DAS KROKODIL, MEINE FREUNDIN UND ICH

Evolution ist faszinierend, ich würde sie gern verstehen. Dann wäre ich auch dem Verständnis von Gott ein bisschen näher. Irgendwas ist immer da, und das verändert sich dann so langsam, dass es keiner der Betroffenen so richtig mitkriegt. Nehmen wir mal an, ein Vogel wird zu einem Krokodil, oder, um es nicht so reißerisch zu formulieren, es war einmal ein Flugsaurier, der die Lust am Fliegen verlor, warum, weiß ich nicht, denn Fliegen ist doch eigentlich ganz schön. Vielleicht, weil er nicht der größte Räuber am Himmel war und die Kollegen ihm die besten Brocken wegschnappten, vielleicht auch, weil er festen Boden unter den Krallen für sein inneres Gleichgewicht brauchte. Er war also nun des Öfteren auf dem Land und zu Fuß unterwegs, deshalb bildeten sich die Flügel zurück, und die Beine wurden lang und dick. Kein Fett wohlgemerkt, pures Muskelwerk. Damit lief er extrem schnell. Er war einen Meter lang, und sein Gebiss riss alles in Stücke, was es zu schnappen bekam. Er war kein Vegetarier. Sein Name damals: Protosuchus. Aber auch auf dem Land gab es zu viel Fresskonkurrenz, ganz zu schweigen von den Fressfeinden, darum ging er nach weiteren vierzig Millionen Jahren ins Wasser, wo er noch heute am besten ist. Die Beine wurden kürzer, aber nicht schwächer, der Schwanz entwickelte sich zu einem antriebsstarken Ruder, und er zog sich insgesamt ein bisschen in die Länge. Die Augen wanderten nach oben, damit er aus dem Wasser lugen kann, und die Nase rutschte nach vorn, so kriegt er Luft, während der Rest seines Körpers mehr oder weniger unsichtbar stundenlang und gern auch länger unter der Oberfläche lauert. Er attackiert im Wasser extrem schnell, auch auf dem Land macht er zwanzig Stundenkilometer aus dem Stand, aber am besten ist er im Grenzbereich der Elemente, weil er dort wie eine Rakete funktioniert, die von einem einzigen starken Schwanzschlag gepeitscht aus dem Wasser schießt, und das macht das Krokodil natürlich zur idealen Uferbestie. Dafür hat die Evolution noch mal hundertneunzig Millionen Jahre gebraucht.

Und es ist noch immer kein Vegetarier.

Das Krokodil schnappt sich alles, was nicht größer ist als es selbst. Die Marke liegt derzeit bei fünf Metern. Aber das ist ausbaubar. Es wächst bis an sein Lebensende und wird, so Gott und Collin wollen, hundert Jahre alt. Und noch etwas, seine Zähne wachsen so oft nach, wie es sein muss, und alle zwei Jahre sieht sein Gebiss wie neu aus. Niemand sollte also darauf bauen, ein zahnloses Krokodil vor sich zu haben. Es schnappt sich Zebras, Antilopen, Stachelschweine und Hyänen, sogar Löwen und junge Flusspferde, und natürlich schnappt es sich auch Fische und Fischer, es katapultiert sich auf ihre Boote und reißt sie runter, oder es kriegt sie am Ufer, wenn sie ihre Netze zusammenlegen, oder es holt sie aus ihren ufernahen Grashütten heraus. In Uganda, dem Königreich der Krokodile, fressen sie zwanzig Menschen pro Woche, der Champ des Landes, bekannt geworden als das «Killerkrokodil», hat allein dreiundachtzig Menschen verspeist, und sehen wir uns den Malawisee an, dann gibt es auf der anderen Seite ein Gebiet, Lower Shire genannt, da haben es die Krokodile auf einer Fläche von zwanzig mal zehn Kilometer immerhin auf neunzig Fischer pro Jahr gebracht. Sie sind natürlich auch selbst schuld. Stichwort: Überfischung. Warum fischen sie alles weg, bis nichts mehr außer ihnen da ist, was ein Krokodil fressen kann? Auf Madagaskar, wo Krokodile so heilig waren wie Kühe in Indien, glaubte man, dass Krokodile nur Menschen fressen, die vorher ein Krokodil getötet haben. Stand jemand unter Krokodil-Mordverdacht, musste er einen krokodilverseuchten Fluss durchschwimmen, und wurde er dabei zerfleischt, war das der Beweis, das Todesurteil und die Exekution des Armen zugleich.

Zurück zur Wissenschaft. Wie funktioniert so was? Das Ding mit der Nase zum Beispiel, wieso wandert die? Durch Selektion? Keine Bestie ist haargenau wie die andere, einige tragen ihre Nase ein bisschen weiter vorn, deshalb können sie sich ein bisschen besser im Wasser verstecken, bekommen ein bisschen mehr Beute, überleben ein bisschen besser und geben das Bisschen an ihre Nachkommen genetisch weiter. Reicht das? Wandert allein durch Selektion eine Nase über hundertneunzig Millionen Jahre so weit, bis sie einfach nicht mehr weiterwandern kann, weil die Spitze der Schnauze erreicht ist? Ist die Evolution für das Krokodil etwas, das es wirklich nur passiv erlebt, oder hat es sich auch aktiv an diesem Prozess beteiligt, der es zu einem der gefährlichsten Raubtiere des Planeten werden ließ? Hat es sich immer und immer und immer wieder bemüht, möglichst tief im Wasser zu liegen und trotzdem Luft zu kriegen? Dann hat dieses ewige Bestreben die Nase nach vorn gezogen, dann hat es das Krokodil selbst gemacht. Wahrscheinlich stimmt beides. Gott ist mit den Tüchtigen. Die entscheidende Frage aber ist:

Was bedeutet das alles für mich?

An einem Strand auf Madagaskar würde ich sagen, dass ich kein Krokodilsmörder bin, nicht mal indirekt, denn ich habe nie ein Krokodil als Stiefel, Gürtel oder Krawatte getragen. Aber an einem Strand am Malawisee zählt das vielleicht nicht. Da zählt nur die empirische Wissenschaft, Abteilung Zoologie, und die gibt Collin zunächst recht. Krokodile jagen nur nach Anbruch der Dämmerung. Aber wer sagt mir denn, dass die Evolution nicht schon wieder was Neues in Arbeit hat? Ein Krokodil, das seine Möglichkeiten erweitern will und es auch mal am Tag versucht? Die Chance, dass ich diesem historischen Entwicklungssprung als Opfer beiwohnen darf, ist angeblich äußerst gering, trotzdem macht mir das Schwimmen gerade nicht so viel Spaß. Es braucht drei Tage, bis ich mich nicht mehr vor meinem eigenen Schatten im Wasser erschrecke. Danach erschrecke ich mich nur noch vor den großen Steinen, die am Boden des Sees liegen und deren Farben und Muster denen eines Krokodils recht ähnlich sehen. Dieses mal dunkle, mal helle Grün, diese Furchen und Narben und oft auch diese krokodilähnlichen Formen in einem oder anderthalb Meter Tiefe machen mir zu schaffen. Zuerst haue ich ab, aber das bringt nichts, weil hier viele von den Steinen liegen und es durchaus einen Unterschied zwischen Wassersport und Fluchtreflexen gibt. Die Alternative ist, nicht mehr zu schwimmen. Oder sich zu ermannen und zu jedem dieser Steine hinunterzutauchen, um sie näher kennenzulernen und zu kartographieren. Eine Pionierarbeit, wenn man so will. Ich erstelle eine Karte mit Steinen, die im Wasser Krokodile zu sein scheinen, aber keine sind. Das hilft ein bisschen.

Derweil arbeitet sich Lisa ein. Collin hat ihr als Erstes das Management der Küche übertragen. Sie muss Vorratslisten kontrollieren, Kühltruhen inspizieren und Menü-Abfolgen festlegen. Einem Koch, der noch nie von Wien gehört hat und Austria für Australien hält, bringt sie Wiener Schnitzel und Palatschinken bei. Und mit den Kellnern macht sie Table-Training. Wie speist man in Schönbrunn? Wo liegt das kleine Messer? Und wo das große? Und wo liegt die Gabel? Rechts oder links vom Messer? Rechts oder links vom Teller? Die Kellner, die privat nur mit den Händen essen, sind mit großem Ernst dabei. Für sie sind das keine Tischsitten, sondern Rituale eines fremden Stammes. Afrikaner haben mit Ritualen prinzipiell wenig Probleme. Jede Voodoo-Zeremonie ist komplizierter. Wo liegt der kleine Knochen und wo der große? Und wo das Hühnerköpfchen? Links oder rechts vom Totenschädel? Die Kellner glauben an Geister und an die Möglichkeit, sie zu bannen, deshalb lernen sie schnell die Magie der silbernen Bestecke, und auch der Rest der Etikette leuchtet ihnen ein. Warum immer von rechts serviert wird? Weil links vom Gast die hungrigen Dämonen hocken. Die einzige Regel, die ihnen der Geisterglaube nicht erklärt: dass Frauen immer als Erste zu bedienen sind. Das kriegt Lisa bei ihnen nicht durch.

Auch mit den Bauern, die acht Stunden lang durch den Busch gelaufen sind, um ihr zweihundert Kilo Tomaten zu verkaufen, hat sie Probleme. Sie schafft es einfach nicht, ihnen zu sagen, dass sie keine zweihundert Kilo Tomaten braucht. Ergebnis: Tomaten werden zu einem großen Thema in der Küche. Tomatensalat, Tomatensuppe und Tomatensaft zum Frühstück bauen den Berg aber noch nicht hinreichend ab, erst mit der Massenproduktion eines

Tomatencocktails gelingt das. Bloody Mary rettet Lisa aus dem Schlamassel. Aber die Frage bleibt: Wie ist sie in den überhaupt hineingeraten? Was war ihr Fehler? Ihre Gutmütigkeit? Oder ihre Unsicherheit? Konnte sie die Bauern mit den Tomaten nicht wieder in den Busch zurückschicken, weil sie ein zu großes Herz hat? Oder ein zu ängstliches? Das sind wichtige Fragen in Afrika. Will sie geliebt werden?

Collin will Respekt. Und er macht das nicht schlecht. Er schreit nicht, er tobt nicht, er bleibt höflich, auch wenn sein Blut vor Wut kocht. Seine Peitsche ist die penetrante Kontrolle, Misstrauen sein Kapital. Er würde es nicht Misstrauen nennen, sondern Erfahrung, er weiß, was die Mitarbeiter der Lodge draufhaben und was nicht. Fleiß haben sie drauf. Aber nicht als zweckfreie moralische Disziplin. Fleiß ist praktisch, nicht heilig. Er ist ein Werkzeug, kein Fetisch. Wer unnötig fleißig ist, hat in afrikanischen Augen irgendein mentales Problem. Was sie nicht draufhaben? Die Zukunft, zum Beispiel. Sie verstehen nicht, dass man sie manipulieren kann. Sie denken nicht strategisch, sie sind keine Schachspieler auf dem Brett der Zeit. Dass morgen dieses oder jenes geschieht, wenn man heute dieses oder jenes tut, geht in ihren Kopf nicht rein. Auch nicht, dass morgen dieses oder jenes nicht geschieht, wenn man heute dieses oder jenes unterlässt. Beides interessiert sie nicht. Und nun frage ich mich, ob jemand, der keine Vorsorge kennt, eine Sorge weniger hat? Oder, besser, gar keine Sorgen mehr? Sorge braucht immer die Zukunft, niemand sorgt sich um den Moment. Collin meint, wer so die Welt sieht, sei exakt eine Million Mal glücklicher als wir.

Wir sind in seinem Büro. Es ist die Verwaltungszentrale der gesamten Lodge und daher recht groß. Es gibt sieben schöne Schreibtische aus dem Holz der Gegend, und es hängt irre viel Papier an den Wänden. Landkarten, Fotos, Fotokopien, Tabellen, Einsatzpläne und Erste-Hilfe-Instruktionen für Schlangenbisse. Wichtigster Tipp und ganz oben auf der Liste: «Niemals den Witch-Doktor holen!» Ventilatoren an der Decke, Fenster zum Busch, Satelliten-Internet. Handys funktionieren nicht. Telefoniert wird über Skype, und das sind die einzigen Augenblicke, in denen Collin schreit. Ich liebe dieses kleine Großraumbüro im Dschungel, und ich liebe Collin dafür, dass er sagt, es sei auch meins. Er sitzt vor seinem Computer und kaut auf einem Bleistift. Dann steckt er den Bleistift wieder hinters Ohr.

«Glaub mir, Helge, sie sind viel glücklicher als wir. Deshalb weiß ich manchmal nicht, ob es wirklich eine so gute Idee ist, ihnen zu zeigen, wie Unglück funktioniert.»

Collin ist also auch ein kleiner Philosoph. Oder ein großer. Das wird die Nachwelt regeln. Ich kann derzeit nur die Hand dafür ins Feuer legen, dass er großzügig, intelligent und gebildet ist, gesegnet auch mit schwarzem Humor und Willensstärke. Er führt achtzig Afrikaner, er hat anspruchsvolle Gäste, er schlägt sich mit der Buchhaltung, der PR und den Investoren herum, er hat keine Angst vor Krokodilen, und abends, am Feuer, kann er sogar Gitarre spielen und Songs von Pink Floyd zum Besten geben. Er ist jung – ein dreißigjähriger Schotte mit dem Glauben an eine gute Zukunft und der Kraft eines Löwen – und ein ganz klein bisschen arrogant. Collin ist ein guter Mann. Seitdem wir in der Lodge sind, frage ich mich, ob er nicht der bessere Mann für Lisa wäre. Ist das nicht niedlich? Nicht Lisa macht mich eifersüchtig, sondern das, was sie anscheinend nicht sieht. Eifersucht ist übrigens nicht das richtige Wort. Es ist eine vorsorgende Eifersucht, eine Eifersucht, die gewappnet sein will. Stiege Collin tatsächlich gegen mich in den Ring der Liebe, hätte ich keine Chance. Ich kämpfe definitiv nicht mehr in seiner Altersklasse. Dazu kommt das Gefühl, fünftes Rad am Wagen zu sein. Das ist Lisas Lodge, Lisas Job, Lisas Schreibtisch hier, und ich habe es immer gehasst, wenn mich an meinem Arbeitsplatz mein Privatleben besucht hat. Ich weiß, wie peinlich das ist. Und anstrengend ist es auch. Für sie wie für mich. Sie möchte den Ansprüchen der Lodge und meinen Ansprüchen gerecht werden, und dabei kommt unterm Strich eine winzig kleine Überforderung heraus. Und mich strengt die Unterforderung an. Natürlich könnte ich hier, wie es die Volontäre tun, irgendeine Aufgabe übernehmen, aber ich sag's mal ehrlich, ich mag nichts tun, was ich nicht kann. Ich will also wieder schreiben, und darum freut mich Collins «Mein-Büro-ist-dein-Büro»-Blutsbrüderschaft sehr. Leider darf man hier nicht rauchen, aber auch für dieses Problem hat Collin eine ideale Lösung parat: «Warum schreibst du nicht auf der Terrasse von Peters Haus?»

Peter ist einer der Gründer der Lodge, und sein Haus ist leer, denn er ist derzeit mit einer Ägypterin in Kenia unterwegs. Außerdem steht es am anderen Ende der Bucht, das schafft ein bisschen Distanz zu meiner Freundin. Zwei Stränge liegen ab sofort zwischen unseren Arbeitsplätzen, zusätzlich muss man noch ein paar Meter durch den Busch. Dort, wo Strand und Busch aneinandergrenzen, plätschert zur Regenzeit ein kleiner Bach. Jetzt führt er kein Wasser, aber richtig ausgetrocknet ist er auch nicht. Sein Bett präsentiert sich als saisonal bedingter Sumpf und ist mit dichtem Schilf bewachsen, man sieht nicht, was drin ist, man weiß es nur, und das bringt mich zu dem Krokodil zurück.

Hier wohnt es, hier ruht es, hier sonnt es sich, und wenn es schwimmen will, kommt es genau hier raus und kriecht über den Reststreifen Strand zum See. Der Reststreifen ist etwa zwei Meter breit. Das heißt, vielleicht kriegt es mich, wenn es mich kriegen will, vielleicht auch nicht. Und dieses «vielleicht» ist ein bisschen gruselig. Selbst am Tag, wenn ein Krokodil angeblich nicht jagt. Doch manchmal komme ich auch abends von Peters Terrasse zurück, und wenn der Mond sein silbernes Licht über das Schilf, den Sand und das Wasser legt, beruhigt mich zwar, dass Krokodile nur einmal in der Woche Nahrung zu sich nehmen, aber ich weiß auch, dass sie gern Vorräte anlegen. Also, was zur Hölle kann ich machen, wenn diese Bestie, die seit Lodgebestehen noch nie Menschenfleisch probiert hat, es mit mir zum ersten Mal versucht? Die Tipps der Krokodiljäger sind relativ leicht zu verstehen und relativ schwer zu befolgen:

1. Lass dich auf keinen Fall beißen. Der Biss des Krokodils ist so tief und schmerzhaft, dass man sofort in ein Schocktrauma fällt und wehrlos ins Wasser gezogen wird. Zum Ertränken. Zum Zerreißen. In der Regel geschieht das gleichzeitig. Weil das Krokodil aus kiefertechnischen Gründen nicht sauber abbeißen kann, dreht es sich so lange im Wasser um seine eigene Achse, bis das Opfer an den angebissenen Stellen auseinanderreißt.

2. Die empfindlichsten Stellen des Krokodils sind seine Augen und seine Nase. Bearbeite diese Körperteile mit irgendetwas Geeignetem. Einem Stück Holz, einem Stein, einem Schlüssel, einem Handy oder der blanken Faust. Krokodile mögen keine Beute, die weh tut, und vielleicht haut es ab.

3. Versuche, irgendwie auf den Rücken des Krokodils zu gelangen. Übe mit deinem Körpergewicht Druck auf sei-

nen Nacken aus. Das zwingt es, den Kopf zu senken und die Schnauze zu schließen. Normalerweise ist das seine Ruheposition. Und wenn du es jetzt noch schaffst, dem Krokodil für längere Zeit die Augen zuzuhalten, schläft es ein. Ich summe:

«Schlaf, Schnappi, schlaf,
dein Vater reißt ein Schaf,
deine Mutter schüttelt ein Menschenbein,
und runter fällt ein Füßelein,
schlaf, Schnappi, schlaf.»

5. AFRICAN SHOPPING

Das Gleichgewicht des Schreckens muss stimmen. Wenn beide gleich viel Angst haben, den anderen zu verlieren, spricht man von einer stabilen Beziehung. Hat einer mehr Angst, beginnt er zu verlieren. Nicht nur, weil er nervt, er gibt auch dem Partner zu viel Freiheit damit. Wer die Angst des anderen spürt, hat selbst keine mehr. Und beginnt rumzuspinnen. Seine Waagschale geht nach oben, die des anderen sinkt. Irgendwann liegt der eine am Boden, und der andere fliegt zu einem anderen Happy End. Wir kennen das. Es wird normal, kein nachhaltiges Happy End mehr zu haben, sondern viele kleine Happy Ends verstreut übers Leben. Aber die Romantik ist nicht totzukriegen. Vielleicht schaffen wir es ja irgendwann einmal, vielleicht braucht es nur noch ein paar Generationen von Beziehungsunfähigen, um den Menschen daran zu gewöhnen, dass Liebende kommen und gehen und nur die Liebe selbst Unendlichkeit erreicht, wie ein alter indischer Kumpel mal so hübsch formuliert hat, und es leuchtet mir ein, aber ich bin noch nicht so weit. Mir reißt es noch immer die Eingeweide heraus, wenn ich meine Braut verliere. So weit ist es noch nicht, aber ich kenne die Dynamik. Angst ist ein Gewicht, das ständig schwerer wird. Was mich ständig schwächer werden lässt. Ich halte mich ganz gut, mir knicken nicht die Knie weg, doch mein Gesicht spricht Bände. Immer wenn wir am großen Tisch in Collins Büro zusammensitzen, schauen mich die anderen wie jemanden an, dem man helfen muss. Weil er so traurig ist. Und dabei spielt es keine Rolle, ob ich lächle oder nicht. Meine Augen verraten mich. Es wird Zeit für die Sonnenbrille, und dann verrät mich meine Stimme. Sie wird immer schwächer und leiser, und wenn ich dagegen angehe und absichtlich laut rede, ist es nur eine leere, leicht hysterisch vibrierende Tonhülle. Das kostet Kraft und bringt nichts, deshalb spare ich mir den Aufwand. Und verliere meine Stimme. Am peinlichsten ist es, wenn ich singe. Es hat sich am Feuer eingebürgert, dass Collin und ich abwechselnd Gitarre spielen. Die Flammen, das Bier und der Sternenhimmel verlangen ein bisschen Bob Dylan, ein bisschen Eric Burdon geht auch. «The House of the Rising Sun» war das erste Lied, das ich zu spielen lernte und das auch jeder mitsingen kann. An tausend Feuern gezupft, an tausend Feuern gesungen. Der Blues der einsamen Jungen. Oder «Hey Joe», die Ballade der Betrogenen. «Let It Be» kann ich auch ganz gut. Aber wo, zum Teufel, ist meine Stimme? Ich singe so Dinge wie «I'm going down to shoot my old lady» im Flüsterton, und so geht es nicht. Da wirbelt der liebe Jimi Hendrix im Grab herum, bis kein Knochen mehr neben dem anderen liegt. Collin dagegen singt gut. Betrunken und dilettantisch, aber das gehört am Feuer dazu. «We don't need no education, we don't need no thought control.» Im Büro ist er Diktator, am Feuer Anarchist.

Und Lisa?

Diese Frau hat kein Problem mit dem Ungleichgewicht des Schreckens. Sie findet es ganz gut, wenn sie die Stärkere ist und die Männer nach ihrem Ego tanzen. Dass sie dabei ihre Anziehungskraft verlieren, stört sie anscheinend nicht. Einerseits. Andererseits wäre sie natürlich auch ganz gern stolz auf mich. Okay, sie steckt das weg. Aber die Doppelbelastung bleibt. Die Lodge und ich. Und weil sie still und heimlich hofft, doch noch ihre Entscheidung gegen die Lodge rückgängig machen zu können, ist für sie wieder mal «Die Lodge oder er» die entscheidende Frage. Sie sagt das nicht. Ich fühle das nur. Der Lügendetektor schlägt an wie ein Kettenhund. Jede Regung in ihrem Gesicht, jede Vergrößerung ihrer Pupillen, jedes Wort, das sie spricht, wird auf die Goldwaage gelegt. Und auch jedes Wort, das sie nicht spricht. Jede Pause, jedes Zögern, jedes Zurückpfeifen eines vorschnellen Gedankens. Ich bin schwerhörig. Aber ich sehe alles. Ich lass mich nicht verarschen. Sie fragt: «Hast du Heimweh?» Ich sage: «Ja.» Sie sagt: «Dann flieg zurück. Ich will, dass es dir gutgeht.» Aber das nehme ich ihr nicht ab. Ich glaube, sie will, dass es ihr gutgeht. Ich glaube, sie will mich loswerden. Sie liebt Afrika mehr als mich. Okay, vielleicht ist das verständlich. Aber gefallen muss es mir nicht. Die Eifersucht ist eine Bestie, wie das Krokodil. Sie frisst alles, was sie kriegt. Darum will ich, bevor es zu spät ist, wissen, woran ich bin, und setze ihr die Pistole auf die Brust. Showdown bei Sonnenuntergang. Auf Peters Terrasse.

Die ist übrigens wahnsinnig schön. Das ganze Haus ist ein Traum. Naturstein, ein helles Schlafzimmer mit einem großen Bett, ein Arbeitszimmer, ein Kinderzimmer und reduziertes Mobiliar, was wichtig ist. Man stößt sich nicht, Körper und Geist haben Raum in Peters Haus, und die Terrasse ist noch mal so groß wie die drei Zimmer zusammen, überdacht, schattig, zwei Kanapees, ein paar Sessel, ein Arbeitstisch, und doch wirkt sie nicht vollgestellt und bietet genügend Platz, um in den Schreibpausen auf und ab zu gehen. Der See ist zwanzig Meter entfernt. Das letzte Licht liegt wie Silber auf ihm. Ein Adlerpaar zieht synchron seine Runden. Und Lisa sagt, dass sie es nicht mehr mitansehen kann, wie sich ihr Held in einen sterbenden Schwan verwandelt. Und dass sie verzweifelt ist, aber auch wütend auf sich. Sie hat gewusst, dass es so kommen wird. Sie kennt sich, es ist immer so gekommen. Sie ist einfach nicht beziehungskompatibel und hier in der Lodge schon gar nicht. Damit hat sie bereits beantwortet, was ich wissen will. Sie steht nicht länger hundertprozentig zu mir. Seitdem wir die Lodge betreten haben, zieht sie sich zurück. Wir sind kein Team mehr. Wir gehen und bleiben nicht mehr, wie es uns gefällt, und das «uns» wird leer, wenn nur ich es bewohne. Ich sollte es ebenfalls verlassen, bevor ich rausgefegt werde. Die Gnade des Schicksals gibt mir die Gelegenheit dazu. Collin fährt morgen für zwei Tage in die Zivilisation. Er muss Einkäufe machen und Behörden aufsuchen. Und er nimmt mich mit. Und ich nehme außer meinem Pass auch mein gesamtes Bargeld und meine Kreditkarte mit. Und Lisa weiß das nicht. So gut kennt sie mich noch nicht. Ich verschwinde manchmal spurlos, wenn es sein muss.

Collin und ich müssen früh raus am nächsten Morgen, denn der Weg in die Provinzhauptstadt Lichinga ist weit und schwer, und der Malawisee wellt sich wie ein Meer. Das Wetter hat sich wieder mal gedreht. Unsere Freundinnen verabschieden uns am Landungssteg, und als ich Lisas Erleichterung spüre, mal für zwei Tage allein zu sein, fällt mir der Abschied ein bisschen schwer. Das Speedboot wirft sich auf die Wellen, und nachdem wir das natürliche Tor der Vulkansteinfelsen passiert haben, sehe ich sie nicht mehr. Es windet sehr, die Gischt wirkt wie ein zweiter Frühstückskaffee, nass und wach erreichen wir Cobue, wo der Geländewagen der Lodge steht.

Lichinga ist für diesen Wagen eigentlich nur fünf Stunden entfernt, aber wir werden länger brauchen, weil Collin so viele Leute am Wegesrand kennt. Der Erste, für den er anhält und aussteigt, ist der Polizeichef von Cobue, ein untersetzter, grimmiger Mann, vor dem man sich gegebenenfalls auch fürchten kann, weil er absolut keinen Spaß versteht. Er redet mit Collin, den er Amigo nennt, und blickt mich dabei immer mal wieder finster an. Er will etwas. Collin dreht sich zum Wagen um, wahrscheinlich will er sein Gesicht nicht verlieren. Er ist ein bisschen wütend und beißt sich auf die Lippe. Dann wendet er sich wieder dem Polizeichef zu und schüttelt den Kopf. «Porque amigo?», fragt der Bulle. «Porque não!», antwortet Collin und lässt ihn stehen.

«Was wollte er?», frage ich, als er wieder im Wagen sitzt.

«Geld. Er will immer Geld.»

«Und du gibst es ihm nicht?»

«Never ever, aber er fragt jedes fucking Mal.»

Hintergrund dieser Unverschämtheit sind die skandalös niedrigen Einkommen der Polizei in Mosambik. Sie verdienen nicht mehr als die Kellner in der Lodge. Aber sie brauchen mehr zum Leben als die Glückseligen im Busch. Mehr Fernsehen, Radio, Whisky, Huren und Motorräder. Sie sind zivilisiert. Und sie haben Waffen und ziemlich viele Rechte. Sie können mit den Leuten hier alles machen. Auch mit mir. Er könnte meinen Pass checken und in meine Tasche sehen, in ihr würde er einen Laptop finden, und dann könnte er mich nach der Einfuhrgenehmigung fragen, und ich würde sagen, ich hab sie nicht, weil mich in der Zollbude Ihres fabelhaften Nestes vor zehn Tagen niemand darauf hingewiesen hat, dass Laptops bei der Einreise angemeldet werden müssen, und der Bulle würde sagen: Bingo, jetzt nehme ich dir den Apple weg. Oder ich steck dich drei Tage und Nächte in unser Buschgefängnis. Zollvergehen sind kein Kavaliersdelikt. Die dritte Möglichkeit wären tausend Dollar in cash. All das könnte er ohne Probleme durchziehen, aber er macht es nicht, entweder weil er dumm ist oder weil er Collin fürchtet oder, auch das kann sein, weil er Collin respektiert. Man weiß es nicht. In Afrika verschwimmt die Grenze zwischen Furcht und Respekt leider leicht, aber ein Mann, der immer nein sagt und nicht weich wird, hat beides redlich verdient.

Etwa eine Stunde später sehe ich, wie es umgekehrt funktioniert. Mehrere abgerissene Gestalten begegnen uns auf der Lehmpiste. Sieben oder acht ausgemergelte, zum Gotterbarmen dünne Männer, mit Fetzen am Leib. Ein paar von ihnen tragen die Überreste von Sandalen, ein paar sind barfuß unterwegs. Und ihre Gesichter gehören nicht hierher. Wir fahren an ihnen vorbei, Collin stoppt und setzt zurück. Drei der Männer flüchten in den Wald, die anderen bleiben ängstlich stehen. «English?», fragt Collin. Und noch einmal: «English?» Einer der Männer kommt ans Fenster. Hinter der Angst und der Erschöpfung versteckt sich ein wundervolles Gesicht.

«Woher kommt ihr?», fragt Collin.

«Aus Äthiopien.»

«Und wohin wollt ihr?»

«Nach Südafrika.»

Ich kann nicht glauben, was ich da höre. Äthiopien ist zweitausend und Südafrika eintausendfünfhundert Kilometer entfernt.

«Ihr müsst aufpassen. Gestern wurden zwanzig Äthiopier von der Polizei verhaftet. Ganz in der Nähe. Ich habe es über Funk gehört. Verstehst du mich? Polizei!»

«Ja, ich verstehe. Danke, Sir.»

«Verstehst du mich wirklich? Die Polizei sucht euch. Bleibt weg von den Dörfern.»

«Danke, Sir.»

Die Männer, die im Wald verschwunden waren, kehren zurück. Die Gruppe hat Vertrauen gefasst. Der Weiße ist nicht böse. Collin fummelt im Handschuhfach herum, seine Hand kommt mit Geld wieder heraus. Dreißig Dollar. Das ist fast die Hälfte eines Monatsgehalts seiner Angestellten. «Hier», sagt er und gibt es dem Mann, der Englisch kann. «Und denkt daran: Geht nicht in die Dörfer!»

Der Äthiopier hält die Scheine für ein Weilchen fassungslos in der Hand. Er sucht nach Worten. Er findet sie. «God bless you, Sir.»

Während sie uns hinterherwinken, erklärt mir Collin, was dahintersteckt. Es ist eine neue Völkerwanderung. Äthiopier und Somalier. Sie wollen zu Fuß nach Südafrika, sie gehen auf den alten Sklavenwegen durch Kenia, Tansania und Mosambik, und wenn die Polizei sie kriegt, werden sie zurücktransportiert. Offiziell. Inoffiziell werden auch viele auf der Flucht erschossen, weil das weniger umständlich ist. «God bless you, Sir», wie er das gesagt hat. Mir hat es die Haare aufgestellt. Ein Segenswunsch, der so tief, ehrlich, dankbar und gläubig vorgetragen wird, ist eigentlich mehr als dreißig Dollar wert. Damit hat Collin ein gutes Stück Seelengold in der Tasche. Liebe und Respekt sind besser als Furcht und Respekt.

Ein paar Anmerkungen zur Straße. Sie ist natürlich keine Straße, sondern eine Buschpiste, und auf den ersten Kilometern hinter Cobue geht es in Lehmserpentinen voller Schlaglöcher und Querrillen recht steil bergauf. Das ist der wilde Teil der Strecke nach Lichinga, mit rechts und links jede Menge wildem Wald. Inzwischen wird es bequemer, und wir fahren auch länger geradeaus. Hin und wieder vorbei an Feldern, aber prinzipiell bleibt die Piste gesäumt von Wald. Einem traurigen Wald, trocken und über große Flächen verbrannt. Er lechzt nach der Regenzeit.

«Darf ich dich was fragen, Collin?»

«Sicher.»

Ich frage ihn nach seiner Vergangenheit. Seine Familientasse kenne ich schon. Er trinkt jeden Morgen aus einem Gruppenfoto Tee. Bärtiger Vater, gütige Mutter, drei Brüder, zwei Schwestern. Aufgenommen bei schottischem Wetter. Ein Hochland-Clan. Aber welcher Bruder ist er? «Der mittlere.» Und hat ihm sein älterer Bruder Probleme gemacht? «Jede Menge. Aber als ich so stark wurde wie er, besserte er sich.» Dann ging Collin fort. Erst nach Edinburgh, dort studierte er Politik und Geschichte. Anschließend nach Berlin. Nur so, erst für ein paar Wochen, ein Pflichtbesuch, weil Deutschlands Hauptstadt für junge Schotten noch hipper als London ist. Berlin griff nach ihm, und er blieb zwei Jahre. Die ersten zwei Wochen kiffte er von morgens bis abends, dann wurde er Koch in einem vegetarischen Imbiss und kiffte nicht mehr so viel, und eines schönen Tages erzählte ihm ein Gast von Mosambik. Neues Ziel, neues Glück. Mit dem Orient-Express nach Istanbul, mit dem Flieger nach Kairo, über Land auf der Trans-Afrika in Bussen und Buschtaxis, durch Kenia und Tansania ging er monatelang zu Fuß. Auch Cobue erreichte er zu Fuß, dort hörte er von der Lodge, ging hin und fragte nach Arbeit. Peter gab ihm welche, und sie wurden Freunde, und als Peter von der Ägypterin abgegriffen wurde, übernahm Collin den Laden. Mehr gibt es eigentlich nicht zu sagen. Oder doch? Es gab eine Liebesgeschichte in Kenia, bevor er in die Lodge kam. Nach ein paar Wochen wollte er zu ihr zurück. Er saß schon im Bus. Und es fühlte sich nicht gut an. Er nahm seinen Rucksack und stieg wieder aus. Das war Collins Entscheidung gegen die Liebe. Und? Hat es sich gelohnt?

«Ich weiß es nicht. Ich will es auch gar nicht wissen. Ich kümmere mich nicht darum. Das ist der große Unterschied zwischen meinem Leben zu Hause und hier. Zu Hause habe ich zu viel über mich selbst nachgedacht, viel zu viel, und in Berlin wurde das zur Manie. Hier geht das nicht mehr. Ich kümmere mich nur noch um die Lodge. Für mich selbst bleibt keine Zeit.»

«Und magst du es, keine Zeit mehr für dich zu haben?»

«Um ehrlich zu sein, Helge, es ist befreiend.»

Collin sagt «to be honest», wenn er ehrlich meint. Und was mich angeht: mir geht's, «to be honest», in der Lodge genau umgekehrt.

Wir erreichen Lichinga am Nachmittag. Eine große Straße, in der alles Wichtige und Hässliche ist, die Nebenstraßen etwas hübscher. Die alten Häuser der Portugiesen sind keine Villen, sondern eher klein und bescheiden, kolonialer Mittelstand hat hier gebaut, Kaufleute, Beamte, niedrige Offiziersränge, zudem sind sie inzwischen komplett versaut, trotzdem streichelt die koloniale Restarchitektur der Ibero-Imperialisten meine Träume wie der Anblick einer schönen Frau. Ansonsten, da hat der «Lonely Planet» recht, gibt es wenig zu sehen oder, besser, wenig Sehenswertes. Die Hauptstadt der Provinz Niassa ist ein Hunderttausendseelenkaff, in dem es alles gibt, was Jäger, Missionare und Lodgemanager brauchen. Collin arbeitet seine Einkaufsliste ab, ich meine. Seine ist etwa tausendmal länger. Er braucht Drähte, Netze, Seile, Batterien und alle möglichen Ersatzteile, er braucht etwa eine Tonne Lebensmittel, einen Zentner Alkohol und jede Menge Papier. Die Behördengänge nerven ihn am meisten. Im «Tourism Development»-Büro, das unter anderem den Qualitätsstandard der Hotels in Mosambik überwacht, ist es Collin unmöglich, dem Beamten zu erklären, warum eine Fünfsternelodge im Busch keine Fernseher braucht. Collin sagt, die Leute kommen nicht in den Busch, um fernzusehen, sie kommen, um den Busch zu sehen, aber genau das kann ein Afrikaner nicht verstehen. Die Sache ist durchaus ernst. Vor zwei Wochen haben Mitarbeiter der Behörde die Lodge inspiziert, jeder mit einem Zettel in der Hand, auf dem die Must-Haves einer Luxuslodge standen. Collin könnte einen Stern verlieren, wenn er den zuständigen Beamten nicht davon überzeugen kann, dass in seinen Dschungelköniginnen-Traumchalets ein Flachbildschirm wie eine Ohrfeige wirkt. «Der Lake of Stars braucht keine TV-Stars», sagt Collin, und dieses lokalpatriotische Argument verfängt erst mal.

«Aber was ist mit den Tischen am Strand?», fragt der Beamte.

«Was soll damit sein?»

«Warum speisen Ihre Gäste nicht in der Dining Hall?»

Jetzt geht es also um den Unterschied zwischen Camping und Candle-Light-Dinner unter Sternen.

Auf dem Gemüsemarkt ist es viel netter. Die Farben der Früchte mischen sich vortrefflich mit den bunten Kopf- und Körpertüchern der Frauen. Die Händlerinnen lachen viel und herzlich, während Collin mit ihnen feilscht. Sie lie-

ben es, wenn ein Weißer sich auskennt und sich nicht verarschen lässt, sie flirten sogar mit ihm, egal, wie alt sie sind.
Collin kauft hundert Kilo Kartoffeln, dreißig Kilo Karot-
ten, jeweils zehn Kilo Paprika, Avocados, Zitronen, Orangen, Äpfel und so weiter und so weiter. Vom Fleischmarkt,
zu dem ich ihn nicht begleite, braucht er jeweils zehn Kilo
Hack- und Rindfleisch, und im Supermarkt müssen es mindestens zwanzig tiefgekühlte Hähnchen aus Brasilien sein,
denn die afrikanischen Hühner sind zu mager, und eine
Rasse aus Schottland in der Lodge zu züchten, hat auch
keinen Sinn, die Warane würden sie fressen. Er kauft noch
hundert Eier und hundert Liter Milch sowie fünf Kisten
Wein, fünf Kisten Cola, eine Kiste Whisky, eine Kiste
Gin, eine Kiste Wodka und eine Kiste Rum. Und was mache ich? Ich habe nur fünf Punkte auf meiner Einkaufsliste
abzuarbeiten und noch nicht mal damit angefangen.

Spiegel für Lisa.

Seife für Lisa.

Schokolade für Lisa.

Taschenlampe für mich.

Zwei Macheten.

Punkt vier und fünf sind nicht das Problem. Die sind
nicht emotional behaftet. Die Einkäufe für Lisa fallen mir
schwer. Ich will sie nicht wütend tätigen, bin es aber leider sehr. Ich bin wütend, weil ich es nicht schaffe, nicht an
sie zu denken. Das hatte ich mir eigentlich für den Ausflug
vorgenommen. Ein bisschen Frieden, ein bisschen Freiheit, vielleicht sogar so frei, dass ich mich frei entscheiden
kann, wie es weitergeht. Ab Lichinga fahren Überland-
busse sonst wohin, Lichinga hat sogar einen Flughafen mit
einer 1800 Meter langen Rollbahn. Das reicht für Mittel-
streckenmaschinen, das reicht für Tansania, und das reicht

für Maputo, die Hauptstadt Mosambiks, die das Rio von Afrika sein soll. Aber nichts davon liegt an meinem Weg, solange ich an Lisa denken muss. Also vergiss es. Aber vergiss nicht die Geschenke.

Am Abend wird es besser. Wir sitzen im Restaurant «1 & 2», dem einzigen, das man in Lichinga empfehlen kann. Hier speisen Afrikaner, die allein schon deshalb rundum zufrieden sind, weil sie zur Mittelklasse gehören. Der Laden hat keine Fenster, aber Atmosphäre und verflucht nonchalante Kellner. «Siehst du, Collin, das fehlt deinen Leuten noch. Wahre Professionalität ist entspannt.» Und Collin sagt: «Exakt.» Auch das ist eines seiner Lieblingsworte. Wir gehen mit Johnnie Walker und führen Männergespräche. Collin erzählt mir von einem Paar, das häufig in der Lodge zu Gast ist. Und immer ist es dasselbe. Tagsüber sind sie nett zueinander, aber abends, wenn sie zu trinken begonnen haben, schlägt die Frau ihren Mann. Nicht mit der flachen Hand, sondern mit der Faust, voll ins Gesicht. Und er wehrt sich nicht. «Ist doch klar», sage ich, «sie verachtet ihn, weil er nicht zurückschlägt», und Collin sagt: «Exakt.»

Wir sind modern und ticken archaisch. Das ist unser Problem. Eine Frau liebt es, kontrolliert zu werden, das gibt ihr die Gewissheit, wertvoll zu sein. «Exakt.» Eine Frau, die ihren Mann zu demütigen versucht, prüft seine Männlichkeit. «Exakt.» Eine Frau, die ihren Mann schlägt, will endlich eine Antwort darauf, ob er es wert ist, Vater ihrer Kinder zu sein. «Exakt.» Sie will keine Söhne von einem Schwächling. Exakt. Exakt. Exakt. So geht es mit Johnnie, Collin und mir den ganzen Abend, und am Ende, ich weiß auch nicht genau, warum, hat sich der Wind gedreht. Ich denke zwar immer noch an Lisa, aber ich bin weder wütend noch defensiv. Ich freue mich darauf, ihr einen Spiegel zu kaufen, in dem sie wieder sehen kann, wie schön sie ist. Das beweist mir einmal mehr, dass Beziehungsprobleme ganz einfach zu lösen sind. Kontrolle und Komplimente sind die ideale Formel für das nachhaltige Glück mit Frauen, und endlich bin ich sicher, dass es richtig war, sie nicht allein in der Lodge verschwinden zu lassen. Collin hätte sie bestimmt geknackt.

Exakt.

Am nächsten Tag verlassen wir Lichinga nach Sonnenuntergang. Eigentlich sollte man bei Dunkelheit nicht mehr auf dieser Straße sein. Es gibt Räuberbanden, und es gibt, aus den Jahren des Bürgerkriegs, noch sehr viele Waffen. Fünf Stunden Nachtfahrt liegen vor uns, und etwa ab der Hälfte der Strecke werden wir ziemlich allein sein. Den Wagen vollgepackt mit den leckersten Sachen. Außerdem war Collin auf der Bank. Es ist Monatsende, und er muss Gehälter zahlen. Wir haben zehntausend Dollar dabei, wir sind ein Jackpot auf Rädern, aber Collin macht das nicht zum ersten Mal. Er wird wissen, was er tut. Aber weiß er das wirklich? Oder vertraut er seinem Glück?

«Take it easy, Helge, niemand erwartet hier nachts ein Fahrzeug.»

«Du meinst, niemand glaubt, dass jemand so dämlich ist wie wir?»

«Exakt.»

Und warum sind wir so dämlich? Warum schlafen wir nicht noch einmal in der Stadt und fahren, wenn es wieder hell wird? Collin sagt, weil morgen in der Lodge zu viel Arbeit auf ihn wartet, um auch diesen Tag noch zu verlieren, und ich sage, er ist ein Kontrollfreak. Lisa wird den

Laden schon nicht abfackeln, ein Tag mehr ohne ihn wird locker gehen. Aber Kontrollfreaks sind wie alle Triebtäter tendenziell unheilbar.

Wenig später verlässt uns die Elektrifizierung der Welt, der Wald steht schwarz und schweigend, die Scheinwerferkegel des Geländewagens beleuchten nur Ausschnitte einer ständig schlechter werdenden Straße. Eventuelle Hindernisse, wie wilde Männer mit Gewehren, würden wir frühestens aus zwanzig Meter Entfernung sehen. Ich kenne den Film. In tausend Versionen. Und minimum in jeder zweiten würde jetzt gleich was Schlimmes passieren. Nach etwa drei Stunden informiert mich Collin darüber, dass wir nun in dem Gebiet mit den meisten wilden Tieren seien. Also Leoparden, Löwen, Elefanten, Wildhunde et cetera, und vielleicht fünf Minuten später leuchtet eine rote Lampe am Armaturenbrett auf, und Collin sagt: «Fuck, wir haben ein Problem.»

Die Batterie gibt den Geist auf. Das Scheinwerferlicht wird kontinuierlich schwächer und erlischt schließlich ganz. Collin will wissen, ob ich eine Taschenlampe dabeihabe. Ja, habe ich. Frisch auf dem Markt in Lichinga gekauft. Chinesische Ware, groß, billig, gut. Ich lehne mich aus dem Seitenfenster und beleuchte den Weg, so gut es geht. African Travelling, so muss es sein. Eine kleine Konfrontation mit den Urängsten. Was ist, wenn jetzt auch noch der Motor ausgeht? Dann muss einer von uns zu Fuß nach Cobue, und der andere bewacht den Wagen. Wie weit ist es von hier zu Fuß bis Cobue? Mehrere Stunden. Was wäre mir lieber? Allein durch den Wald der wilden Tiere zu gehen oder allein das Auto zu bewachen? Womit bewachen? Mit der Machete, die ich gekauft habe? Sie ist noch nicht geschliffen. Collin hat eine scharf gemachte

Machete neben dem Fahrersitz, aber die würde er mitnehmen. Und noch etwas: Selbst mit einer scharfen Machete käme ich im Falle eines räuberischen Überfalls nicht weit, es sei denn, ich hätte die Bereitschaft, jemanden zu verstümmeln. Und ich glaube, die hab ich nicht. Ich glaube, ich würde die Pazifistennummer machen und jedem kampflos die Karre und die Einkäufe überlassen, nur den kleinen roten Spiegel für Lisa, den bitte nicht, ihr wisst, wie Frauen sind. Würde das klappen? Man weiß es nicht.

Der Motor bleibt an. Und die Taschenlampe aus China frisst sich tapfer durch eine immer kurviger werdende Angelegenheit, wir schleichen mehr, als dass wir fahren, und als die Kurven endlich zu Serpentinen werden, sehen wir unter uns zwar nicht die Lichter von Cobue, denn auch hier gibt es keine Elektrizität, aber wir sehen Cobue und haben es nicht nur überlebt, sondern auch geschafft. Collins Leute warten mit dem Boot am Strand. Willard, Francis und Andrew Bwanali. Drei Freunde in der Nacht. Wir beladen das Boot, und kaum tuckert es los, holt Collin seinen Whisky aus dem Rucksack, und wir machen offiziell Feierabend.

Willard, Francis und Andrew Bwanali sind seine besten Bootsmänner. Sie kennen den See in- und auswendig, sie wissen, was sie tun, Andrew Bwanali tut gar nichts, Francis sitzt am Motor, und Willard schöpft mit einem Topf Wasser aus dem Heck. Das Boot liegt tief und kommt nur sehr langsam voran. So werden wir Stunden brauchen. Wir strecken uns zwischen den Kisten aus und versuchen zu schlafen, was nicht richtig klappen will. Dafür wird der Motor noch müder als zuvor und geht schließlich aus. Francis bekommt ihn wieder an, aber nur für kurze Zeit, dann erstirbt unsere Antriebskraft erneut und jetzt endgültig.

«Was ist mit dem Motor?», fragt Collin.

Ich weiß nicht, ob alle Afrikaner so sind, aber die Mitglieder des Volkes der Chewa, zu denen die meisten Mitarbeiter der Lodge gehören, holen für jede Antwort recht weit aus.

«This motor no good», sagt Francis. «Motor always make problem, jaaaaa. Last week, too much problem. Jaaaaa. We bring him to Cobue, to Jimmy, you know him, Collin, the son from Jonathan. He is married with Maria. He is very good, jaaaa, but Jimmy said, he need something for the motor, very little thing, Collin, they only have in Likoma. Jaaaaaa. Jimmy talk with his cousin, Freddie. So next day Jimmy and Freddie and the motor go to Likoma. Yesterday come back. But motor no finish problem. Too hot. We must go very slow and now we no go.»

«That means the motor is not working?»

«Motor no working, jaaaaaaaa.»

Dieses Jaaaaa verwirrt mich immer wieder, weil es so deutsch klingt. Sie haben es von den Buren, und es hat sich im südlichen Afrika durchgesetzt. Sie lieben es, Jaaaaa zu sagen, sie atmen mit dem Jaaaaa aus und ziehen das Jaaaaa so lang, wie der Atem es trägt. Ein Jaaaaa tief aus dem Bauch, ein Jaaaaaa für den Himmel. In Indien würde man sagen, das ist ein Mantra, ein magisches Wort, das in null Komma nix den Gemütszustand übernimmt. Jaaaaa ist beruhigend, mehr noch, Jaaaaaaa schenkt Frieden, es ist die positive Antwort auf alle Negativitäten des Lebens. Wir nennen so etwas Fatalismus. «Jaaaaaaaa ...»

Die Flotte der Lodge besteht aus drei Motorbooten, dieses ist das größte, und es hat auch einen Mast, also wo ist das Problem? Francis hisst das Segel, Willard schöpft Wasser, und Andrew Bwanali tut weiterhin gar nichts.

Vielleicht weil Andrew Bwanali schlauer als die anderen ist. Andrew Bwanali weiß: Ein Segel braucht Wind, und derzeit regt sich nur ein Lüftchen, und selbst dieses Lüftchen erklärt sich bald solidarisch mit dem Motor, auch dem himmlischen Kind geht komplett die Puste aus, und jetzt ist wirklich Feierabend. Um von Cobue zur Lodge zu kommen, muss man zunächst durch eine Bucht, deren Landzunge weit in den See hinausragt. Die Landzunge haben wir vor geraumer Zeit passiert. Inzwischen hat sich das Ufer wieder in die nächste Bucht zurückgezogen, der Busch ist zu einem dunklen Schatten in der Nacht geworden, und wir sind zwar immer noch nicht wirklich weit draußen, dreihundert Meter vielleicht oder vierhundert, aber für mich sieht es so aus, als wären es mehr. Und ich beginne mich langsam zu fragen, ob Lisa jemals ihren Spiegel bekommen wird. Gott hat den Stecker rausgezogen.

Was wäre, wenn die Windstille ins Gegenteil umschlagen würde, was häufig am Malawisee geschieht? Für einen Sturm ist das Boot zu schwer beladen, zumal ohne Motor. Was wäre, wenn wir dann kentern? Ich kann zwar schwimmen, aber in fünf Meter hohen Wellen habe ich es noch nie probiert. Was wäre, wenn ich trotzdem das Ufer erreiche? Was ist in dem Schilf? Die Familie der kleinen Krokodile?

Die Stunde für Andrew Bwanali ist gekommen. Er ist der kräftigste Mann an Bord. Während Francis das Segel einholt, rudert er uns mit langen, ruhigen Schlägen zur Küste. Jetzt weiß ich, warum er bisher keinen Finger rührte. Er hat seine Kräfte gespart. Um mit einem so kleinen Ruder ein so schweres Boot zu bewegen, braucht es einen starken Mann. Francis steht inzwischen am Bug und rudert auch, und Willard arbeitet im Heck weiter als fleischgewordene Wasserpumpe. Es dauert eine Weile, aber irgendwann schält sich aus der dunklen Silhouette der Küste dichtes Schilf heraus. Das Boot teilt es und schafft einen Kanal, der sich hinter ihm sofort wieder schließt, wenig später setzt es auf Grund, und wir krempeln die Hosenbeine hoch.

African Travelling, die letzte Etappe. Andrew Bwanali und Willard bleiben beim Boot als Wache zurück, Francis führt uns durch den Busch. Collin geht hinter ihm, ich bin das Schlusslicht. Wieder beglückwünsche ich mich zu der neuen Taschenlampe, denn die beiden machen Tempo, und der Pfad ist kaum zu sehen und voller Löcher und Stolpersteine. Was wäre, wenn ich mir hier mal kurz was breche? Und was ist eigentlich mit den Leoparden? Es gibt eine Menge in diesem Wald, und Mitternacht ist ihre Jagdsaison. Alles, was Zähne hat, ist auf den Beinen. Natürlich hat Collin recht, wenn er sagt, dass Leoparden höchst selten Menschen fressen, im Gegenteil, man kann froh sein, wenn man jemals einen sieht, aber es stimmt auch, dass verletzte oder alte Leoparden mit schadhaftem Gebiss hin und wieder den Menschen als Opfertier akzeptieren, weil sie ihn so leicht kriegen wie eine angebundene Kuh. Und anscheinend schmecken wir gut. Wer uns einmal probiert hat, wird es immer wieder tun, wie der berüchtigte Leopard von Rudraprayag, der auf einem stark frequentierten Pilgerpfad im Himalaya hundertfünfundzwanzig Menschen tötete, bevor er von dem legendären Jäger Jim Corbett erlegt werden konnte. Und noch etwas: Der Leopard ist die nervöseste aller Großkatzen, und es ist keine schöne Art, durch ihn zu sterben. Vier Tatzen mit jeweils fünf Krummdolchen bearbeiten dich wie eine hochtourig laufende Kreissäge, nachdem er dich angesprungen hat, und wenn er zum Finale nicht deine Kehle kriegt, dann knackt er dir mit seinen Zähnen das Genick oder, auch das kommt vor, den Schädel. Collin und Francis würden mich wahrscheinlich auslachen, wenn ich ihnen das erzählte, aber warum zur Hölle gehen sie so schnell? Wir rennen fast und brauchen trotzdem satte drei Stunden, bevor uns unsere Frauen in die Arme fallen, wie Totgeglaubten.

Ich glaube zunächst nicht an Lisas Gefühle, sie überraschen mich, sie sind so anders als alles davor, anders als in den Zeiten des sterbenden Schwans und auch anders als in der Zeit, in der wir frisch verliebt waren. Sie sind weder zurückhaltend noch verschwenderisch. Sie sind archaisch. «Die Krieger sind nach Haus gekommen», sagt sie, als wir am großen Tisch auf der Terrasse sitzen, und ich weiß zwar, dass ich kein Krieger bin, aber sie weiß es nicht. Sie hatte dieselben Ängste wie ich, dieselben Phantasien, sie dachte auch an Räuber und durchgeschnittene Kehlen, aber dass nichts davon geschah, sondern immer nur im Bereich des Möglichen war, wusste sie nicht. Sie konnte nicht schlafen in dieser Nacht und Rose auch nicht. Beide hatten mehr Angst um uns als wir selbst. Und obwohl das, ich sage es noch einmal, wirklich nicht nötig war, fühlt es sich gut an. Ihre Erleichterung und meine. Lisa steht wieder zu mir. Sie ist zurück im Team. Und Collin ist ein Freund geworden. Zwei Männer, zwei Frauen und ein paar Bier nachts um vier. Und dann, fast hätte ich es vergessen, öffne ich meinen Rucksack und hole den roten Spiegel raus. Er ist rund und am Rand mit Glasperlen verziert. Kein Mensch wird jemals auch nur einen Moment glauben, dass diese Glasperlen Juwelen sind, aber heute Nacht sehen sie ein bisschen so aus.

6. BAD PASSPORT

*U*nsere Grashütte ist drei Meter lang und vier Meter breit. Unser Bett ist zwei Meter lang und zweieinhalb Meter breit. Die fünfundsiebzig Zentimeter zwischen der jeweiligen Bettkante und der Hüttenwand sind streng privater Bereich. Auch der Platz vor dem Bett ist in zwei souveräne Hälften geteilt. Lisa klärte das bereits am ersten Tag. Alles rechts von der Tür gehört ihr, alles links davon mir. Beide Hälften vermitteln inzwischen einen wohnlichen Eindruck, wenn der jeweilige Einrichtungsstil auch recht verschieden ist. Lisa hat ihre Wand mit Schwarzweißpostkarten aus Istanbul und Familienfotos geschmückt, und auch ihre Kleider wirken wie Wandbehänge. Die Frau in der Hütte ist unerlässlich, sonst sieht sie gänzlich wie meine Hälfte aus. Hosen, Hemden, Jacken hängen an irgendwelchen Nägeln, auf dem Boden liegen Socken und Macheten. Solange die Socken nicht stinken, empfinde ich das als stimmig. Zwischen den langen Grashalmen, mit denen die Hütte bedeckt ist, bleibt genug Luft und Platz für das Licht. Am Tag fällt die Sonne in Strahlen und Klecksen auf unser Bett, in der Nacht beleuchten Mond und Sterne unseren Schlaf. Grashütten sind hellhörig. Man hört jede Katze, man hört jede Tatze, man hört jeden kleinen, mittleren und großen Affen, aber die Schlangen und Skorpione, die es hin und wieder in die Hütte schaffen, hört man nicht. Die Kunst, sich auf engem Raum nicht im Weg zu stehen, im Weg zu liegen, im Weg zu denken, ist leicht zu erlernen, wenn eines klar ist: Jeder hat seine Seite, und jeder macht sein Ding. Der Rest ist höfliches Benehmen. Und ein nettes Gesicht oder zumindest eines, vor dem man sich selbst nicht erschreckt, wenn man es zufällig mal in dem roten, runden, mit Glasperlen verzierten Spiegel aus der Volksrepublik China erblickt. Und noch ein Tipp: Sobald das Gleichgewicht des Schreckens, die Ausgewogenheit der Bedürfnisse und die Balance von Lust und Angst wiederhergestellt sind, empfiehlt sich die Cliffhanger-Position für die Nachtruhe. Jeder liegt an der Kante seiner Bettseite, mit dem Rücken zum anderen gewandt. Das ist kein körpersprachliches Zeichen für Entfremdung oder den Wunsch, sich zu trennen, sondern die natürliche Stellung von selbst in den Schlaf gleitenden, selbst träumenden Menschen. Bedenklich ist, wenn nur einer sich wegdreht und der andere schaut auf den Rücken des geliebten Menschen. Dann sollten die beiden mal miteinander reden. Und die Löffelchen-Position ist eine Chimäre. Nur wenige Paare schaffen es, so einzuschlafen, und von den wenigen hält keines das die ganze Nacht durch, nicht mal 'ne Stunde, nein, Löffelchen schlafen nur im Besteckkasten.

«Woran denkst du?», fragt Lisa.

«An nichts.»

«Aber ich denke an was ...»

«An deinen Pass?»

«Ja.»

«Das solltest du auch.»

«So was darfst du nicht sagen. Bitte, sag so was nicht.»

«Warum nicht?»

«Weil es mir Angst macht.»

Lisa hat eine Dummheit begangen. Sie ist als Österreicherin zur Welt gekommen. Für Menschen, die so gerne reisen wie sie, hat sie einen sehr schlechten Pass. Sie brauchte ein Visum für Malawi, ich nicht. Für Mosambik brauchten wir beide eins, aber es ist ein bisschen merkwürdig. Wir dürfen damit drei Monate bleiben, müssen aber jeden Monat einmal ein- und ausreisen. Vielleicht gibt es dahinter eine Logik, vielleicht auch nicht, möglich ist, dass es eine afrikanische Logik ist, auf alle Fälle ist es entweder Quatsch oder Schikane. Fakt bleibt: Wir müssen einmal im Monat über die Grenze. Die nächste ist die nach Malawi. Nach Likoma Island und retour ist eigentlich kein Ding. Aber: Sie braucht ein Visum für Malawi. Und auf Likoma Island gibt es kein Visum für Lisa. Sie hätte sich nach unserer Landung in Lilongwe ein Doppel- oder Dreifachvisum geben lassen können, aber sie nahm nur eins für die einmalige Einreise, und das war die nächste Dummheit. Sie hörte auf Collin. Er schrieb ihr vor unserem Aufbruch nach Afrika, dass es auf Likoma Island Visa für sie gebe. Aber was weiß schon Collin. Er ist Brite. Er hat einen der besten Pässe der Welt und den besten für Ostafrika. Er geht in den ehemaligen englischen Kolonien ein und aus wie zu Haus. Also, Lisa müsste in die zweitausend Kilometer entfernte mosambikanische Hauptstadt Maputo, um sich dort bei der Botschaft von Malawi das Visum zu holen. Alternativ könnte sie auch kurz mal nach Südafrika ausfliegen oder über Land nach Simbabwe fahren, dort kriegt man Visa an der Grenze. Das eine ist teuer, das andere langwierig, deshalb hat Lisa auf Francis gehört, den Bootsmann.

Francis sagte, er sei auf Likoma aufgewachsen, jaaaa, und einer der Passbeamten sei sein Freund, jaaaaa. Er habe schon mit ihm gesprochen, und sein Freund habe «no problem» gesagt, jaaaaa, irgendwer auf der Insel habe einen

Visumstempel, jaaaaa, aber die Sache koste über die normalen Gebühren hinaus noch mal dreißig Dollar extra. «Jaaaaa.»

Als Francis das nächste Mal nach Likoma Island fuhr, um neue Gäste abzuholen, nahm er Lisas Pass mit, und das war ihre größte Dummheit. Nicht, weil sie Francis traute. Und auch nicht, weil sie dessen Freund traute. Sie beging eine große Dummheit, weil sie ihren Pass aus der Hand gab. Der Reisepass ist auf Reisen wichtiger als Flugtickets und fast auch wichtiger als Geld. Ohne Pass bist du in Afrika am Arsch. Francis kam dann von Likoma Island mit einer schlechten und einer guten Nachricht zurück. Die schlechte: Der Typ, der da irgendwo auf der Insel aus was für Gründen auch immer einen Visumstempel besitzt, ist verreist. Jaaaaa. Die gute Nachricht: Sein Freund, der Passbeamte, hat einen Freund bei der Polizei von Mzuzu. Zu dem haben sie jetzt den Pass geschickt. Jaaaaa. Mzuzu liegt auf der anderen Seite des Malawisees, acht Stunden mit dem Schiff entfernt.

«Lisas Pass ist auf der ‹Ilala›?»

«Jaaaaa.»

«Und er kommt nächste Woche mit der ‹Ilala› zurück?»

«Jaaaaaa.»

Das war vor sechs Tagen, morgen werden wir sehen, ob Francis oder sein Freund auf Likoma oder dessen Freund auf der anderen Seite des Malawisees oder irgendwer anders in der Überbringerkette Lisa verarscht hat. Selbst für einen österreichischen Pass bekommt man auf dem illegalen Markt Geld. Und wem das zu umständlich erscheint, weil er keine Kontakte hat, nimmt halt nur die hundert Dollar für die Gebühren und die dreißig Dollar für den guten Willen, die in dem Reisedokument stecken, und schmeißt den Pass dann weg. Also mach dir keine Sorgen, Lisa, und schlaf schön. Es wird schon gutgehen.

Die «Ilala» tuckert auf ihrem Weg jeden Samstag mal kurz an unserem Strand vorbei. Sie taucht links am Horizont auf und braucht etwa dreißig Minuten, bis sie rechts am Horizont wieder verschwindet. Wenn sie pünktlich ist, geschieht das am Nachmittag. Dieses Mal ist sie fast pünktlich. Wir sehen sie bei Sonnenuntergang. Das steht dem alten Kahn phantastisch. Möge der Pass mit ihm sein. Wir sitzen am Strand und hoffen das sehnlich, doch irgendwie wissen wir beide: Er ist nicht drin.

Francis bestätigt das am Sonntag. Es habe ein Problem gegeben, jaaaaa. Auf der Polizeistation von Mzuzu sei der Stempel für Visa verlorengegangen, jaaaaaa. Und die neuen aus Lilongwe waren bei der Abfahrt der «Ilala» noch nicht eingetroffen. Jaaaaaa. Aber die Stempel kommen bald, morgen, übermorgen, vielleicht auch ein bisschen später, jaaaaaa, aber nächsten Samstag, Lisa, ganz sicher, wird die «Ilala» den Pass dabeihaben, jaaaaa.

Nun sieht die Rechnung folgendermaßen aus. Der nächste Samstag ist drei Tage vor Monatsende. Wenn die «Ilala» dann den Pass mit dem Visum bringt, könnte Lisa am Tag darauf entspannt nach Likoma ausreisen, und alles wäre gut. Bringt die «Ilala» den Pass ohne Visumstempel, wird es eng für Lisa, aber sie könnte es durchaus noch schaffen – mit einer Speed-Version über Lichinga, Maputo und Johannesburg –, rechtzeitig Mosambik zu verlassen. Aber sollte die «Ilala» nächsten Samstag wieder ohne Pass und ohne Visum an unserem Strand vorüberdampfen, hätte Lisa ein Problem. Wer die Ausreisefrist überzieht, zahlt in diesem Land eine Strafe von hundert Dollar pro

Tag. Und wenn der Pass überhaupt nicht wieder auftaucht, wäre das Problem natürlich noch ein bisschen größer. Wir besprechen es wieder und wieder in diesen Tagen und derzeit auf unserer Terrasse.

«Dein Pass taucht wieder auf, Lisa, aber selbst wenn nicht, ist das auch kein Weltuntergang. Dann musst du zu deiner Botschaft nach Maputo. Die geben dir einen neuen.»

«Mein geliebtes Österreich unterhält keine Botschaft in Mosambik. Die nächste ist in Harare. Und nun frage ich mich, wie komme ich ohne Pass nach Simbabwe?»

«Du nicht, aber ich. Du klärst alles per Mail mit deiner Botschaft, und ich fahr nach Harare und hol ihn ab.»

«Wirklich?»

«Warum nicht? Und du solltest ihnen sagen, dass du ihn verloren hast. Sag nicht, dass er in Mzuzu ist. Dann werden sie erst Nachforschungen anstellen wollen, wo er geblieben ist, und das dauert. Und stell dir vor, du hast einen neuen Pass, und irgendwann bringt die ‹Ilala› den alten doch noch zurück. Dann hättest du zwei Pässe, Lisa, und das hätte entschiedene Vorteile für dich.»

Wir führen das Gespräch zur blauen Stunde. Der uns umgebende Busch wirkt friedlich, aber rund um den Malawisee schlägt um diese Zeit auch die Stunde der Moskitos, und insbesondere gegen jene, die Malaria in sich tragen, gilt es, Vorrichtungen zu treffen. Es gibt zwei Möglichkeiten, zwei Philosophien. Prophylaxe oder Orthodoxie. Antibiotika oder lange Strümpfe. Man zieht sie über die Hosenbeine. Außerdem sollte man orthodoxe, also langärmelige T-Shirts tragen oder bis zum Kehlkopf zugeknöpfte Hemden. Alle frei bleibenden Hautflächen – Hände, Hals, Gesicht und Ohren – werden mit Antimoskitospray besprüht oder mit dem Antimoskitostift berollt, und auch das

sind zwei Philosophien. Ich bevorzuge den Stift, er heißt
«Peaceful Sleep». Ich erstand ihn in Lilongwe, und er hat
mir anscheinend gute Dienste erwiesen, denn ich bin jetzt
seit einem Monat in einem Malaria-Hochrisikogebiet und
habe noch immer nicht das böse Fieber. Lisa dagegen setzt
auf die Pillen. Die sind sicherer. Aber sie haben beträcht-
liche Nebenwirkungen, wenn man sie über Monate täglich
nimmt. Wie dem auch sei:

«Der Pass muss nächsten Samstag zurückkommen, Lisa,
mit oder ohne Visum, und ich werde nach Likoma fahren
und dafür sorgen, dass das passiert.»

«Das würdest du für mich tun?»

«Warum nicht?»

Ja, warum nicht? Die Wahrheit ist, es reicht mir langsam. Ich weiß nicht, ob ich es schon erwähnt habe, aber
falls nicht, dann sollte ich es irgendwann mal tun, und welcher Zeitpunkt wäre dafür besser als dieser. Ich bin kein
Beachtyp. Strände öden mich an, egal, wie schön sie sind.
Mehr als drei Tage ging das noch nie gut. Und an diesem
Strand bin ich nun fast drei Wochen. Gut, ich habe meine
Beziehungsprobleme, aber seit meiner Rückkehr aus Lichinga ist das besser geworden. Dafür greift jetzt die Lan-
geweile wie ein Gespenst nach mir. Nur um ein Beispiel zu
nennen, was andere hier tun: Rose entwickelt ein Kunst-
handwerkprojekt. In den Dörfern gibt es Leute mit Ta-
lent dafür. Sie schnitzen kleine Krokodile, kleine Boote,
kleine Götter, und darüber hinaus schnitzen sie auch mal
was Großes, Aschenbecher etwa, und all das könnte die
Lodge für sie verkaufen. Das ist Roses Idee und Roses
Mission. Alle paar Tage geht sie in die Dörfer, um dort
Begeisterung für dieses Projekt zu schüren. Eine andere
Volontärin, sie ist schon lange nicht mehr da, hat vor Jah-

ren eine Musterfarm aufgebaut. Zehn Minuten zu Fuß von Peters Haus. Wie ich hörte, war sie auch Peters Geliebte, wahrscheinlich gehört sich das hier so. Die Farm erfüllt zwei Aufgaben. Zum einen deckt sie einen Teil des Rucola-, Papaya-, Kürbis- und Auberginenbedarfs der Lodge, zum anderen werden Dorfbewohner in der Hochkultur des Gemüseanbaus geschult. Sie ist einen Hektar groß, und fünf Leute arbeiten ständig dort. Ich meine, das sind Projekte! Mir fällt nichts ein, außer dass es langsam mal weitergehen könnte. Aber ich gehe nicht ohne Lisa, und Lisa geht, wenn überhaupt, nicht ohne ihren Pass. Warum sollte ich also nicht nach Likoma eilen, um Francis' Freund zu einem Telefonat mit Mzuzu zu drängen. Text: «Send the passport back! Visa or not. Send the fucking passport back!»

«Ja, wenn das so ist», sagt Lisa, «dann könntest du mit den Italienern fahren. Die müssen am Donnerstag nach Likoma.»

Zehn Italiener, zehn Journalisten, so kündigten sie sich an, um Collin runterzuhandeln. Alle arbeiten für ein Reisemagazin, das die Lodge groß rausbringen will. Collin gab ihnen drei Tage zum Selbstkostenpreis, und als sie kamen und zum ersten Mal am Feuer saßen, stellte sich auf meine Nachfrage schnell heraus, dass keiner unter ihnen, bis auf einen, irgendwie journalistisch tätig war, und dieser eine sieht so aus, wie ich aussehen würde, wenn ich schon lange keine Geschichte mehr verkauft hätte und irgendwie anders über die Runden kommen müsste. Er ist etwas älter als ich, also, was nicht ist, kann ja noch werden. Reisejournalisten-Reisen. Auf den Pfaden der Profis. Zu Schnorrerpreisen. Als Nächstes nach Angola. Sie fliegen von Li-

longwe. Und sie sind etwas nervös wegen der «Ilala». Ist
sie unpünktlich, verpassen sie ihren Flug.

Wieder bin ich in dem großen Boot der Lodge, und wieder ist es überladen. Zehn Italiener, ihr Gepäck und ich.
Und wieder gibt der Motor seinen Geist auf, schon nach
der ersten Bucht macht er plötzlich nur noch stockend
tuck-tuck und dann nicht mehr tuck. Ich kenne das, aber
die Italiener nicht. Zwanzig Hände zucken synchron nach
oben, Unflätigkeiten werden auf Italienisch vorgetragen,
«Mamma mia», «Motore male», «Africa fatale» und so weiter und so fort, und Francis sagt:

«Mamma mia, jaaaaa ...»

Francis ist ein kleiner Mann mit einem kleinen Lächeln.
Aber dieses kleine Lächeln ist eigentlich ein permanentes. Selbst wenn er ernst dreinschaut, lächelt er. Dasselbe
gilt für seine Augen. Auch sie lächeln unentwegt. Und ich
weiß es noch immer nicht – ist Francis einfach nur lieb oder
eher ein bisschen listig, oder, auch das ist möglich, mischt
sich bei ihm Liebsein und Listigsein zu gleichen Teilen,
also fifty-fifty? Vielleicht verarscht er die Italiener, vielleicht auch nicht. Ich weiß es nicht.

«Mamma mia, jaaaaaa ...»

Francis bekommt den Motor wieder flott, doch auch danach ähnelt die Überfahrt nach Likoma Island nur wenig einer Gondeltour durch Venedig. Es stürmt ein bisschen, die
Wellen wogen, die Italiener werden mucksmäuschenstill.
Ich werde von dem Unwetter durch Spekulationen über
das Wesen der Korruption abgelenkt. Ich will mir Francis' Freund gleich nach der Ankunft in Likoma schnappen.
Das ist leicht. Ein Mann, der Pässe stempelt, ist immer der
erste Mensch, den man bei der Einreise sieht. Aber ich darf
ihn nicht kompromittieren. Ich werde die Italiener vorlas-

sen und als Letzter zu ihm gehen. Dann haben wir Zeit.
Er muss sofort mit Mzuzu telefonieren. Und ich will dabei sein. Und vorher sage ich ihm, für wie viel Dollar er das sofort tut. Ich erhöhe seine dreißig extra auf fünfzig extra, nur für den Pass, mit oder ohne Visum. Aber wie bringe ich das rüber? Was rät der Korruptionsknigge für Malawi? Die direkte Tour? Oder die versteckte? Besteche ich ihn, oder ersetze ich seine Spesen? Auf alle Fälle will ich dabei sein, wenn er diese Worte ins Telefon spricht: «Send the passport back! Visa or not. Send the fucking passport back!»

Wir landen in Likoma, und Francis' Freund ist nicht da. Ein anderer stempelt die Pässe. Francis sagt, er trifft ihn in etwa zwei Stunden in einer Bar, jaaaa. Ich sage, ich komme mit. Und Francis sagt nicht nein, sondern schon wieder jaaaaaa, aber dann müsse ich später zu Fuß zum «Mango Beach» gehen, jetzt dagegen könne ich auf dem Wagen mitfahren, der die Italiener zu der einzigen Herberge auf Likoma bringe.

«Okay, dann gehe ich zu Fuß.»

«Du starker Mann, jaaaa…»

«Wieso?»

«‹Mango Beach› ist weit, du starker Mann, jaaaaaa…»

«Wie weit?»

«Zu Fuß?»

«Ja.»

«Zwei Stunden.»

«Zwei Stunden!!!»

«Jaaaaaa…»

Die konsequente Gradlinigkeit, mit der ich Lisas Reisepapiere wiederbeschaffen wollte, ist ein wenig gefährdet. Die größte Insel auf dem Malawisee ist weder überbevölkert noch touristisch erschlossen. Es gibt keine Taxis und fast keine Straßen, und es dämmert bereits. Nach Anbruch der Dunkelheit aber wird es auf der Insel wie überall im ländlichen Afrika sein. Die Menschen schlafen, die Hunde wachen. Und Helden kennen ihre Grenzen. Außerdem habe ich noch etwas Zeit. Die «Ilala» kommt übermorgen, also wo ist Francis' Freund morgen?

«In seinem Büro.»

«So wie heute?»

«Nein, so wie morgen, jaaaaa…»

«Dann sag ihm, dass ich ihn morgen dort besuche.»

«Jaaaaa…»

«Und sag ihm, dass Lisa ihren Pass sofort zurückhaben will. Mit oder ohne fucking Visum, verstehst du, Francis?»

«Mit oder ohne fucking Visum, jaaaaa…»

Und was jetzt? Was ist mit den fünfzig Dollar? Soll ich das Francis auch noch sagen? Wie gut befreundet sind die beiden? Würde ich Begehrlichkeiten wecken, würde ich Zwietracht säen? Ich verabschiede mich vom lächelnden Bootsmann der Lodge, ohne über Geld gesprochen zu haben, und schließe mich mit dem klitzekleinen Gefühl, ein Verlierer zu sein, den Italienern an. Auf dem Pickup des Strandresorts ist nur für die Hälfte von ihnen Platz, darum fahren sie in zwei Touren. Ich bin bei der ersten dabei und verbringe die Fahrt zum «Mango Beach» trotzdem recht italienerfrei, denn ich sitze nicht bei ihnen auf der Ladefläche, sondern neben der englischen Blondine, die den Wagen fährt. Die Generalmanagerin des «Mango Beach» ist sehr nett zu mir, aber ich nehme das nicht persönlich. Collin hatte ihr per Mail mein Kommen angekündigt und mich darin nicht als Gast, sondern als eine Art Mitarbeiter seiner Lodge bezeichnet, und das macht durchaus einen Unterschied in diesen Breiten. Der Gast ist König, aber Kollegen halten zusammen. Natürlich sitze ich vorn, und natürlich bekomme ich ein Bett, auch wenn «Mango Beach» mit den zehn Italienern und den Gästen, die schon da sind, komplett belegt ist. Jane ist eine gute Fahrerin. Sie quält den Pickup einen Hügel hoch, die Piste ist dramatisch schlecht, die Italiener auf der Ladefläche beginnen mir leidzutun, aber das ist verschwendete Empathie, auch weiterhin sollte meine Anteilnahme nur Lisa gehören, denn wie Jane auf die Pass-Geschichte reagierte, stimmte mich nachdenklich. Als sie hörte, dass der Pass vor fast zwei Wochen mit der «Ilala» abgedampft ist, trat sie aus Versehen auf die Bremse. «Das ist nicht gut», sagte Jane, während von hinten empörte Mamma mias ertönten. «Das ist gar nicht gut. Du musst morgen unbedingt mit dem Freund von Francis sprechen.»

«Sag ich ja.»

«Und zur Not musst du selbst nach Mzuzu.»

«Wie denn?»

«Gute Frage.»

Hätte ich alle Zeit der Welt, könnte ich mit der «Ilala» einmal kreuz und quer über den See tuckern, bis sie wieder in Mzuzu anlegt. Die Alternative wäre ein Buschflieger der Minifluggesellschaft «Nyassa Air Taxi», die Österreichern gehört. Sie fliegen von Likoma nach Lilongwe, von da könnte ich ein normales Taxi nach Mzuzu nehmen, aber die Air-Taxis fliegen nicht jeden Tag, und wenn sie fliegen, haben sie nicht immer einen freien Platz. Kosten: Standby hundert, normal gebucht dreihundert Dollar. «Es gibt noch eine Möglichkeit», sagt Jane, «aber die kann ich dir nicht empfehlen. Auf der Insel gibt es jemanden, der dich für achtzig Dollar mit seinem Schnellboot zur anderen Seite des Sees bringt. Das dauert sechs bis acht Stunden, und du hast

77

absolut keinen Schutz darin. Ihr werdet sehr allein sein da draußen und sehr nass werden. Du weißt, wie der See ist.»

«Mango Beach» ist ein Billigresort. Zehn Euro für ein Bett in einer Gemeinschaftsgrashütte, zwanzig für die Solohütte und fünf für eine Hängematte unter freiem Himmel. Der Strand ist breit, aber langweilig, er hat keine vorgelagerten Vulkansteine, die wie Finger aus dem Wasser ragen, und der Sand ist auch nicht so weiß wie in der Lodge, aber das Herz von «Mango Beach» gefällt mir gut. Von Thailand bis Kuba, von Goa bis Kreta, von Brasilien bis Australien werden diese Strandpavillons in etwa gleich gebaut. Rund, seitlich offen, und das Dach sieht wie ein riesiger Pilz aus. Hier sind die Polstermöbel, die Sitzgruppen zum Chillen, die Tische, die Stühle, die Barhocker, die Bar, die Getränke, und, ich hatte es vergessen, hier spielt die Musik. In Collins Lodge gibt es keine Musik, nur die Gitarren am Feuer. Das ist wildromantisch, aber eine Bar wie diese hier fehlt. Ein geistiges Getränk, ein geiler Song, ein Absacker in das Blues-, Reggae-, Rap-, Rock-'n'-Soul-Universum der Weltmusik, während sich am Himmel die Sterne entblößen und am Meer die Wellen schweigen oder, alternativ, Rabatz machen. Das fehlt in der Lodge, aber hier fehlt es nicht, und weil Jane einen guten Geschmack hat, gehe ich mit Johnnie Walker und Van Morrison meine Gedanken und Gefühle zum Stand der Dinge in Sachen Liebe und Leidenschaft durch.

Das Wetter in meinem Herzen ist so wechselhaft wie das des Malawisees, die Stürme in meinem Bauch kommen und gehen. Zurzeit ist mal wieder ein bisschen Wind aufgekommen, eine leichte Unruhe in der Magengrube, diese elende Nervosität. Und ich glaube an die emotionale Telepathie. Wenn ich nervös werde, gibt es auch einen Grund dafür. Das war immer so. Und ich bin nicht mehr siebzehn, ich habe dieses «immer so» oft erlebt. Ein Kreis entsteht, der durch beide Seelen geht, und jeder kriegt es sofort mit, wenn der andere den Kreis verlässt, egal, wie nah oder wie weit weg der andere ist, und Lisa, um mal wieder Namen zu nennen, weilt gerade sieben Kilometer von mir entfernt, ich brauche nur halblinks und dann über den See zu blicken und ahne, wo sie gerade sitzt. Am Feuer, es ist die Zeit dafür. Rose ist heute mit Mama in Mamas Dorf gegangen und wird dort übernachten, und es sind nach der Abreise der Italiener bis Samstag auch keine Gäste mehr in der Lodge, das heißt, Lisa und Collin sitzen allein am Feuer. Und nun frage ich mich: Ist meine Nervosität emotionale Telepathie oder Paranoia? Außerdem frage ich mich, ob die Gefühle den Gedanken folgen, oder sind die Gedanken nur die Wolken im Wind der Gefühle? Und noch etwas: Ist das nun die große Liebe? Oder ein Desaster? Und wo ist da der Unterschied? Ich frage das mich, ich frage das den Whisky, und ich frage das den Sternenhimmel, und keiner hat 'ne vernünftige Antwort darauf.

In der Nacht bekomme ich kein Auge zu. Man hat mir ein Bett in einer Gemeinschaftshütte zugewiesen, sechs Italiener und ich, und zwei von ihnen schnarchen gar fürchterlich. Der dicke Journalist und noch ein Dicker sägen meine Nerven kurz und klein. Ich halte mir die Ohren zu, ich schlafe ein, aber weil ich mir im Schlaf die Ohren nicht weiter zuhalten kann, wache ich immer wieder auf. Andere Taktik. Ich bin selber laut. Ich huste, ich stöhne, das weckt die Italiener auf, und es ist für ein paar Minuten Ruhe, bevor es im Duett weitergeht. Ich sehne mich nach dem Frieden von Lisas Hütte, und ich sehne mich nach Lisas Wohlgeruch. Ich mag die Körperdüfte in einer Männerwohnheim-Hütte nicht.

Endlich graut der Morgen, und ich muss mir den Freund von Francis schnappen. Dafür ist ein Spaziergang vonnöten, der Pickup vom «Mango Beach» fährt heute nicht zum Hafen. Jane erklärt mir den Weg. Es ist nicht derselbe, den sie mit dem Auto nimmt, sondern eine Abkürzung. Sie zeigt auf den Hügel, der sich hinter dem Strand erhebt, und auf einen Pfad. «Da musst du rauf, und wenn du oben bist, dort bei dem Haus, gehst du ein Stück nach rechts, und sobald du auf die Straße kommst, folgst du ihr nach links und bleibst auf ihr bis zum Hafen. Und nimm einen Stock mit.»

Malawi gehört zu den sichersten Ländern Afrikas, nur in Lilongwe, der Hauptstadt, gibt es No-go-Areas, der Rest ist so sorglos begehbar wie Disneyland. Die Leute sind zu lieb, zu freundlich und vielleicht auch zu unerfahren, um Böses zu tun, und innerhalb dieser Oase der Unaufdringlichkeit gilt Likoma Island noch mal als besonders friedlich. Die Bewohner, so sagt der «Lonely Planet» und jeder Reiseführer, den man liest, sind extrem freundlich und so gut wie nicht kriminell. Der Stock ist nicht zum Schutz vor bösen Menschen, sondern gegen böse Hunde. Und er ist nicht zum Schlagen da. Es reicht, ihn zu haben. Alle Hunde Afrikas respektieren ihn.

Dort, wo der Pfad beginnt, entsteht eine neue Hütte. Vor ihr liegen viele Stöcke, wahrscheinlich als Baumaterial. Ich nehme einen, der groß genug ist, um Eindruck zu schinden, und leicht genug, um mit ihm zu hantieren. Den Hügel hoch hilft er mir beim Klettern, den Hügel runter beim Balancieren. Ich gehe durch hüfthohes Gras, und überall sind Schlangen, und wenig später habe ich mich verirrt oder glaube, es getan zu haben, kurz, ich bin verwirrt. Da ist ein Weg, aber keine Straße, und ich meine, Jane hätte etwas von asphaltiert gesagt. Links nur Bäume und Sträucher und rechts eine große Wiese, auf der etwa fünfzig Meter entfernt zwei junge Männer stehen und interessiert zu mir rübersehen. Friedliches Malawi, Insel der Rechtschaffenheit, ich gehe direkt auf sie zu, um nach dem Weg zu fragen, und habe etwa fünfhundert Dollar in meiner Hosentasche.

Je näher ich komme, desto mehr sehen sie wie Leute aus, denen man (außer auf Likoma Island) besser nicht begegnen sollte, wenn sonst niemand in der Nähe ist. Beide so um die zwanzig, beide in Jeans, einer lächelt, einer nicht.

«Jambo», sage ich.

«Jambo Mambo», sagt der Lächelnde.

Jambo heißt «Hallo», Mambo «Morgen». Das ist Suaheli. Also Jambo Mambo, liebe Leute, wo geht es denn hier zum Hafen? Ach, da wollt ihr selber gerade hin. Welch ein Zufall. Ihr geht mit mir, wie schön. Sie nehmen mich in ihre Mitte, der Lächelnde rechts, der Finsterling links, und die Art, wie beide dabei auf meine ausgebeulten Hosentaschen starren, hätte mir überall (außer auf Likoma Island) zu denken gegeben. Der Lächelnde spricht Englisch. Er will wissen, woher ich komme. Ich sage es ihm. Und ihr? Ich frage das nur aus Höflichkeit, im Grunde weiß ich längst Bescheid. Auf der Insel geboren, aufgewachsen und zu friedvollen Männern gereift. «Wir kommen aus Mosambik», antwortet der Lächelnde. «Aus Maputo.»

Ach du Scheiße.

Von den zehn gefährlichsten Städten der Welt sind acht in Afrika, und von denen ist die Nummer eins Mogadischu, die Nummer zwei Lagos, und um den dritten Platz streiten sich Johannisburg und Nairobi, aber schon auf Platz vier kommt Maputo. Das heißt nicht, dass in Maputo jeder junge Mann ein Straßenräuber ist. Es heißt auch nicht, dass in Maputo jeder junge Mann, der kein Straßenräuber ist, in einer Situation wie dieser vielleicht doch schwach werden würde. Das heißt lediglich, dass man in Maputo nicht ohne triftigen Grund in einer Gegend spazieren gehen sollte, in der es, so weit das Auge reicht, niemanden sonst gibt als zwei Jungs wie diese.

Beide interessieren sich also für meine Hosentaschen, der Lächelnde betont unauffällig, der Finstere starrt direkt. Es ist nicht schwer, ihre Gedanken zu lesen, aber es ist schwer, dabei locker zu bleiben. Aus irgendeinem Grund aber fällt mir das zurzeit leicht. Ich kenne das. Ich verliere bei jedem Scheiß die Nerven, nur nicht, wenn es ernst wird. Dann übernimmt so eine Art Autopilot, der nur das Richtige tut, das einzig Richtige in dieser einzigartigen Situation. Who the fuck is dieser Autopilot? Der liebe Gott? Mein Schutzengel? Die Erinnerung an meine vor-vor-vorletzte Reinkarnation als Samurai? Eigentlich ist es eine Frechheit, jetzt keine Angst zu haben, und genau das macht sie stutzig. Ist der Weiße blöd oder bewaffnet? Und wie gut ist er mit dem Stock?

Sie gehen nicht nur rechts und links von mir, sie gehen auf Tuchfühlung. Fast bin ich eingeklemmt. Irritation ist die beste Waffe. Es verwirrt sie, dass ich lache, und was ich so schwatze, gibt ihnen auch zu denken. «Wisst ihr, warum ich Afrika liebe? Wisst ihr, was wir in Europa von euch lernen können? Weg mit dem Kinderwagen! Weil eure Mütter ihre Kinder so lange auf dem Rücken tragen, haben Afrikaner kein Problem mit Nähe und überhaupt keine Berührungsängste.» Bei diesen Worten schmiege ich mich ein bisschen fester an ihre Arme, die geradezu an meinen Seiten kleben, und sofort gibt der Lächelnde ein bisschen mehr Platz, und nachdem er es dem Finsteren übersetzt hat, rückt der auch von mir ab, aber ich spüre den Widerstreit in ihnen. Bin ich schwul? Oder will ich sie verarschen? Wenn ich sie verarschen will, müssen sie aufpassen. Niemand ist frech ohne eine solide Grundlage dafür.

Und weiter geht's mit der belanglosen Kommunikation: «Was willst du am Hafen?», fragt der Lächelnde. «Einen Polizeioffizier besuchen.» Sie zucken synchron zusammen. «Warum?», fragt der Lächelnde. «Business», antworte ich. Wieder lese ich in ihren Augen, was sie denken. Sie schauen zwar nicht permanent auf meine Hosentaschen, aber immer und immer wieder, die Ausbeulungen darin haben eine magische Wirkung auf sie. Und jetzt wissen sie, für wen das Geld ist. Er will einen Offizier bestechen. Sie würden es einem Polizisten wegnehmen. Brauchen sie einen Bullen als Feind? Eigentlich nicht. Zwei Jungs aus Mosambik würden auf dieser Insel nach einem Raubüberfall garantiert zum erlauchten Kreis der üblichen Verdächtigen gehören. Und von so einer Insel kommt man schlecht weg. Und was man so hört über die Sitten und Gebräuche in den Polizeistuben des schwarzen Kontinents, das macht die Entscheidung sicher auch nicht leicht, und noch mal, wie gut ist er mit dem Stock? Nein, es gibt vieles zu bedenken, und dabei vergeht nicht nur die Zeit, sondern auch der Spaziergang wie im Flug, und als die ersten Hütten und Höfe auftauchen, ist es für die beiden vorbei. Weil sie das sofort akzeptieren, entspannen auch sie sich endlich. Und ich werfe den Stock weg. Er war eh nur gegen die Hunde, sage ich.

Likoma Island ist an der schmalsten Stelle zwei Kilometer breit, die Länge bemisst acht Kilometer, und alles in allem hat man es mit neuntausend Menschen und zwölf Dörfern zu tun, das größte ist das, vor dessen Strand die «Ilala» anlegt. Es hat ein Postamt, drei Barbiere und eine Basargasse, die zum Wasser führt. An ihrem Ende ist das Einwanderungsbüro. Davor stehen Francis und sein Freund. Ich weiß sofort, dass er es ist, obwohl er keinen Anzug trägt. Die sorglose Aura des Beamten verrät ihn. Die Existenzangst ist zwar nicht die einzige Sorge, die uns bedrückt, aber fällt sie weg, hat man es immerhin mit einer Angst weniger zu tun. Er ist klein und gut genährt, nicht dick, nur übergewichtig, das heißt, er nimmt nur ein bisschen mehr zu sich, als sein Körper braucht. Er ist weder ein Schlemmer noch ein Frustesser, noch ein Asket, und all das macht ihn in Kombination mit seinem runden, freundlichen Gesicht zu einer sympathischen Erscheinung. Francis dagegen lächelt wie immer unergründlich.

«Jambo Mambo», sage ich.

«Good morning», sagt Francis' Freund.

«Ach, Sie sprechen Englisch?»

«Natürlich.»

Ich schäme mich ein wenig. In Malawi ist Englisch die Amtssprache. Alle Staatsdiener sprechen sie. Sogar Francis, der auf Likoma aufwuchs, hat kein Problem mit ihr. Habe ich den Einwanderungsbeamten beleidigt, weil ich annahm, er könnte ungebildeter als der Bootsmann sein? Ich bin die Feinheiten orientalischer und asiatischer Gesichtwahrungswissenschaften gewohnt, in Afrika bin ich zum ersten Mal und lerne noch.

«Wie geht es Ihnen?», frage ich.

«Gut, danke. Und wie geht es Ihnen?»

Um ein Haar hätte ich noch nach dem Wohlbefinden seiner Familie gefragt, aber das wäre dann in der Tat überorientalisiert gewesen. «Mir geht es auch gut, danke», antworte ich. «Es ist ja ein schöner Tag auf einer schönen Insel. Aber es gibt ein Problem. Meine Freundin ...»

«Der Pass ist kein Problem», unterbricht er mich.

«Wirklich nicht?»

«Glauben Sie mir, ich habe gerade mit meinem Freund in der Polizeistation von Mzuzu telefoniert. Und er hat mir gesagt, es gibt kein Problem. Die neuen Stempel sind zwar noch immer nicht eingetroffen, aber sie haben eine andere Möglichkeit. Er will den Pass Ihrer Freundin nach Lilongwe schicken.»

«Nein, bitte nicht!»

«Warum nicht? Sie geben den Pass einem Busfahrer mit. Der arbeitet öfter für sie. Und wenn er den Pass mit Visum wieder zurückgebracht hat, bekommt ihn der Kapitän der ‹Ilala›. Wirklich, kein Problem, in einer Woche ist der Pass hier.»

«Das ist zu spät!»

«Aber warum denn? Eine Woche hat nicht mehr als sieben Tage.»

Ich frage Francis' Freund, ob ich ihn mal kurz unter vier Augen sprechen könne, und er sagt, na klar, und zeigt auf eine Bar. Sie ist nur ein paar Schritte entfernt. Mehr eine Bude als eine Bar und recht bunt bemalt. Wir gehen rein und sind allein. Ich mache Francis' Freund mit den Details der Geschichte vertraut. Zeitdruck, Strafgebühren et cetera, und dann kommt die Litanei, das Mantra, die magischen Worte, die mir seit gestern im Kopf herumrollen, vor und zurück. «Send the passport back! Visa or not. Send the fucking passport back!» Er nickt, aber er meint es gut mit mir und erklärt mir noch einmal, wie toll die Lösung mit Lilongwe und dem Busfahrer ist, und damit das jetzt nicht ewig so weitergeht, formuliere ich mein Totschlagargument, aber anders als geplant, weil ich wirklich sichergehen will. Siebzig Dollar statt dreißig, wenn das Reisedokument morgen auf der «Ilala» ist. Und was macht er? Er steht sofort auf und sagt:

«Das ist zu viel.»

Ach du Schreck, was habe ich denn jetzt gemacht? Seinen Stolz beleidigt? Ihm unterstellt, dass er habgierig ist? Käuflich? Unverschämt? Ich kenne den verfickten Korruptionsknigge von Malawi nicht. Warum hilft er mir nicht?

«Sind fünfzig auch zu viel?», frage ich.

«Nein, fünfzig sind okay.»

Francis' Freund setzt sich wieder und macht am Handy mit Mzuzu alles klar. Morgen früh ist der Pass da. Wir verabschieden uns. Er geht, ich bleibe mit meinen Fragen allein. Habe ich es geschafft? Weiß man nicht. Bin ich ein Idiot? Kann sein. Wird sich das jemals ändern? Nein. Die Bestätigung dieser pessimistischen Selbsteinschätzung folgt auf dem Fuß. Kaum ist der Beamte raus, kommen die beiden Jungs rein, mit denen ich spazieren gegangen bin. Sie sind überrascht, mich hier zu sehen. Auch ein wenig unsicher. «Jambo», sage ich, «wollt ihr was trinken? Ich gebe euch einen aus dafür, dass ihr mich nicht überfallen habt.» Die Art, wie sie jetzt lachen, baut mich wieder auf. Wenigstens bei den echten Gaunern finde ich immer den richtigen Ton.

Zurück am «Mango Beach», sehe ich Jane mit einem älteren Herrn vor einer Hütte im Sand sitzen. Sie reparieren ein Fenster. Und sie gehen sehr vertraut miteinander um. Wie schön, Lisa und ich sind also nicht das einzige Paar mit so einem Altersunterschied. Ich werde jedoch bald darüber informiert, dass er wirklich ihr Vater ist. Und wer ist hier der Chef? Er zeigt auf Jane. Wenigstens das ist wie bei uns. Apropos, es war Paranoia und keine emotionale Telepathie. Das weiß ich jetzt. Lisa hat mir vorhin eine SMS geschickt. Sie vermisst mich. Alle sind weg, auch Collin hat sich schon gestern irgendwohin verdrückt. Sie saß allein am Feuer, wie ich in der Bar. Die Nervosität am Abend war also völlig überflüssig. Auch der Alkohol, mit dem ich sie zu bekämpfen versuchte. Das ist eine gute Nachricht. Darauf trinke ich gleich mal einen. Oder zwei. Oder drei. Und die Italiener machen mit. Ich freunde mich fast mit ihnen an. Sie haben selbst gekocht und laden mich zu Pasta ein. Mamma mia, sie können kochen, sie können schnarchen.

Die Stunde der Wahrheit. Der nächste Morgen. Die «Ilala» tuckert ein. Eine Menge Leute warten am Strand auf sie. Boote flitzen hin und her. Viel Geschrei. Auch Francis ist da. Und sein Freund. Das Morgenlicht verströmt Zuversicht. Trotzdem werde ich noch mal ziemlich nervös. Der Beamte wird aktiv. Er steigt in eines der Boote und fährt zum Schiff. Ich rauche, ich gehe im Kreis. Irgendwas mache ich falsch in meinem Leben, dass ich hier nicht ruhig bleiben kann. Tief atmen nützt mir grad 'nen Scheiß. Es ist ja nicht nur der Pass. Es steht viel mehr auf dem Spiel. Zum Beispiel meine Existenz als Held. Nach drei Zigaretten kommt Francis' Freund zurück. Noch bevor er aus dem Boot springt, hebt er den Daumen. Der Pass ist da.

Eine Stunde später sorge ich mich schon wieder um ihn und auch ein bisschen um mich. Wellen attackieren das Boot. Lisa würde in diesem Fall das Ave-Maria repetieren, ich bin indischer unterwegs. Om Ganeschaya Namaha, Om Ganeschaya Namaha, das Mantra gegen Angst aus dem Himalaya hilft tatsächlich. Im Grunde ist das untertrieben, denn es dreht meine Emotionen glatt um. Ich genieße plötzlich die Wut des Malawisees und schmiege mich mit dem Boot an die Wellen. Es ist wie Karussellfahren und Schunkeln zugleich. Om Ganeschaya Namaha, Om Ganeschaya Namaha. Den Pass trage ich unter dem Hemd an meiner Brust. Und darüber schützt ihn die schwarze Anzugjacke, für die ich mich entschieden hatte, um dem Einwanderungsbeamten zu imponieren.

Cobue. Ich bin wieder in Mosambik. Und heute will ich das letzte Stück zur Lodge nicht mit dem Boot machen. Mir reicht's. Und es gibt einen Weg. «Afrikaner schaffen ihn in zwei Stunden», sagt Francis, «Muzungu in vier.» Muzungu heißt Weiße, aber was das Gehen betrifft, bin ich so schwarz wie Francis. Wenn nicht schwärzer. Der Pfad ist nicht sehr beschwerlich, es gibt kaum Steigungen, ich stürme durch den Busch. Sehr bald finde ich heraus, dass man schneller ist, wenn man vorausgeht. Keine Ahnung, warum. Also bleibe ich vorn. Francis sagt in mehr oder weniger regelmäßigen Intervallen «strong man», aber wenn man mich fragt, würde ich eher sagen «strong love, jaaaaaa».

Und noch etwas: Wie ich hörte, hat Collin einmal den Weg von Cobue bis zur Lodge in einer Stunde und fünfzig Minuten geschafft. Das ist der bisherige Muzungu-Rekord. Ich brauche zwei Stunden. Wegen der Zigarettenpause. Ohne sie hätte ich mit Collin gleichgezogen.

Ich treffe Lisa vor Collins Büro. Sie trägt keine Jeans, sondern ihr rotes Kleid mit dem dollen Dekolleté. Das ist für sie die Stunde der Wahrheit. Ist er es wert oder nicht? Ist er ein Prinz oder ein Penner? Hat er es geschafft, oder kommt er mit Ausreden? Ich gebe ihr den fucking Pass und sage: «Jetzt aber los.»

7. ANSEHEN, UMDREHEN, WEGGEHEN

Carmen del Camara und ihr halbschwules Maskottchen Amori le Cane sind für jede Party ein Gewinn. Im Grunde sind sie für Partys geschaffen, Cocktailevents sind ihr natürliches Zuhause, mehr noch, ihre Bestimmung. Spätestens im Alter von sieben Jahren haben sie mit ihrer Ausbildung in Smalltalk begonnen, inzwischen sind sie in der Lage, jederzeit zu jedem Thema hinterfotzig, grenzphilosophisch und druckreif loszuplappern. Man weiß nie, woran man bei ihnen ist, ob sie einen sympathisch oder zum Kotzen finden, bleibt immer ungewiss. Ihre Arroganz hat aber nichts Beleidigendes, dafür ist sie zu selbstverständlich.

Carmen ist reich, Amori schön, was nicht heißen soll, dass die Frau hässlich wäre. Das heißt nur, dass Amori nicht reich ist. Und natürlich ist er jünger als sie. Das hat sich in ihren Kreisen durchgesetzt. Belgische Adlige, die Creme der Dekadenz, Salon-Großkatzen. Sie sind aus Recherchegründen bei uns. Sie wollen an der Küste von Mosambik selber eine Lodge aufmachen. Amori, der seinen Beruf mit Stylist angibt, denkt daran, den Sand einzufärben, damit der Strand ein bisschen schicker wirkt, und Carmen wird dafür sorgen, dass überall Aschenbecher stehen. Sie ist eine Kettenraucherin der alten Schule, bei Tisch raucht sie zwischen den Gängen, sie lässt auch gern die Zigarette weiterbrennen, während sie speist.

Drei Tage nach meiner Rückkehr nehmen sie uns nach Lichinga mit. Carmen hat einen fabelhaften Geländewagen, und Amori, der einen ähnlich schlimmen Rücken hat wie ich, leiht mir für die Fahrt seinen orthopädischen Hüftgürtel. Carmen fährt ziemlich schnell, und während wir durch den Busch brausen, unterhalten wir uns zunächst über den Einfluss des Haschisch auf die Kunst und dann darüber, wie man Afrika sinnvoll helfen kann. Amori ist der Meinung, das macht man am besten mit Mord und Totschlag, denn die Überbevölkerung sei das größte Problem des Kontinents. Der Bürgerkrieg in Ruanda zum Beispiel, bei dem eine Million Menschen massakriert worden sind, habe dem Land ein bisschen Luft verschafft. Waffenlieferungen seien hier als Hilfe zur Selbsthilfe zu verstehen. Ein anderes erfolgversprechendes Hilfsprogramm sei Zwangssterilisation. In Ruandas Nachbarstaat Uganda wäre sie das geeignete Mittel gegen die zu erwartende Bevölkerungsexplosion im Jahre 2020. Das ist Carmens Idee, und sie befremdet unsereins natürlich schon a bisserl, nicht nur, weil die belgische Adlige selber fünf Kinder hat (durch künstliche Befruchtung, also dem Gegenteil von Sterilisation), sondern auch, weil sie sich immer, wenn wir am Wegesrand Kinder sehen, aus dem Fenster hängt und die Kleinen fast frenetisch mit «Bom dia!» begrüßt. «Bom dia, bom dia!», schallt es dann begeistert zurück, und Carmen ist aus dem Häuschen vor Glück. «Das ist Afrika. Deshalb liebe ich es so.» Aber Zwangssterilisation! Was ist los mit den Belgiern?

Von allen Kolonialmächten auf dem schwarzen Kontinent waren die Belgier mit Abstand die grausamste. Gegen ihren König Leopold war der Hunne Attila ein Kuscheltier. Für die geringsten Vergehen wurden Hände abgehackt oder mit Nilpferdpeitschen Menschen zu Krüppeln gemacht. Blutiger Schnee von gestern, ich weiß, aber die Zeiten wiederholen sich hin und wieder. Wir fahren gerade durch ein Dorf, in dem vor einem Reisebus eine Gruppe Chinesen steht. Sie kaufen wieder ein paar tausend Quadratkilometer auf. Und Carmen sagt, es sei Tatsache, dass die chinesischen Vorarbeiter die Afrikaner mit Stockschlägen zur Arbeit gemahnen. Will sie in ihrer Lodge auch so verfahren? Und bei jedem Schlag «Bom dia!» rufen, «Bom dia!» (Klatsch), «Bom dia!» (Klatsch)? Was ist nur los mit den Belgiern?

In Lichinga trennen sich unsere Wege. Sie brettern weiter nach Maputo, wir wollen mit einem Buschflieger ins Nachbarland, damit Lisa a) auf den letzten Drücker Mosambik verlässt und b) am Internationalen Flughafen von Lilongwe endlich ihr scheiß Malawi-Visum kriegt. Den Abend verbringt sie damit, ihre Flugangst in den Griff zu bekommen. «Du hast keine Flugangst», sage ich. «Du eierst nur an der Grenze dazu herum.» Sie hört das nicht gern. Aber es ist nun mal so. Was Lisa auf unseren bisherigen Flügen abzog, hatte mit echter Flugangst nichts zu tun. Sie war nicht in Panik, sie zitterte nur und verkrampfte sich, weil sie der Meinung ist, dass Anspannung eine bessere Vorbereitung auf Unheil ist als Entspannung. Ich kenne das irrationale Phänomen vom Zahnarztbesuch. Trotzdem kann ich sie heute Abend ganz gut verstehen. Es gibt durchaus einen Unterschied zwischen einem Airbus und einem Airtaxi. Die einen fliegen, die anderen hüpfen von Wolke zu Wolke.

Wir sitzen in dem Restaurant, in dem ich mit Collin gewesen bin. Lisa gefällt es auch, es ist authentisches Afrika. Die Fußballmannschaft von Lichinga ist geschlossen da. Sie haben gegen irgendeine andere Provinzhauptstadt-Mannschaft gespielt. Ob sie verloren oder gewonnen haben, wird aus ihrem Verhalten nicht klar. Anscheinend sind sie immer gut drauf, wenn es was zu essen gibt. Weil der Gesetzgeber in Mosambik das Rauchen in Restaurants verbietet, gehen wir in den Innenhof des «1 & 2» und lernen zwei portugiesische Schiffbauer kennen. Der eine ist dick, der andere dünn. Der Dicke hat zwanzig Jahre in der Elfenbeinküste überlebt. Er gehört zu den Männern, die von Frauen geliebt werden, weil sie Genießer und Krieger zugleich sind. Es entsteht ein unverkrampftes Gespräch, an dessen Ende die Vor- und Nachteile von Buschfliegern abgewogen werden. «Kleine Flugzeuge sind fun, solange man nicht über Kriegsgebiete fliegt», sagt der dicke Portugiese. «Man kann sie abschießen wie Vögel.»

Der Flughafen von Lichinga ist sehr klein, sehr blau und sehr afrikanisch. Leider an einem Sonntagmorgen um sieben Uhr auch sehr unbelebt. Wir sehen keine Passagiere, kein Personal, keine Lotsen, keine Flugzeuge. Unser Fahrer bezweifelt, dass hier heute irgendwas abhebt. Aber was weiß er schon. Er ist der Besitzer eines Copyshops und hat sich uns gestern als Taxifahrer angeboten. Ich habe ihm bereits dreihundert Meticais für die Fahrt gegeben, das sind fünfzig zu viel, aber der Typ hätte eigentlich noch ganz gern, dass ich ihm einen neuen Fotokopierer für etwa zehntausend Dollar spendiere. Höflich, aber bestimmt weise ich das Ansinnen zurück. Ein Auto hält, zwei Glatzköpfe steigen aus. Sie stellen sich als Einwanderungsbeamter und Lotse vor. Sie wissen auch von keinem Flieger, der in einer Viertelstunde nach Malawi abheben soll. Über die Landebahn zieht ein Schwarm schwarzer Krähen. Mehr ist von flugfähigen Objekten nicht zu sehen. Außerdem beklagen wir einen Stromausfall, nicht nur am Flughafen, sondern in der ganzen Stadt. Für afrikanische Verhältnisse heißt das: Hier läuft alles nach Plan.

Bisschen später landet unser Buschpilot ohne Tower, ohne Lotse, ohne Funkkontakt, einfach so. Ein junger Mann in Khakishorts, Pilotenhemd und Baseballkappe, mit ungarischem Vornamen und österreichischem Pass, der für «Nyassa Air Taxi» zwischen Malawi, Mosambik und Sambia hin und her fliegt. Inzwischen wird auch im Flughafenrestaurant jemand entdeckt, und der Strom geht wieder an, das heißt, es gibt endlich Kaffee. Während wir ihn trinken, hören wir ein paar Schüsse, und minimum zwei der Krähen sind tot. Für uns gemordet, damit sie nicht in den Propeller der Maschine fliegen. Der Schütze trägt die Krähe über das Rollfeld in Richtung Kochtopf davon.

Ein zweites Kleinflugzeug landet. Es bringt einen großen, fetten, rotgesichtigen, vollbärtigen Mann, der eine schwere, lange Eisenkiste zum Zoll trägt. «Ist da eine Feuerwaffe drin?», frage ich. – «Ja.» – «Großkaliber?» – «Ja.» – «Jagen Sie Löwen?» – «Ja.» Meine Freundin dreht sich angewidert weg. Lisa liebt Katzen. Und sie hat noch immer große Angst. Unser Pilot beruhigt sie: «Es wird nur am Anfang ein bisschen hoppeln, sobald wir auf achttausend Fuß sind, wird's ruhiger.» Sie schweigt, aber ihr Gesichtsausdruck sagt etwa dies: «Was meint der mit ‹hoppeln›?»

Wir rollen über die Startbahn und heben ab, und plötzlich sind sie da, die Krähen. Sie kommen von hinten, um ihre toten Kumpel zu rächen. Aber sie schaffen es nicht bis zum Propeller. Wir hoppeln schneller als sie.

Die Gippsland GA-8 ist eine australische Maschine. Sie

wurde entwickelt, um die Lücke zwischen der Cessna 206 und den Caravan-Modellen zu schließen. Weltweit fliegen 139 Exemplare davon. Sie hat Platz für den Piloten und sieben Passagiere. Höchstgeschwindigkeit: 340 km/h, Reichweite 1700 Kilometer. In der Flotte von «Nyassa Air Taxi», die fünf Maschinen umfasst, gilt sie als das beste Stück, und wenn das stimmt, möchte ich die anderen nicht ausprobieren. Sie bewegt sich wie ein Auto durch die Lüfte. Genauso langsam, nur ohne Bodenhaftung. Neben uns sind Seeadler und Wolken und über uns nur Gott.

Ist das Fliegen in kleinen Flugzeugen gefährlicher als in großen? Als Laie würde ich sagen, wenn ein Flieger zwei Propeller hat, kann einer mal ausfallen, und die Maschine fliegt trotzdem weiter. Diese hat nur einen Propeller, aber sie kann sicherlich auch segeln. «Ja», sagt der Pilot, «aber nur schlecht.» Dafür kann sie praktisch überall landen. Auf jeder asphaltierten Straße und auf jeder unasphaltierten. Auf Wiesen, auf Äckern und auf mit Macheten freigehackten Pisten im Busch. Die fliegt die Gippsland GA-8 an, wenn Großwildjäger ihre Passagiere sind. Löwenjäger, Leopardenjäger, Elefantenjäger. Sie zahlen dreißigtausend bis hundertzwanzigtausend Dollar für den Abschuss der Alphatiere, und der Pilot mag sie nicht sonderlich, aber er mag ihre Trinkgelder. Von mir, das weiß er, kann er nicht viel mehr erwarten als schöne Worte. Sein Name ist Ferenc. Er ist Wiener, und als er zwölf Jahre alt war, hat er «Top Gun» gesehen. Seitdem wollte er fliegen. Österreich ist ein komisches Land. Dort kann man mit siebzehn, also noch vor dem Führerschein, den Pilotenschein machen. Jetzt ist Ferenc fünfundzwanzig und fliegt die robuste Maschine australischer Produktion über Südostafrika. Mit den großen Piloten-Kopfhörern lauscht er nicht dem

Funk, den Lotsen und dem Wetterbericht, sondern Queen und AC/DC. «Ganz allgemein passt Rock 'n' Roll besser als Reggae, Pop oder Jazz zu meinem Beruf», sagt Ferenc, «denn Rock 'n' Roll macht Mut.» Rumms. Wir knallen fünf Meter nach rechts, als hätte uns eine riesige Faust an der linken Seite getroffen. «Das war nicht ich», sagt Ferenc, «das war das himmlische Kind.» Also der Wind. Es hört sich wie eine Entschuldigung an, aber Lisa beruhigt das nicht sonderlich. Sie hält sich allerdings ganz gut. Sie zittert nicht einmal, wahrscheinlich, weil sie glaubt, dass Zittern so eine Maschine zum Absturz bringt.

Inzwischen sind wir über dem Malawisee. Er glitzert so schön. «Schon mal Probleme gehabt?», frage ich. Ferenc grinst. «Soll ich die wirklich jetzt erzählen?» Lisa ist strikt dagegen, und der Pilot versichert ihr, dass es ohnehin für Probleme der falsche Monat ist. Die hat er nur während der Regenzeit, wenn sich die Gewitterwolken zu Gebirgen türmen und er um Blitze Slalom fliegen muss.

Der Traum vom Fliegen. Früher konnten ihn sich nur Vögel und Götter erfüllen. Später gesellten sich Berufspiloten und Millionäre dazu. Seit der Erfindung der Billigflieger aber ist der Traum des Ikarus zu einer Art Menschenrecht geworden. Schüler, Studenten, Praktikanten, Hartz-IV-Empfänger, fast alle waren schon mal über den Wolken, wo die Freiheit unendlich und die Beinfreiheit beschränkt ist. Ein paar hundert Passagiere sitzen auf engstem Platz und kriegen vom Fliegen eigentlich nichts mehr mit, außerdem sind die Toiletten ständig besetzt. Der Rausch, den Newton'schen Gesetzen zu trotzen, ist einem Kater gewichen. Heute ist Fliegen im besten Fall langweilig und tut im schlechtesten Fall weh. Eine Droge ist zu kaltem Kaffee mutiert, ein Spaß zu Pein. Fliegen ist wie U-Bahn-Fahren geworden, jenseits der Fensterplätze sieht man in den großen Maschinen auch nicht mehr als in den unterirdischen Tunneln daheim. Hin und wieder ruckelt es, und das soll's dann gewesen sein? Die Buschpiloten sagen, nein, mit uns fliegst du wieder. Unsere Tragflächen sind so klein und dir so nah, dass du glaubst, sie wären aus deinen Seiten gewachsen. Wir geben dir die Flügel zurück, die Wolken, den Wind und auch den Blick, den die Vögel haben, die Adlerperspektive auf die Wälder und die Tiere, auf die Flüsse und Wasserfälle, auf die Einbäume der Fischer, auf die Herden der Hirten und auf die Feuer, die vor den Hütten brennen, denn wir fliegen nicht in einsamen zehntausend Metern Höhe, sondern so tief, wie es uns gefällt. Und wir düsen auch nicht, von Computern programmiert, auf schnurgeraden Routen, wir lenken selbst und gern in launigen Kurven. «Willst du auch mal lenken, Lisa?», fragt der Pilot. Weil sie das ablehnt, landen wir knapp eine Stunde später sicher auf dem Internationalen Flughafen von Lilongwe.

Lisa bekommt ihr Visum, und rein theoretisch könnten wir jetzt mit einem Kollegen von Ferenc gleich wieder nach Likoma Island fliegen und von dort in die Lodge schippern, aber Collin hat ihr zwei Tage freigegeben. Sie freut sich auf das «Kiboko Town Hotel», sie freut sich auf Don Brioni, und ganz allgemein freut sie sich darauf, wieder mal selber Gast zu sein. Ich freue mich auch. Endlich mal Lisa und ich ganz allein. Ohne das ewige Collin braucht das, Collin will dies, Collin hat gesagt. Drei Tage als sich selbst genügendes Paar, so wie es vor der Lodge mal war. Aber kaum schlägt sie im Hotel ihren Laptop auf, ist eine Mail von Collin da. Er will, dass sie zwei klitzekleine Schrauben für den Bootsmotor besorgt, die eine anderthalb und die andere dreieinhalb Zentimeter lang. Fotos von ihnen hat er auch mitgeschickt. Prinzipiell ist das eine gute Idee. Ich habe zweimal auf dem Boot der Lodge gesessen, als es nicht weiterging. Trotzdem werde ich langsam nöckelig. Wir sind den Rest des Tages von Pontius Yamaha bis Pilatus Honda unterwegs und kriegen die Teile nicht. Und wieder einmal frage ich mich still und heimlich, wie lange ich Lisa eigentlich noch auf Wegen begleiten soll, die nicht die meinen sind. Noch einen Monat, sagt sie, dann verschwinden wir aus der Lodge, und ich denke, wenn das mal stimmt. Außerdem denke ich, noch dreißig Tage sind zu viel. Es ist ein seltsames Gefühl, im Niemandsland meines Schicksals herumzugehen. Endlich kann ich die Frauen und ihre Probleme verstehen, die für einen Mann ihr Leben liegen und stehen lassen. Ich tauge nicht zu einem Anhängsel, ich bin kein Teddybär, ich will das nicht mehr, aber die Kraft, mich einfach umzudrehen, habe ich auch nicht. Der Anlass fehlt, die Chance. Darum schlägt die Mail, die ich am Abend bekomme, wie ein Blitz in unsere Zweisamkeit ein. Eine große deutsche Zeitung fragt mich, ob ich für sie einen Job in Burkina Faso machen will. Christoph Schlingensief ist vor einer Woche an Lungenkrebs gestorben. Sein letztes Projekt war der Bau einer Oper in dem westafrikanischen Land, und ich soll hin, um nachzusehen, was aus der Baustelle des Künstlers geworden ist. Ich entscheide mich auf der Stelle, den Job anzunehmen. Und Lisa flippt aus.

«Das ist nicht dein Ernst!»

«Warum nicht?»

«Weil es Wahnsinn ist. Weißt du, wie weit Burkina Faso von hier entfernt ist? Weiter als von Deutschland. Die ticken doch nicht richtig. Die haben keine Ahnung. Die sagen, die Oper ist in Afrika, du bist in Afrika, und das war's. Nein, Helge, das machst du nicht.»

«Natürlich mache ich das», sage ich und schlage zum ersten Mal, seitdem wir uns kennen, energisch mit der flachen Hand auf den Tisch. «Das ist mein Leben, verdammt noch mal. So ist es immer gewesen.»

Was war immer so? Immer rief ein Chefredakteur an, und am nächsten Tag saß ich in einem Flieger nach irgendwo, nach Tokio, Tel Aviv oder Pjöngjang, und die Jagd nach einer Geschichte begann. Hunting Season. Und strikte Deadlines. Das macht mich an. Die Freisetzung von Adrenalin, das Geld, die Herausforderung, da kommt vieles zusammen. Ich bin ein Reportagenjunkie. Ich blühe auf unter Stress. Und gehe ein am Strand. Lisa hat keine Chance, wenn das Jagdhorn ruft, weil sie weiß, dass jeder das Recht hat, wieder in sein Leben zu springen. Es braucht auch nicht lange, und sie hat sich wieder abgeregt.

«Wann fliegst du?»

«So schnell wie möglich.»

«Und wann kommst du zurück?»

«So schnell wie möglich.»

Es ist Abend geworden. Wir sitzen bei Don Brioni, trinken Rotwein und hören die Grillen. Und wir wissen beide, dass Lisa recht hat. Von Burkina Faso ist es näher nach Europa als nach Malawi oder Mosambik. Viel näher. Außerdem wissen wir beide, dass ich seit dem ersten Tag in Afrika zurückwill. Und beide haben wir Angst davor, dass ich in Westafrika eine Entscheidung treffe, die nicht mehr rückgängig zu machen ist, weil sie dazu führt, dass auch Lisa eine Entscheidung trifft, die uns weiter auseinanderbringt. Und beide haben wir neben der Angst auch Lust darauf, es mal auszuprobieren. Das ist der Stand der Dinge in puncto Irrungen und Wirrungen der Liebe.

Die Logistik für meine neue Reisetätigkeit ist wesentlich komplizierter. Ich brauche ein Visum für Burkina Faso, aber das Land unterhält keine Botschaft in Malawi. Die nächste ist in Pretoria, Südafrika. Ich erfahre das am folgenden Tag. Und das ist ein Mittwoch. Wenn ich noch vor dem Wochenende das Visum haben will, muss ich spätestens am Donnerstag einen frühen Flieger nach Johannisburg bekommen. Dort kann ich mir ein Taxi nach Pretoria nehmen. Das sind sechzig Kilometer, und Botschaften schließen in der Regel gegen Mittag. Es wird knapp werden, aber es kann klappen. «Malawi Air» fliegt Donnerstagmorgen um sieben Uhr. Ich buche beim Frühstück. Lisa will dagegen schon heute los. Sie will als Erste gehen. Sie hat einen Standby-Flug gegen 17 Uhr mit «Nyassa Air» nach Likoma Island bekommen.

Jetzt haben wir einen Termin für die Trennung. Jetzt geht es los. Und natürlich bringe ich sie mit dem Taxi zum Flughafen. Als ich sie in den Arm nehmen will, fühlt sie sich wie ein Stück Holz an. «Ich kann deine Gefühle derzeit einfach nicht durchschauen», sagt sie. «Ich auch nicht», antworte ich, «aber geh mal davon aus, dass es Angst ist.» Daran ändert sich auch nichts, als wir auf der Terrasse des Flughafenrestaurants darauf warten, dass das «Nyassa Air Taxi» in die Gänge kommt, und als es so weit ist, wissen wir beide nicht, wie wir uns verabschieden sollen. Ansehen, umdrehen, weggehen. Nicht für immer, nur für kurze Zeit, aber nachdem wir wochenlang rund um die Uhr, tagein, tagaus, zusammen waren, fühlt sich jede Trennung, die länger als zwei Tage währt, nicht wirklich kurz an. In zwanzig Tagen sehen wir uns wieder. Hoffentlich. Ansehen, umdrehen, weggehen. Sie zu ihrem Flug nach Mosambik. Ich zum Taxi zurück nach Lilongwe. Ich habe Angst vor dieser Fahrt. Und Angst vor dem Hotel. Ich habe Angst vor unserem Zimmer, Angst vor Don Brioni, Angst vor der Nacht. Wie wird es sein? So süß wie Sehnsucht oder so bitter wie allein? Ich weiß es nicht, ich fühle es nicht, ich ahne nur, dass beides möglich ist. Man weiß nie mit absoluter Sicherheit, ob man sich jemals wiedersehen wird. Ansehen, umdrehen, weggehen, sie macht es zuerst, weil das ihr Part ist, und mein Part besteht darin, ihr auf dem Rollfeld hinterherzuschauen, und dann schaue ich noch mal der kleinen Maschine hinterher, in die sie eingestiegen ist. Sie verschwindet gerade in den Wolken mit einem Teil von mir. Ich dramatisiere nicht. Lisa fehlt mir wie ein Körperteil. Nachdem auch ich mich endlich umgedreht habe, bewege ich mich wie nach einer Operation.

Die Taxifahrt erlebe ich noch wie betäubt. Erst als ich unser Zimmer im «Kiboko Town Hotel» betrete, wache ich aus der Narkose auf. Es tut weh, das Bett zu sehen, das zwei Nächte unser gemeinsames gewesen ist. Es repräsentiert all die Betten der letzten siebenundsiebzig Nächte. Ich mache auf dem Absatz kehrt und eile zu dem Fake-Italiener. Jetzt brauche ich kein Bier, jetzt brauche ich keinen Wein, jetzt hilft nur Whisky, Whisky und noch ein Whisky.

Während ich ihn herunterschütte, kommen Bilder hoch. Erinnerungen an Istanbul, wo wir vor Afrika waren. Frisch verliebt und hormongeschüttelt. In der schönsten Stadt der Welt mit rosaroter Brille. Ein Overkill des Glücks. Wochenlang trieben wir uns dort in einem Viertel herum, in dem früher Griechen und Armenier lebten, und obwohl das schon einige Zeit zurückliegt, wirkten die Häuser, die Gassen, die Düfte und das Klima weiterhin griechisch mediterran. Gastronomie total. In jedem Haus war ein Restaurant oder ein Café oder eine Bar oder ein Club, und dann kam schon wieder ein Restaurant oder ein Café oder eine Bar, und alle hatten ihre Tische draußen, und überall war Musik. An einem Sommerabend trug Lisa ihr rotes Kleid, und ich genoss die Mischung aus Bewunderung, Respekt und Neid in den Augen der anderen Männer. Wir saßen draußen, aber waren trotzdem ausreichend beschallt von den zwei türkischen Gitarristen drinnen, die Flamenco spielten. Nebenan spielten sie Blues. Es gab auch Läden, in denen sie türkische Volksmusik darboten, aber im Großen und Ganzen war es kosmomusikalisch, was sich dort zu einem fliegenden Klangteppich mischte. Ich hatte Apfeltabak für die Wasserpfeife gewählt. Er wirkte erfrischend. Und der Raki machte Mut. Man könnte es auch leichtsinnig nennen.

Der Traum, der mich in Wien wie ein Fluss erfasst hatte, schien in Istanbul seinen Ozean gefunden zu haben. Schnell, aber sicher löste sich der Traum in den Traum aller Träume auf. War das verdient? Oder Glück? Oder mein letzter Sommer, in dem mir das Schicksal die große Liebe in einer großartigen Stadt als Henkersmahlzeit reichte? Irgendwann begann die Gasse zu tanzen. An allen Tischen sprangen Menschen auf, erst die Frauen, dann die Männer, und die Frauen ließen ihre Hüften kreisen und ihre Arme schlängeln, während die Männer ihre Arme ausbreiteten, als wollten sie den Mond umarmen. Wir tranken, wir tanzten, wir aßen fettige Vorspeisen, wir küssten uns sogar auf offener Gasse, obwohl das in der Türkei nicht schicklich ist.

Erinnerungen können wie Opium sein, aber auch wie Messerstiche. Auch der nächste Dolchstoß an Don Brionis Theke kam aus der Türkei. Wir fuhren ein bisserl mit dem Schiff übers Meer. Das Sonnenlicht kam auf dem Wasser wie fließendes Gold daher. Solche Effekte beeindrucken mich immer sehr. Ich glaube, ich habe mindestens eine halbe Stunde nichts anderes getan, als mich in diesen Anblick zu verlieren. Und sie saß dabei nicht nur neben mir, sondern hatte ihren Arm um irgendeinen Körperteil von mir gelegt. Um mein Bein zum Beispiel, um meine Hüfte, um irgendetwas, das zu mir gehört. Auf der Insel, die wir dann betraten, nahmen wir das zweite Frühstück zu uns und redeten, während wir Auberginen, Joghurt, Tomaten und Oliven aßen, über dies und das. Ich weiß nicht mehr exakt, was die Themen dieser Unterhaltung waren, aber im Nachhinein erscheint das auch komplett egal. Ich glaube, den Vögeln ist es auch egal, was sie zwitschern und singen, wenn sie glücklich sind. Es ist eher ein Federballspiel mit Yin-Yang-Energien als ein Austausch von Informationen. Weil es auf der Insel keine Autos gibt, nahmen wir eine Kutsche. «Hoffentlich bekommst du kein Problem mit deinem Rücken», sagte sie, und das fand ich schön. Weil sie sich kümmerte. Auch wenn es nicht nötig war. Die Bänke in der Kutsche hatten weiche, rote Polster, man sank in sie wie in ein Bett. Und Lisa sank in meinen Arm, den ich nicht einmal um sie gelegt hatte. Er lag einfach nur ausgestreckt auf der Lehne, und sie sank hinein. So ging es unter den Schatten von Pinien und Palmen ein Stück bergauf, Oleander verströmte Naturparfüm, die großen, weißen Holzvillen rechts und links am Weg waren, egal, ob verfallen oder restauriert, wunderschön. Alle hatten großzügige Gärten, die wie verzaubert schienen. Und als wir wenig später in einem dieser Gärten Tee tranken, fragte ich sie, ob sie etwas dagegen hätte, wenn ich ihren Bauch als Kissen benutze. «Natürlich nicht», sagte sie, und so lag ich auf dem natürlichsten Kissen der Welt und sah durch die Blätter der Bäume in einen Himmel, an dem Schäfchenwolken trieben, und fragte mich, warum ich jemals allein gereist bin. Und, ganz ehrlich, heute Abend in Lilongwe weiß ich auch nicht mehr, warum ich mich gestern entschieden habe, wieder auf den Solotrip zu gehen. Die Türkei war das Versprechen, Afrika die Prüfung, und egal, wie viel Feuerwasser ich in mich hineinschütte, es bleibt die Furcht, sie nicht zu bestehen.

8. TROUBLES IN TRANSIT I

Selbstverständlich behält Lisa recht. Der Trip ist ein Wahnsinn. Ich fliege erst zwei Stunden nach Südafrika und hole in Pretoria mein Visum ab, dann geht es sechs Stunden mit «Ethiopian Airlines» stur nach Norden, um einen Zwischenstopp von einer Nacht in Addis Abeba zu machen, und am nächsten Tag sitze ich noch mal neun Stunden in einem Flieger, jetzt Richtung Westen, bis ich in einer Stadt lande, deren Namen ich mein Leben lang nicht aussprechen werde können: Ouagadougou. Siebzehn Stunden reine Flugzeit, plus zwei sauteure Übernachtungen im «Sheraton Pretoria» und eine im «Hilton Addis Ababa», sowie alles in allem sechs Stunden Fahrt in verschiedenen Taxis, bevor ich endlich irgendwo in der Walachei von Burkina Faso vor drei erschreckend kleinen Rohbauten ohne Dach, Fenster und Türen stehe, die noch nicht einmal als Grundstock der Oper, sondern als dazugehörige Werkstätten geplant waren. Von der Oper selbst ist noch kein Stein zu sehen, nur eine Reihe Container aus Deutschland glänzen einsam und verlassen in der Sonne Westafrikas. Ganz stimmt das nicht. Es gibt einen alten Mann, der die Baustelle mit seiner Steinschleuder bewacht, und drei Kinder, die Schafe hüten. Was hat sich Schlingensief dabei gedacht? Ich vermute, er wollte Afrika helfen, aber wie ich den Nachrufen entnehme, die mir von der Redaktion gemailt wurden, sah er schon bald ein, dass eines

der ärmsten Länder der Welt vielleicht erst mal Kranken-
häuser braucht und Straßen, damit man die Krankenhäu-
ser erreichen kann. Es braucht auch Schulen und Elektrizität und eine geregelte Trinkwasserversorgung. Würden
die Bewohner von Burkina Faso sich dringend Notwendi-
ges wünschen können, ein Opernhaus stünde wohl nicht
an erster Stelle. Das Projekt scheiterte schon zu Lebzei-
ten des Künstlers, aber nach seinem Tod war hier definitiv der Ofen aus. Wie so oft endete das ehrliche Verlangen,
Afrika zu helfen, im Tatbestand rausgeworfener Spenden.
Zwei Tage lang sehe ich mit an, wie die Schafe des deutschen Künstlers Traum abgrasen, dann hab ich meine Geschichte. Titel: «Määääääääääääh, määääääääääääh». Un-
tertitel: «Die ewige Oper Afrikas».

Das war es. Feierabend. Theoretisch könnte ich nun sofort die siebzehn Stunden Rückreise nach Malawi antreten, aber ein Facebook-Freund meldet sich, den ich schon
lange persönlich kennenlernen wollte. Er ist Lufthansa-
Kapitän, und er schreibt, dass er in ein paar Tagen in Dakar runtergehen wird. Das ist praktisch um die Ecke von
Ouagadougou. Und ich kann auch von Senegal zurück zur
Lodge fliegen, also kein Problem, außerdem gibt mir das
noch ein paar Tage Luft, um gefährlichen Gedanken nach-
zuhängen, denn auch damit behält Lisa recht. Es sind von
Burkina Faso tatsächlich nur sieben Flugstunden bis Europa. An meinem letzten Abend in Malawi ahnte ich, dass
die Liebe durch Prüfungen gehen muss, und hier kündigt
sich eine an, denn ich weiß einfach nicht, was gerade stärker in mir ist. Lisa oder das Heimweh. Nein, das stimmt
nicht. Ich weiß schon, dass die Gefühle zu ihr zwingen-
der sind als die Sehnsucht nach Europa, trotzdem freue
ich mich, durch das Treffen mit dem Lufthansa-Piloten

ein paar Tage länger als geplant nur sieben Stunden entfernt von Paris, Brüssel, Amsterdam oder Mailand zu sein. Heimweh ist vielleicht auch das falsche Wort dafür, egal, es gibt viele falsche Wörter für das, was mir zu schaffen macht. Außerdem frage ich mich, warum ich für den Hüpfer nach Senegal vier Stunden vor dem Start am Flughafen von Ouagadougou sein muss.

Darum. Das Flughafengebäude sieht aus wie eine nicht fertiggestellte Fabrikhalle. Drähte und Kabel ragen aus dem unverputzten Beton. Vor dem Eingang stehen zwei Soldaten und wollen die Tickets sehen. Ein Mann und eine Frau. Der Soldat ist etwa einen Meter neunzig groß, muskelbepackt und schlecht drauf, aber so schlecht drauf wie die Soldatin kann er gar nicht sein. Sie ist kleiner als er, aber voluminöser, eine böse Mama Afrika in Uniform, die alle Reisenden zu hassen scheint und in jedem Weißen den Erzfeind sieht. Ich lächle sie an, aber ich hätte es besser lassen sollen.

«Ticket!»

«Electronic ticket», sage ich und zeige ihr den Computerausdruck meiner Buchung. Das macht sie noch böser.

«Ticket!!!»

«Internet-Ticket, Madam, no problem.»

Das Problem ist, dass sie das weiß, aber mich trotzdem lieber niederschießen würde. Sie schaut mich noch einmal wie den letzten Dreck auf Erden an, dann winkt sie mich durch. Puh. Ich bin drin. Ich folge einem schmalen, von Sperrholzwänden begrenzten Gang, biege mit ihm nach rechts ab und bin in einer Abflughalle, die so groß wie ein Hühnerstall ist. Ein Check-in-Schalter und ein Tisch, an dem ein Offizier sitzt. Der macht auch ein böses Gesicht. Alle Soldaten, die ich im Flughafen von Ouagadougou sehe, haben das böse Gesicht, es gehört zu ihrer Uniform. Ich hole mir die Bordkarte und stelle mich dem Offizier am Ausreise-Tisch. Er studiert sehr genau meinen Pass, mein Gesicht und meine Angaben auf dem Ausreiseformular und schüttelt verärgert den Kopf. Als Beruf hatte ich Schriftsteller geschrieben. Mir schien das in diesem Umfeld harmloser zu klingen als Journalist. Aber ich weiß nicht, was Schriftsteller auf Französisch heißt, also schrieb ich es auf Englisch. Versteht er nicht. Ich probiere es auf Deutsch, Spanisch, Portugiesisch und Italienisch und tippe dabei ununterbrochen mit dem Zehnfingersystem in die Luft. Nicht mit ihm. In Burkina Faso ist Französisch die Amtssprache. Ein anderer Passagier hilft mir. «Écrivain» ist das richtige Wort. Bekomme ich jetzt die Millionen, äh, den Ausreisestempel? Nein, er stempelt nur das Stück Papier, der echte Passbeamte wartet schon in einem schmalen, kurzen Gang.

Inzwischen lächle ich niemanden mehr an, denn an dem Security-Check sehe ich neben den zwei Soldaten, die dort Dienst haben, wieder den Drachen vom Eingang. Was will die denn hier? Mich? Ich bete zu Gott, dass sich in meinem Handgepäck nicht irgendwo ein klitzekleiner Krümel Illegales versteckt. Ich übergebe die Tasche dem Laufband, sie wird geröntgt, sie ist sauber, ich kann weitergehen, um dann wieder in einem schmalen Gang in einer langen Schlange zu stehen, die irgendwo vorn links abbiegt. Es geht langsam voran. Ich schere aus und überhole die Schlange, nur um einen kurzen Blick auf das zu werfen, was hinter der nächsten Ecke los ist, und bin schockiert. Zehn Tische, hinter jedem ein Soldat oder eine Soldatin mit weißen Schutzhandschuhen. Auf den Tischen alles, was Passagiere so in ihrer Kleidung und ihren Reisetaschen haben. Ich gehe an meinen Platz in der Schlange zurück und beginne mit einer ernsthaften Vorunter- suchung meiner sechs Hosentaschen, fünf Sakkotaschen, zwei Hemdtaschen sowie meines Handgepäcks. Ist das Staub oder Haschisch, ist das ein Tabakrest oder ein Rest Marihuana? An den Tischen des Grauens angekommen, macht ein Soldat dasselbe mit meinen Taschen wie ich zu- vor, aber er macht es mit der Gier eines jungen Hundes. Ich sollte vielleicht noch mal erwähnen, dass auch alle Solda- ten – ob an den Tischen, an den Wänden oder einfach mit- tendrin – ein ähnlich bescheuertes Gesicht machen wie die Soldaten vorher.

Das bleibt so. Am Gate, am Rollfeld, vor dem Bus, der die Passagiere zum Flugzeug bringt. Nur finstere Ge- sichter, nur Maschinenpistolen, nur Kontrollen. Und als der Bus endlich losfährt, hält er auf halber Strecke an und bleibt etwa eine halbe Stunde lang stehen. Der Bus ist pi- ckepacke voll, die Luft wird schlecht, und nur wenige sit- zen, aber ich habe einen Fensterplatz und presse mein Ge- sicht an die Scheibe, um die Stimmung auf dem Rollfeld zu genießen. Die Lichter sind für einen Flughafen beschei- den, aber für einen Film genau richtig. Milchiges Gelb mit Schatten. Jeeps kurven hin und her, Soldaten schreien, Ge- päckwagen werden kontrolliert. Wirklich, ich genieße das, aber ich freue mich auch auf Senegal. Dort soll es lustiger sein.

9. ÇA VA

Ich dachte, ich gehe mal ein bisschen am Strand spazieren. Ich komme etwa zehn Schritte weit.

«Ça va?»

Das ist Französisch. «Ça» heißt «es», und «va» heißt «geht». Eigentlich ist das eher eine Feststellung als ein Gruß, aber wenn man beim zweiten Wort die Stimme anhebt, wird eine Frage draus. Dann heißt «Ça va» «Wie geht es», und die Antwort darauf ist wieder «Ça va», aber jetzt ohne den fragenden Ton, und nun stimmt die wörtliche Übersetzung. «Es geht.» Und sobald du «Ça va» sagst, bist du verloren. Wer auf a antwortet, muss es auch auf b tun (Woher kommst du?) und auf c (Wohin gehst du?) und auf d (Wie heißt du?) und auf e und f und g, und am Ende des Alphabets kaufst du eine Kette oder eine lackierte Holzfigur oder irgendetwas anderes, was du nicht brauchst und nicht willst, für das Zehnfache des Marktüblichen, aber das ist ein Freundschaftspreis, «mon ami». Vielleicht will man dir auch nichts verkaufen, vielleicht hat man es nur mit einem Senegalesen zu tun, der sein Englisch verbessern will oder sein Deutsch, auch das kommt vor, und sobald er es fließender spricht, wird das Leid aus ihm herausbrechen, der Hunger, die Krankheit, der weite Weg nach Haus ohne Geld für den Bus, und eine dritte Sorte dieser Strandplagen sammelt Spenden für ihre Marabouts. Das sind keine Vögel, das sind die heiligen Männer der islamischen Bruderschaften, und darüber hinaus bietet man auch Trommelkurse, Führungen, Aids und Ehen an.

«Ça va?»

Der junge Mann ist für senegalesische Verhältnisse eher klein, aber in seinen Augen steht große Zuversicht, denn wenn ich jetzt nicht antworte, bin ich ein Rassist. Ich sage trotzdem nichts und gehe weiter, und nun habe ich einen Begleiter. «English ...?» Ich schweige. «Italiano ...?» Ich schweige. «Deutsch ...?» Ich schweige eisern. Nachdem er alle gängigen europäischen Nationen durchhat, wird er witzig: «Japanese ...?» Und damit hat er mich.

«Ich bin nicht taub, ich ignoriere dich», sage ich.

«Aber das ist unhöflich.»

«Du bist unhöflich.»

«Nein.»

«Dann lass mich allein.»

Entweder ist er ein Anfänger, faul oder doch ein guter Mensch (was ich nicht hoffe, denn dann hätte ich ihm unrecht getan). Jedenfalls lässt er von mir ab, und ich kann für eine volle Minute den Anblick der Bucht genießen. Der Strand von Ngor gehört zu den ganz wenigen Stränden Dakars, auf denen du nicht den Eindruck gewinnst, aus einer Müllhalde heraus aufs Meer zu blicken. Eine Postkartenschönheit, mit Palmen rechts und Fischerbooten links und einem ehemaligen Dorf ganz links, das von der Stadt zwar eingemeindet, aber noch nicht gefressen wurde. Dem Strand vorgelagert ist ein Inselchen. Das Meer ist blau, der Himmel auch, die Sonne schenkt ihr Gold den Kindern, die Fußball spielen, den Ringern, die trainieren, den Fischern, die ihren Fang nach Hause bringen, den Touristen, die das fotografieren, und den drei Pelikanen, die dazwischen spazieren gehen.

«Ça va?»

Ich habe ihn gesehen, bevor ich ihn gehört habe, und davor hatte ich ihn bereits gefühlt. Sein Wunsch, mir das Geld aus der Tasche zu ziehen, springt mich über etwa drei Meter Distanz wie ein Tier an. Körperlos, nur Energie. Ich denke, das ist die Vorstufe zur Telekinese. Fokussierte Gier berührt mich, und ich beschleunige meine Schritte, aber ich weiß, das nützt mir nichts, im Gegenteil, weil plötzliches Schnellergehen nicht nur wie Flucht aussieht, sondern auch Flucht ist, und Flucht stimuliert den Jagdtrieb.

«Ça va?»

Breites Lächeln, verfilzte Haare, gekleidet in den Farben eines Papageis. Von ihm könnte ich überteuertes Gras kaufen, aber nicht der Preis hält mich zurück, illegale Geschäfte zu tätigen, sondern das Wissen um die Chance, die ich meinem paranoiden Denken damit gäbe. Im Senegal kommst du für einen Joint ein Jahr in den Knast, es sei denn, du zahlst den korrupten Polizisten, die dich erwischen, zweitausend Euro. Wenn du gut handeln kannst, auch unter Stress, zahlst du vielleicht tausend. Nur darum geht es. Sie haben nichts gegen Drogen, sie haben auch nichts gegen dich, sie machen nur Geschäfte. Erst mit den Dealern, dann mit dir. Natürlich heißt das nicht, dass du von niemandem Gras kaufen sollst, den du nicht kennst. Das wäre ja schrecklich. Es heißt lediglich, dass der Dealer nicht wissen soll, wo du wohnst. Er würde es aber bald wissen, denn ich wohne in einem Hotel an seinem Strand. Und ich würde wissen, dass er es weiß. Und ich kenne mich. Ich säße auf meinem Balkon und sähe Filme in meinem Geist, und egal, wie sie en détail verliefen, alle hätten das Ende: «Busted. Verhaftet. Hängen sollst du unter

Palmen.» Das ist der Nachteil von Marihuana. Man steigert sich rein. Also nein. Und um die Diskussion im Keim zu ersticken, rekrutiere ich dieses «Nein» aus meiner Mitte, hole es mit dem Atem nach oben und lasse es mehr wie eine Rakete als wie ein Wort raus: «No!!!» Er versteht es und akzeptiert es umgehend.

Tourist gegen Senegal. Es steht 2:0 für mich. Aber erstens ist es noch nicht aller Tage Abend, und zweitens: Was für ein Sieg ist das eigentlich? Ich will spazieren gehen und keine Machtspiele gewinnen. Ich will die Bussarde kreisen sehen und keine fliegenden Händler, ich will die Wellen hören, keine Lügen, ich will atmen und nicht schimpfen. Ich will mit allen Sinnen den Sonnenuntergang genießen und nicht alle Sinne ausblenden. Gott ist mein Zeuge, ich will den Tag in den Abend fließen lassen, aber keine Persönlichkeitsveränderung durchmachen. Doch anders geht es hier leider nicht. Nur die Unfreundlichen werden in Ruhe gelassen.

«Ça va?»

«Verpiss dich!»

Der Mann versteht kein Deutsch. Aber er scheint die Energie zu verstehen. «Du calme!», sagt er und noch einmal «Du calme!», und dann sehe ich ihn an und schäme mich. Ein ehrliches, intelligentes Gesicht mit Brille. Eine saubere Jeans, ein sauberes T-Shirt, schwarze Lederschuhe. Ein Intellektueller. Ein ganz normales Mitglied der senegalesischen Mittelklasse. Ein Journalist, ein Programmierer, ein Lehrer, und so etwas Ähnliches ist er dann auch. Er sagt – in gutem Englisch –, er arbeite für die UNESCO an einem Projekt im nahe liegenden Fischerdorf. Es gibt zwei Zauberwörter in Afrika. Das eine ist UN, das andere UNESCO. Der Zauber dieser Wörter besteht darin, dass du sofort interessiert bist. Der lange Arm der Weltgemeinschaft berührt dich, der Atem der vereinten Humanen. Ich will den Ball flach halten, trotzdem muss ich sagen, dass diese Zauberwörter wie Drogen funktionieren. Sie verändern das Bewusstsein. Die Identität. Vorher Tourist, jetzt Helfer. Vorher Saulus, jetzt Paulus. Vorher ein Mensch, der zu schnell geht, jetzt einer, der stehen bleibt. Und zuhört.

Sein Name ist Ousman. Und Ousman sagt, das Quartier, das den Strand begrenze, sei ein Pilotprojekt. Die UNESCO wolle hier mal versuchen, die alten sozialen Strukturen eines afrikanischen Fischerdorfes zu erhalten. Denn in Europa mache der Staat seinen Job, im Senegal nicht. Die Polizei sei faul, die Behörden korrupt, also brauche es einen Ältestenrat, der die Probleme löse und bei Konflikten zu Gericht sitze. Es brauche auch einen Kindergarten, in dem sich die Mädchen des Dorfes als Kindergärtnerinnen abwechselten, und es brauche Fischer-Kooperativen, die Boote bauen und kranken Fischern etwas von ihren Fängen abgeben. Es brauche also das alte Afrika, solange das neue versage, und sein Job bei diesem Projekt sei die PR. Er zeige Touristen, die das wünschen, gern, wie das funktioniert.

Ein Haufen toter Fische glotzt mich an. Oder glotzt mich der Tod durch die Fische an? Große Fische, einen Meter lang und länger und einen halben Meter dick. Schwarz glänzend und frisch gefangen, konfrontieren sie mich mit meinen Urängsten. Soweit ich mich zurückerinnern kann, hat der Anblick von toten Tieren einen Schock in mir ausgelöst. Einen ganzheitlichen Ekel, der Magen, Herz und Kopf gleichzeitig umdreht. Mein Nervensystem reagiert mit Panik und droht zu kollabieren. Diese Reaktion ist nicht natürlich, ich weiß und akzeptiere, dass der

Tod zum Leben gehört, wie die Geburt. Spirituell habe ich nicht einmal mit meiner eigenen Endlichkeit ein Problem. Aber das ist alles nur Theorie. Praktisch will ich mich auf keinen Fall als Leiche im Spiegel sehen. Tote Vögel, tote Ziegen, tote Katzen, tote Hunde – was immer in Afrika am Wegesrand liegt oder an Haken hängt, versuche ich zu umgehen. Am schlimmsten ist es mit toten Fischen. Weil sie so schnell zermatschen und trotzdem weiterglotzen, bis auch das Auge verwest. Eine noch fürchterlichere Wirkung haben abgebissene, abgeschnittene, abgerissene und in den Dreck geschmissene Fischköpfe auf mich, enthehrte Schöpfung, von Gott vergessen, ich könnte mich übergeben bei dem Anblick. Noch einmal, ich weiß, dass ich hier völlig falsch ticke, ich weiß, dass es keine gesunden Reaktionen sind, sondern in höchstem Maße neurotische, aber es sitzt zu tief in mir drin und zu lange, als dass das Problem therapeutisch zu lösen wäre. Stattdessen sehe ich weg, und wenn das nicht geht, weil zu viel Tod um mich herum ist, suche ich Fluchtpunkte für meine Blicke und versenke mich in die schönen Dinge des Fischerlebens, wie zum Beispiel in die satten Farben der Pirogen. Rot, blau, weiß, schlank und lang wie ein Kanu. Es gibt kleine Pirogen, sehr große Pirogen und mittelgroße Pirogen, und jedes dieser Boote ist, wie Ousman sagt, aus nur einem Baum herausgeschnitzt. Ich glaube ihm.

Wir sind inzwischen am zweiten, am Strand des Dorfes angelangt, und meine Blicke saugen alles auf, was nicht Fisch ist. Die Ziegen und Schafe, die Fischreste fressen, die schönen Frauen, die Fische teilen, die Muskeln und Narben der Fischer, den rauen Stolz ihrer Gesichter, das blaue Meer zur blauen Stunde, und plötzlich ist – «Ça va?» – noch ein zweiter UNESCO-Mitarbeiter da, dessen Namen ich aber sofort vergesse. Auch er trägt, wie Ousman, eine Brille, hat aber nicht ein so nettes Gesicht. Er geht, nachdem wir in das Labyrinth der Gässchen eingebogen sind, hinter mir, während Ousman mich führt. Die Gassen von Ngor-Village sind schmal und dunkel und erfüllt von lauten, tiefen Stimmen, die hinter den Mauern der Häuser und Höfe miteinander streiten, Kinder in der unangenehmen Größe, also größer als niedlich, doch zu klein für friedlich, lachen über mich und machen Witze, ein paar der Jugendlichen, die uns begegnen, haben getrunken. Good boys, bad boys, das Problem in solchen Gassen sind immer nur die Betrunkenen. Ich bin deshalb froh, sie im Schutz der UNESCO zu betreten. Mein Hintermann scheint nicht so froh zu sein. Immer wenn ich mich umdrehe, sehe ich in Augen, die sich wünschen, den Job zu wechseln.

Der Laden, in den wir gehen, ist voll mit Waren, die entweder ewig halten oder deren Verfallsdatum schon ewig abgelaufen ist. Ohnehin sieht man kaum etwas von ihnen. Staub konserviert die Schmelzkäse-Dreiecke, Maggiwürfel und das Tomatenmark, ebenfalls vom Staub beschützt präsentieren sich Beuteltee, Nescafé und warme Coca-Cola, und bei den Produkten der Keksindustrie wird dann nur noch Staub von Staub bedeckt. Außerdem gibt es Macheten, Rasierklingen, Zigaretten und Handykarten sowie ein paar Reissäcke in Zementsackformat. Hinter dem Tresen lungert halb liegend, halb sitzend ein Verkäufer, dessen Laune sich verschlechtert, sobald ein Kunde sein Geschäft betritt. Ousman legt seine Hand auf den Reis. «Eine Spende für die Kinder», sagt er. «Gern», antworte ich. Ich meine das ernst, nicht zynisch. Ich vertraue noch immer seinem ehrlichen Gesicht. Auch seine Führung, die hier zu enden scheint, war nicht so schlecht. Ich habe sie überlebt. Aber vielleicht gibt es auch kleinere Reissäcke. «Ja», sagt er, «die gibt's. Aber nur von diesem werden alle Kinder des Dorfes einen Tag lang satt. Das ist ein Angebot. Glückliche Kinder bedeuten glückliche Mütter, glückliche Frauen bedeuten glückliche Männer. Glückliche Menschen machen auch Tiere glücklich, irgendwie, denn Glück ist wie ein Stein, der ins Wasser fällt und Wellen schlägt, und egal, wie klein die Wellen werden und wie schwer erkennbar für unser Auge, in Gottes Auge bleibt es bestehen.» Einem ganzen Dorf würde ich mit diesem Sack einen Tag des Glücks spendieren. Es ist die reisgewordene gute Tat schlechthin. Mir ist von Anfang an klar gewesen, dass Helfen kostet. Ich weiß nur nicht, wie viel. Also frage ich jetzt, was ich bereits zu Beginn des Spaziergangs mit der UNESCO hätte fragen sollen, weil man das in Afrika immer am Anfang fragt, nie am Ende:

«How much?»

«Hunderttausend westafrikanische Franc», antwortet Ousman.

«Wie viel Euro sind das?»

Ousman holt einen Taschenrechner heraus, tippt ein bisschen darauf herum und zeigt mir die Zahl. 157 steht da. Und nun habe ich den Salat. Jede japanische Touristin würde das anstandslos bezahlen. Für jedes echte Hilfswerk würde ich dasselbe tun. Und wer sagt denn, dass die UNESCO billig ist. Andererseits: Wenn der Mann mich verarscht, was ich langsam in Betracht zu ziehen beginne, würde ich ihm für die knapp einstündige Führung zwei Monatsgehälter eines senegalesischen Durchschnittsverdieners zahlen. Wenn er mich verarscht. Aber verarscht er mich? Warum so negativ, warum so kategorisch, warum Ausnahmen keine Chance geben, warum an der Kohle kleben, warum nicht auch mal auf Weiß setzen, statt immer nur auf Schwarz, ich meine nicht die Hautfarbe, die ist mir ganz egal, ich meine die Farbe der Seele, und ich bin erst seit wenigen Stunden im Senegal, ich kenne mich nicht aus, ich weiß nicht, ob Ousmans Seele blütenweiß oder rabenschwarz ist, beides scheint vorstellbar, und dann sind ja auch noch die Kinder da – aber hundertfünfzig Euro sind zu viel. Ich habe sie nicht einmal. «Wie viel hast du denn?», fragt Ousman. Ich greife in meine Tasche und hole zwanzigtausend westafrikanische Franc in kleinen Scheinen heraus, und sobald Ousman das Geld sieht, fällt ihm die UNESCO wie eine Maske vom Gesicht, seine Augen bekommen den Raubtierblick, und seine rechte Hand ist nun der Kopf einer Schlange, die blitzschnell vorstößt, in das Geld beißt, sich genauso schnell zurückzieht und wieder in Ousmans Hosentasche verschwindet. Als wäre diese Demütigung noch nicht genug, schüttelt jetzt auch noch der Verkäufer hinter Ousmans Rücken den Kopf und seinen rechten Zeigefinger, und nun bin ich vielleicht noch immer nicht der dämlichste Mensch in ganz Afrika, aber der größte Idiot in diesem Laden bin ich gewiss. Ça va.

Zurück am Strand, fliegen mir die Grüße der Gauner wie die Schreie frecher Möwen zu oder wie ihr Lachen. Sie lachen mich aus, sie haben gewonnen, und ich bin stinksauer. Nicht auf die Afrikaner, nicht auf die Senegalesen, nicht auf die Strandhändler, nicht mal auf Ousman bin ich wirklich wütend, ich ärgere mich schwarz über mich. Anfänger! Esel! Blöder Tourist! Goldhäschen, Volltrottel, Europäer! Das schlechte Gewissen der exkolonialen Rasse zollt Leuten Respekt, die absolut keinen Respekt vor mir haben. Ich kenne das seit dreißig Jahren. Wie lange muss ich noch reisen, um darauf nicht mehr reinzufallen? Vergiss es, schwör dir nichts, sonst ärgerst du dich beim nächsten Mal noch mehr als jetzt. Was du jetzt brauchst, sind keine guten Vorsätze, sondern ein Drink.

«Black President». Schöner Name, schöne Bar. Die einzige am Strand von Ngor und direkt neben meinem Hotel. Ich hatte sie bereits gesehen, als ich zu dem Spaziergang aufgebrochen war, aber ich trinke vor Sonnenuntergang keine Sundowner, weil das Unglück bringt. Aberglaube unterscheidet sich vom rechten Glauben nur unwesentlich, was den ihm innewohnenden Unsinn angeht. Hätte ich vor einer Stunde die Bar betreten, stünde ich jetzt sicher mit besserer Laune da. Ich habe noch etwas Geld in der Tasche. Ich zähle es auf der Treppe, die zur Terrasse führt. Als ich hochblicke, sehe ich in die lustigen, leicht geröteten Augen eines Mannes in meinem Alter, dessen T-Shirt mit Farben bekleckert ist. Auch in seinem Bart ist Farbe, ebenso an seinen Händen. Die Luft vor seiner Stirn scheint ein wenig zu flirren, wie bei allen großen Lügnern, und ich denke, das liegt an den elektromagnetischen Impulsen ihrer kreativen Gehirne. Das ist es also nicht, was ihn so anders macht als alle anderen hier. Auch nicht, dass er mir ein Bier ausgibt, statt nach einem zu fragen. Was den Maler so einzigartig macht, ist seine Begrüßung. Er sagt nicht «Ça va?». Er sagt etwas in Wolof, der alten Sprache Senegals:

«Say say moy xam say say.»

«Was heißt das?»

«Die Gauner erkennen die Gauner.»

«Ach, dann bin ich doch ein ehrlicher Mensch.»

«Ich heiße Kamphel», sagt er und lacht.

Kamphel malte zunächst mit Gewürzen, Marmeladen und Soßen auf dem Küchenboden, bis seine Mutter ihm

Papier und Farben gab. Sie hätte ihm auch einen Pinsel gekauft, aber er hatte sich auf dem Boden an eine Technik gewöhnt, für die man keinen Pinsel braucht. Kamphel malt mit den Fingern, auch mit der ganzen Hand, und sein Thema fand er dreizehn Jahre später, als er so um die zwanzig war, an der Elfenbeinküste, nachts, an einem Strand. Er wollte dort schlafen und kiffen, doch aus dem Schlafen wurde nichts mehr, weil ein Lastwagen kam und Leichen abwarf. Der Lastwagen fuhr wieder weg, aber Kamphel kiffte die Nacht mit den Toten, und seitdem malt er Geister in kräftigen Farben und großen Mengen. Seine Produktionsphilosophie, um nicht zu sagen: seine Mission, ist die Versöhnung von Qualität und Quantität; für das Erste sorgt er, für das Zweite seine Schüler, deren Werke er mit seinem Namen signiert. Kamphels Bilder hängen überall in den Restaurants und Bars von Ngor, auch das «Black President» ist wie eine Galerie für ihn. Die Bar ist klein, da passt nicht viel Kunst rein, darum hängen die Bilder auch an dem Geländer der Terrasse und an einer Mauer nebenan sowie an ihm selbst und einigen Touristen hier am Strand. Denn er bemalt auch T-Shirts, das heißt, ich habe mich geirrt, seine Kleidung war nicht bekleckert, sondern Kunst. Waschfest, wie er beteuert, und abstrakt, auf den Textilien haben seine Geister keine Gesichter, keine Körper, keine Form, hier erstellt Kamphel mit Linien, Bögen und Irrlichtern lediglich das Bewegungsprofil der Unsichtbaren.

Ich kaufe vier Stück davon für dieselbe Summe, um die mich die Fake-UNESCO betrogen hat, und fühle mich trotzdem nicht ausgeraubt. Helfen kostet, Kunst kostet, Freundschaft kostet. Sie gleicht Höhen und Tiefen aus. Ich habe zu viel Geld und er zu viel Glück. Kamphel ist pleite und gut drauf, egal, ob nüchtern, besoffen oder bekifft, aber kann er es sich aussuchen, bevorzugt er Alkohol als Mutterschiff seiner Sorglosigkeit. Freundschaft ist ein großes Wort, Reisefreundschaft ein etwas kleineres und Freundschaft unter Reisenden wieder ein größeres. Sie ist kurz, aber intensiv. Wenn Wege sich finden, wenn Strände sich kreuzen, wenn man trotz unterschiedlicher Kultur, Rasse und Einkommensklasse einen Bruder im Geiste entdeckt, einen Verbündeten auf Zeit, den man nie wieder vergisst, dann ist es eine Freundschaft unter Reisenden. So hoch lege ich aber die Latte bei Kamphel nicht. Eine Reisefreundschaft würde mir schon reichen. Ein Saufkumpel unter Palmen, unter Sternen, am Feuer.

Es brennt vor dem «Black President», Trommler sitzen in seinem Schein, und flackernde Lichter tanzen auf bärtigen, teils vernarbten, schwarzen Gesichtern. Sie trommeln laut und schnell und singen mit rauen Stimmen Lieder, die zu Ekstase oder Trance führen. Bei ihnen sind, wie bei jeder am Strand musizierenden Trommlergruppe, ein paar weiße Mädchen, die sich ihre Haare zu Zöpfchen haben flechten lassen. Man kennt das von den Rastafaris, aber im Senegal ist es die Frisur der Baye Fall. Sie mischen den Islam mit Schamanismus, den Glauben mit Aberglauben, das Gebet mit Zauberei. Mit der Sekte, deren größter Prophet Bob Marley war, teilen die Baye Fall die Vorliebe für Marihuana und geflochtenes Haar. Das steht Senegalesen gut, weil sie schwarz sind, aber Touristinnen sehen krank damit aus. Die Zöpfe sind so eng und stramm geflochten, dass ihre Kopfhaut durchschimmert und es aussieht, als hätten sie eine chemotherapiebedingte halbe Glatze, und trommeln sollten sie auch nicht, jedenfalls nicht mit so einem Gesicht, so ernst, so missionarisch, so ganz und gar auf die Befreiung Afrikas und ihrer Sexualität fokussiert. Wir haben Glück, an unserem Feuer sitzt nur eine weiße Frau, die andere ist schwarz, und sie trägt eine Brille, und sie trommelt auch nicht mit, sondern klatscht nur in die Hände, allerdings im richtigen Rhythmus und energetisch mit den Männern verbunden.

Warum können Afrikaner so gut trommeln? Was haben sie im Blut? Buschtrommeln? Savannentrommeln? Wüstentrommeln? Hitze, Weite, Glut? Das haben auch andere Regionen. Aber indische Trommeln lassen den Bauch tanzen, südamerikanische die Hüften, südostasiatische Fäuste und Füße, und die Trommeln der orientalischen Derwische funktionieren im Wesentlichen wie eine Herzrhythmusmaschine. Nur in Afrika gehen die Trommeln sofort in den Unterleib. Dieser Satz gefällt mir so gut, dass ich ihn stehenlassen möchte, obwohl er nicht stimmt. Die Rhythmen des schwarzen Kontinents schlagen noch eine Etage tiefer. Ich weiß nicht, ob die Afrikaner einen Namen für diese Etage haben, ich kenne nicht mal unser Wort dafür, ich weiß nur, dass die Hindus es Wurzelchakra nennen und nahe dem Anus lokalisieren. Dort, sagen sie, wurzelt jede Lust und jede Angst, dort wohnt die Mutter von Sex und Tod. Das eine lockt, das andere schockt, unterm Strich kommt Erregung dabei heraus. Die Trommeln der Baye Fall sind tiefes Afrika, aber ihre Lieder tiefgläubiger Islam, sie trommeln aus dem Wurzelchakra und singen aus dem Herzen, sie koppeln die Erregung mit der Liebe, und textlich lassen sie die Suren des Koran zu magischen Endlosschleifen werden. Das ist immer die Mischung bei den Baye Fall. Sie beten, und sie zaubern zugleich. Natürlich gibt es auch unter ihnen Penner und Propheten, aber den Unterschied herauszufinden, ist für Afrikaanfänger nicht leicht. Dazu werden Kaltgetränke gereicht.

Ich lade Kamphel zu einem Glas Rotwein ein, unser viertes an diesem Abend. Plötzlich tritt eine dunkle Gestalt aus der Dunkelheit zu uns in den Schein des Feuers, ein großer Mann, der ein wenig gebückt geht, so wie es Leute tun, die ein schlechtes Gewissen haben oder zumindest wissen, dass sie eins haben müssten. Das ist natürlich nur eine Spekulation, denn man schaut in die Leute nicht rein. Es kann auch sein, dass ihn die Last des Lebens drückt, die Last eines afrikanischen Lebens, oder, dritte Variante, es sind unterdrückte Aggressionen, die seinen Körper krümmen, und zu allen diesen drei Möglichkeiten hat er den passenden Blick. Täter, Opfer, Rächer. Volle Lippen, so voll, dass die Unterlippe sich wie eine Traube wölbt, in einem wilden, schönen, alten Gesicht, und in diesen intensiven, fast dämonischen Blick mischen sich auch noch Unterwürfigkeit, Wut, Verschlagenheit und Berufung, also Talent. Sein Name ist Schuba, und ich bin gewarnt. «Er ist ein böser schwarzer Mann», sagt Kamphel, «aber er ist ein sehr guter Karikaturist.»

Das ist Schubas Zorn. Er ist für die große Leinwand geboren, aber immer, wenn es darauf ankommt, retten ihn die Karikaturen. Er hat in Paris Kunst studiert und das Studium mit seinen Karikaturen finanziert, er hatte Ausstellungen in Stockholm und überlebte dort als Zeitungs-Karikaturist, und seit er wieder im Senegal ist und Familie hat, macht er nur noch diesen Mist. So sieht es Schuba. Karikaturen sind Kleinkunst und im Himmel nichts wert. Ich kenne das aus meinem Beruf. Auch ich habe immer die Literatur über den Journalismus gestellt, die Fiktion über die Fakten, den Roman über die Reportage, ich weiß, was Schuba quält. Außerdem quält ihn die Rückkehr nach Afrika. Es gibt drei Sorten von Afrikanern. Die erste träumt von Europa, die zweite ist in Europa, und die dritte war in Europa, aber hat es nicht geschafft, in Europa zu bleiben. Der Traum ist aus. Und Schuba geht jetzt jeden Tag aus dem Haus, um am Strand Touristen zu karikieren. Für zwanzigtausend CFA-Franc, aber er macht es auch für zehntausend, plus das Glas Wein, das ich ihm freiwillig als Vorschuss gebe. Künstler brauchen Drogen, sonst wird die Arbeit nichts.

Im Folgenden sehe ich zwar nicht, was er zeichnet, aber wie er es tut, ist entweder eine gute Show oder ein Grund, sich zu fürchten. Schuba sitzt gebückt auf einem Stuhl und durchbohrt mich mit Laserblicken. Seine Augen treten dabei ein wenig aus den Höhlen, wie Objektive, die man ausfahren kann, dazu zeichnet er mit schnellen, gewalttätigen Strichen. Das Ergebnis ist nicht schmeichelhaft für mich, aber von hypnotischer Kraft. Ich meine nicht die überlange Nase, das Doppelkinn und die schiefen Zähne, auch nicht die Warze auf meinem linken Lid, mich schockieren die Fenster zu meiner Seele, weil in diesen Fenstern keine Seele ist. Aber was hatte ich von einer Karikatur erwartet? Sie überzeichnet immer das Hässliche und übersieht das Schöne oder blendet das Schöne aus oder akzeptiert das Schöne einfach nicht, weil das Schöne nur der Zuckerguss ist, der ein knallhartes Ego bedeckt. Ich sehe keine Liebe in meinen Augen, nur Gier, und ich sehe auch keinen Geist in ihnen, sondern eine Intelligenz, die sich zum Werkzeug der Gier gemacht hat und alles abrastert, was die Welt bietet, damit ICH es aufsaugen kann. Ich sehe ein Arschloch in meinen Augen, und ich sehe die Folgen. Meine Pupillen schwimmen in einer trüben Suppe, in der sich Rotwein, Haschisch und Testosteron mischen, die rauschhafte Geilheit und die Geilheit auf Rausch, die mein Leben bestimmten, und unter diesen Augen sind dann auch keine Tränen-, sondern Abfallsäcke für den Dreck meiner Seele. Nein, das Bild passt nicht, es sind Schmutzwasserkanäle. Trotzdem kann ich Schuba dafür nicht böse sein, meine subjektive Empfindung wird von der Begeisterung für die Qualität der Karikatur weggeschwemmt. Das ist keine Strandmassenware, das ist große Klasse, möglicherweise sogar Weltklasse, außerdem:

Bin ich das?

Nein, das bin ich nicht. Das ist mein Feind. Mein böses Gesicht, das ich bekämpfe, seitdem ich in den Spiegel sehen kann. Durch Schubas Hand wurde es auf Papier gebannt und liegt nun eingerollt vor mir auf dem Tisch. So richtet es keinen Schaden an. Und noch eine gute Nachricht: Mein gutes Ich ist weiterhin in mir und hat weiterhin die Spendierhosen an. Schuba bekommt ein zweites Glas Wein, auch dem dritten Maler, der sich an mich heranmacht, gebe ich einen aus, und ich würde sagen, das ist weder freizügig noch dämlich, sondern einfach nur schwach. Ich bin zu schwach für die Show, mit der Senegalesen um Alkohol betteln. Sie setzen sich in deine Nähe und schauen abwechselnd auf dein Glas und auf den Boden. Das ist hundsgemein traurig. Du weißt genau, wie es dir jetzt an ihrer Stelle gehen würde. Du spürst den Durst in ihren Kehlen, das Fieber auf ihren Zungen, du teilst ihre Lust, sich zu betrinken, du fühlst die Notwendigkeit, dies zu tun. Ein bisschen Wein, ein bisschen Frieden, ein bisschen lustig sein an einem Abend wie diesem. Sie schauen auf dein Glas, sie schauen auf den Boden, sie schauen mit dem Blick eines angeschossenen Rehs auch mal direkt in deine Augen, und jetzt sag mal nein. Und nimm dazu einen schönen Schluck von deinem Wein. Allein. Und genieß es.

Ich kann es nicht. Noch nicht. Noch will ich helfen, wo

es nur geht, und sitze deshalb mit drei betrunkenen senegalesischen Malern auf den Stühlen, die das «Black President» für seine Gäste in den Sand gestellt hat. Bei uns sind ein paar nette Italiener und ein paar arrogante Franzosen, und für die Dauer der Musikdarbietung gehört dieses bestuhlte Stück Strand ganz klar in den Protektionsbereich der Bar. Wir stehen unter dem Schutz des «Black President» und brauchen uns nicht selbst der Strandplagen zu erwehren. Jedes zu aufdringliche Begehren wird von dem jüngeren der beiden Barkeeper zurück in die Nacht gewiesen. Der Mann ist klein, aber kompakt, und der Strand respektiert ihn, denn bisher reichte ein Blick von ihm, und wenn der nicht reichte, reichte ein Wort. Ich verstehe ihn nicht, aber ich kenne den Tonfall, mit dem man streunende Hunde vertreibt.

Und wieder kommt einer aus der Dunkelheit. Er hat kein Hemd mehr, kein T-Shirt, nicht mal Flipflops, nur eine zu große Strandhose, die er mit einem Strick gürtet. Was außerdem an ihm noch anders ist als bei den anderen: sein Tempo und seine Zielstrebigkeit. Er kommt direkt auf mich zu, und als er vor mir steht, sehe ich in brennende Augen und einen zahnlosen Mund, obwohl er nicht älter als dreißig ist. Wo hat er seine Zähne gelassen? Und wo seinen Verstand? Er lacht wie irre. Und der Barkeeper ist sofort da. Er packt den Irren bei den Schultern und stößt ihn zurück. Der Mann kommt lachend wieder. Jetzt wirft der Barkeeper ihn zu Boden. Der Mann steht lachend wieder auf. Ein Kampf entsteht, zu dem gesagt werden muss, dass der Verrückte sich nicht wirklich wehrt. Er steht einfach immer nur wieder auf und drängt auf mich zu, und wenn man ihn daran hindert, bleibt er lachend liegen und kassiert lachend die Schläge. Viele Schläge, denn alle Afrika-

ner, die drum herumstehen, kommen dem Barkeeper zu
Hilfe, darunter erfahrene Ringer, die auch aus der zweiten
Reihe wirkungsvolle Treffer setzen, aber nichts kann den
Irren bändigen. Schließlich nimmt ihn der Barkeeper vom
«Black President» in den Schwitzkasten und schleift ihn
über den Strand zum Wasser. Es sieht aus, als wolle er den
Verrückten ins Meer werfen. Er wirft ihn ins Meer.

«Ist das nicht ein bisschen overacted?», frage ich Kamphel.

«Nein», antwortet der Geistermaler, «du hast keine Ahnung, was der mit dir hätte machen können.»

«Wie heißt er?»

«Baba Cool.»

«Das passt nicht ganz, Kamphel.»

«Er war nicht immer so.»

Die Geschichte von Baba Cool. Es war einmal ein Reg-
gaesänger, der hatte eine Band, die jeder in Dakar kannte.
Dann ging er mit der Band nach Europa, und man hörte
lange nichts mehr von ihm. Als er zurückkam, sah er wie
Bob Marley ohne Zähne aus und war durchgeknallt. Und
gefährlich. Er geht auf Weiße los und hat schon einige ver-
letzt. Hier endet Kamphels Bericht, und der Maler fragt
mich, was mit Baba Cool in Europa geschehen sein könnte.
Ich nenne die üblichen Verdächtigen. Koks, Ecstasy, LSD,
was weiß ich, vielleicht ist er aber auch in eine Horde Na-
zis gelaufen, oder sie sind bei einem seiner Konzerte auf-
getaucht. Vielleicht hat Baba Cool Springerstiefel von unten gesehen, vielleicht hat ihm eine Blondine den Verstand
geraubt. Man weiß es nicht und wird es nie erfahren, denn
Baba Cool weiß es offensichtlich auch nicht mehr. Das ist
der Stand der Dinge, als der Barkeeper den Irren ins Meer
wirft, und dazu trommeln die Männer am Feuer, dazu wer-

den weiter Kaltgetränke gereicht, dazu flüstert der Wind in den Palmenblättern, dazu höre ich im Geist ein Lied von Bob Dylan. «How Many Roads» oder «Like a Rolling Stone» oder «It's All Over Now, Baba Cool». Aber er kommt wieder raus, das Meer spuckt ihn aus, und der Barkeeper, der jetzt endgültig die Faxen dicke hat, ringt Baba Cool noch einmal zu Boden, hockt sich auf seine Brust und fixiert mit den Knien die Arme des Armen, damit er seine Hände frei hat. Er braucht sie jetzt beide. Mit der linken spritzt er Baba Cool Meerwasser ins Gesicht, mit der rechten wedelt er einen Fetisch vor den Augen des Irren. Ein Ledertäschchen, das er an einem Lederhalsband trägt. Er hat es von seinem Marabout. Der Fetisch ist so groß wie eine Brieftasche, aber es ist kein Geld drin, sondern eine kleine Elitetruppe der Außerirdischen, eine Special Task Force der Feen. Sie ist siegreich. Nach der Taufe und ein paar letzten Ohrfeigen für den Heimweg trollt sich Baba Cool und verschwindet in die Nacht, ohne T-Shirt, Flipflops und Verstand, wie ein Schatten, der sich mit der Dunkelheit vereint, und während ich ihm beim Verschwinden zusehe, würde ich ihm am liebsten, aber ich sage es nicht gern, weil es inzwischen manisch klingt, würde ich ihm am liebsten hinterherlaufen, um auch diesem armen Teufel einen auszugeben. Ich hätte es tun sollen. Stattdessen lade ich eine der Frauen, die mit den Trommlern am Feuer saßen, zu einem Glas Wein ein. Und das hätte ich lassen sollen. Bin ich ein Sextourist? Nein, der liegt eingerollt mit meinem bösen Ich in Schubas Karikatur auf dem Tisch. Trotzdem, ich hätte es lassen sollen.

10. *VOODOO MIR, SO ICH DIR*

Sextourismus ist natürlich immer noch der beste Weg, um Sprache, Kultur und Strukturen afrikanischer Länder kennenzulernen, weil die Prostitution hier anders funktioniert als bei uns. In Europa ist sie ein Job für Profis, die im Stundentakt kassieren und jeden privaten Kontakt darüber hinaus strikt ablehnen, aus Gründen, die unter anderem in ihrem Berufsethos zu finden sind. In Afrika verhält sich das andersherum. Es gibt wenig Profis, viele Semiprofis und eine aberwitzige Menge von Menschen, die sich nicht als Huren, sondern als Wirtschaftsflüchtlinge verstehen. Die suchen Asyl in den Armen der Sextouristen, die wollen Besuchervisa, Aufenthaltsgenehmigungen, Heiratsurkunden, Kinder, die machen auf Liebe, die nehmen ihren Touristen mit nach Hause, zu ihrer Familie, zu ihren Freunden, in ihre Welt. Sie reisen mit ihm, sie führen ihn, sie übersetzen ihm, sie verraten ihm die Preise, sie schließen ihm alle Türen zum wahren Senegal auf. Die Testosteronproduktion hört unterwegs nicht auf, für das weibliche Sexhormon, und das sage ich nur der Ordnung halber, stimmt das auch. Weltweit sind zwar achtzig Prozent aller Sextouristen männlich, aber die Frauen holen auf. Ist das böse, ist das gut, ist das doof? Der weibliche Sextourismus ist ein Abfallprodukt oder ein Kollateralschaden der Emanzipation. Was Männer können, das können wir auch, was Männer sich erlauben, das steht uns ebenfalls zu, so blöd wie Männer sind wir schon lange. Sextouristen verleugnen wie die Huren ihre Kernidentität. Sie sehen sich nicht als Freier, sondern als Freunde. Und verlieben sich. All diesen Quatsch machen Frauen den Männern nach, und im Senegal, das neben Marokko und Kuba als eine der drei Hochburgen für Sextouristinnen gilt, ist das verständlich. Nicht alle, aber viele senegalesische Männer sind so groß wie die Massai, und nicht alle haben Gesichter wie die alten Ägypter, aber es sind genug, um der These des größten Historikers des Landes und Namenspatrons der Universität von Dakar, Cheikh Anta Diop, zuzustimmen: Die Ur-Senegalesen kommen vom Nil. Schöne Körper, schöne Gesichter und schöne Hautfarbe, denn black is beautiful, und das stimmt natürlich auch für ihre Schwestern. Wahnsinnig viele Amazonen mit dem Gesicht einer schwarzen Kleopatra würden sich sofort in mich verlieben, falls ich das wünsche, aber ich wünsche es mir nicht. Halsstarrig, konservativ und stur wie ein Westfale oder stur wie ein Afghane oder stur wie ein Österreicher aus der Steiermark beharre ich darauf, dass es auch andere Wege geben muss als der hier gängige, um Sprache, Kultur und Strukturen Senegals zu ergründen. Denn a) bin ich kein Sextourist, b) habe ich schon eine Freundin, und c) ist Dede nicht mein Typ.

Komischer Name übrigens, jedenfalls kein senegalesischer, wahrscheinlich ein Spitzname, und ihren wahren Namen weiß ich nicht. Ich bin sicher, sie hätte ihn mir verraten, und ich bin sicher, ich hätte irgendwann danach gefragt, wenn nicht alles so merkwürdig verlaufen wäre. Mit ihr und mit dem Typ, der ständig bei ihr ist. Ein kleiner, verschlagener Unsympath, der die große, offene und äußerst sympathische Dede zu lenken scheint und für sie übersetzt, obwohl sie selbst ein bisschen Englisch spricht.

Für senegalesische Verhältnisse ist Dede hübsch, nicht schön, was kein Makel für jemand sein muss, der sexy ist, aber auch das ist sie nicht, dafür ist sie zu sportlich. Es geht mir, als ich sie am Feuer anspreche, um etwas, für das ich schwer Worte finde und das man, weil es anderen auch so geht, das gewisse Etwas nennt. Schon wieder so ein Satz, auf den ich unmöglich verzichten kann, obwohl er nicht stimmt. Dem gewissen Etwas hängt ein Duft von Erotik an, aber Dedes Ausstrahlung ist duftneutral. Oder, um es anders zu sagen, ihre Seele hat keine Reizwäsche an.

Dede ist Fußballspielerin. Ihre Mannschaft hat im vergangenen Jahr die senegalesische Meisterschaft gewonnen. Sobald ich davon höre, habe ich ein paar Fragen. In welcher Liga? Profi-, Amateur- oder Strandliga? Sie sagt Profiliga. Was bedeutet es im Senegal, Profisportlerin zu sein? Wie viel verdient sie? Wie lebt sie? Ich kann es dir zeigen, sagt Dede, ich wohne gleich hier nebenan, in dem Fischerdorf. Ja, antworte ich, gute Idee, vielleicht morgen, aber du kannst mir doch jetzt schon sagen, wie es war, als du im Meisterschaftsspiel der senegalesischen Frauenfußball-Profiliga das entscheidende Tor geschossen hast? Wie fühlte sich das an? Wie hast du das gemacht? Dede sagt, sie habe das Tor auf Video, und ich könne es mir ja morgen ansehen oder eigentlich auch gleich, denn sie wohne wirklich nur fünf Minuten von hier. So geht es zwei Tage lang. Dede gibt Gas, und ich sage «morgen», weil ich bezweifle, dass ich sie bremsen kann, aber trotzdem ihre Geschichte will. Wir treffen uns dauernd zufällig am Strand oder vor dem Hotel oder in den Gassen des Fischerdorfs, und es ist jedes Mal dasselbe, außerdem begleitet sie nun der kleine Unsympath wie ein Dämon an einer unsichtbaren Kette. Auch er gibt Gas, aber nicht auf die süße Art, wie Dede, er macht Druck, und er tut so, als ob es sein Recht sei, Druck zu machen, er nennt mit finsterer Miene Termine, er will mein Morgen knacken. Mir geht das zunehmend auf die Nerven, und ich hoffe, sie nicht mehr zufällig zu treffen, aber daraus wird nichts. Schließlich kommt es zum Showdown in einer Souvenirbude gegenüber dem Hotel.

Die Hütte ist eine von vielen in der Straße, und wie alle hat man sie vollgestopft mit lackierten Holzelefanten, Holzgiraffen und Holzlöwen, es gibt auch jede Menge Trommeln und Bilder von gutgebauten Frauen, die vor Grashütten Hirse mahlen, es gibt die Speere und Schilder der Krieger in allen Formaten, es gibt dies und das und alles Mögliche, und alles ist Schrott, alles ist Airport-Kunst, wie man die Staubfänger nennt, die Touristen im letzten Moment für ihre Familie und Freunde kaufen. Mindestens zehn Buden wie diese stehen aneinandergereiht vor meinem Hotel, und ich gehe täglich an ihnen vorbei, ohne hinzusehen, denn im Gegensatz zu Indien gibt es in Afrika kein «only look, no buy». An diesem Tag aber taucht der Unsympath an einem der Stände auf und zieht mich rein. Dede ist auch da. «Wir müssen reden», sagt der Unsympath. «Dede will wissen …», und weiter kommt er nicht, denn Dede, die bislang still auf einem Hocker gesessen hat, springt auf und wird laut.

«Sag mir endlich die Wahrheit», schimpft sie. «Hast du eine andere Frau?»

«Na klar.»

«Im Senegal?»

«Nein.»

«Und warum sagst du dann immer morgen?»

«Das sage ich dir morgen.»

Dede kommt ein bisschen aus dem Konzept und beginnt zu lachen, während der Unsympath immer finsterer dreinschaut und «no good, no good» murmelt und «so geht das nicht», aber er kommt wieder nicht weiter, denn Dede hat ihre große Szene. Sie lässt resigniert die Arme fallen und sagt:

«Ich weiß nicht, warum, aber ich liebe dich!»

Was soll ich darauf sagen? Wie geht es hier jetzt weiter? Wie komme ich aus dieser Bude wieder heraus, ohne Lisa zu betrügen, aber auch ohne einer sympathischen Frau weh zu tun? Soll ich ihr gestehen, dass ich sie zu unerotisch finde, um eine Dummheit zu begehen?

«Nun mach mal 'nen Punkt, Dede. Ich bin alt, und ich bin fett (ich greife an meinen Bauch), und, ach ja, impotent bin ich bald auch, also was soll der Scheiß? Was willst du mit mir?»

Jetzt lacht Dede nicht, aber ein Weißer, der vor der Bude steht und zuhört, amüsiert sich königlich. Ich wende mich dem Unsympath zu, weil er halt doch ein bisschen besser Englisch spricht als Dede, und erkläre ihm die Details. Ich mag Dede, aber ich liebe sie nicht. Ich mag sie wie eine Freundin, nicht wie ein Girlfriend, sondern wie eine gute Freundin oder wie eine Frau, die eine gute Freundin werden könnte, wenn Zeit dazu wäre, aber sie ist nicht da, denn ich verlasse bald Senegal, um meine Freundin in Mosambik wiederzusehen. Und falls mein Verhalten in den letzten Tagen diesbezüglich für Dede missverständlich gewesen sein sollte, bitte ich das zu entschuldigen. Und ob er das verstanden habe. Der Unsympath sagt ja. Und ob er es Dede erklären könne. Der Unsympath erklärt es ihr. Dede hört ihm konzentriert zu und nickt. «Problem?», frage ich sie, als er fertig ist. «No problem», antwortet Dede. «Aber willst du das Video von meinem Tor noch sehen?»

Dedes Wohnung ist eigentlich nur ein Bett. Davor stehen zwei Hocker und ein niedriges Tischchen, daneben ein Regal. Die Wände hat sie mit einer kleinen Schwarzweißfotografie, einem etwas größeren Bild und einem Poster dekoriert. Auf dem Foto ist ihre Mutter zu sehen, auf dem Gemälde ein afrikanisches Dorf und auf dem Poster der bis heute beste Fußballer der Welt, Zinédine Zidane. Sie will hoch hinaus. Der Fußballgott aus Marseille und das afrikanische Dorf hängen direkt nebeneinander. Das kann rein dekorative Gründe haben, aber auch unbewusste oder gar bewusste Konflikte dokumentieren, denn in das Halbrund der Hütten hat der Maler eine Frau gemalt, die ihr Kind auf dem Rücken trägt. Mutterglück oder Weltruhm? Kind oder Karriere? Liebe oder Sport? Sind das ihre Probleme? Ich glaube nicht.

Das Video, das sie mir zeigt, deutet jedenfalls nicht darauf hin. So wie Dede Fußball spielt, würde ein Baby nicht stören. Sie bräuchte es nicht mal vom Rücken nehmen. Dede umfummelt etwa zehn Meter vor dem Tor die Torhüterin, dabei stolpert ihre Gegnerin und fällt hin. Dede ist allein vor dem Tor und hat alle Zeit der Welt, läuft noch ein bisschen näher ran und schießt dann aus maximal drei Meter Distanz den Ball vor die linke Seitenlatte. Der Ball prallt zurück oder, besser, fällt zurück, weil es ein schlapper Schuss war, und da noch immer weder die Torhüterin noch eine Verteidigerin der gegnerischen Mannschaft bei ihr ist, schießt sie jetzt in aller Ruhe aus einem Meter Entfernung noch mal aufs Tor – und trifft.

«Super», sage ich.

«Willst du es noch mal sehen?», fragt Dede.

«Äh, wenn du magst.»

Ich bin zu höflich für Afrika. Ich sehe das Video ein

zweites Mal. Dazu gibt es Tee und angespannte Blicke des Unsympathen. Ich bin auch etwas angespannt. Ich sitze auf dem Bett, was ich unpassend finde, aber das Bett ist nun mal der Ehrenplatz. Wenig Raum, wenig zu sagen, wenig Sinn, noch länger zu bleiben, nach dem Tee will ich gehen. «Wohin?», fragt sie. «Ins ‹Black President›», sage ich. Bevor ich aufbreche, überreicht sie mir fast ein bisschen feierlich noch ein Geschenk. Einen Feuerzeughalter aus Leder, an einem Lederband. Ein schönes Teil, mit einer kleinen weißen Muschel, ein paar Glasperlen und bunten Fäden verziert. Mein Feuerzeug passt perfekt hinein, und von nun an soll es immer mit mir sein. Ich hänge es mir um den Hals und verabschiede mich von Dede mit einem Wangenkuss. Dabei fällt Dede noch etwas ein. «Wir wollen auch ins ‹Black President›», sagt sie. «Wir begleiten dich.»

Es dunkelt bereits, als wir das Haus verlassen, ein milder Abend beginnt. Die Gasse ist zu schmal, um zu dritt nebeneinanderzugehen, so gehen Dede und ich voran. Hinter uns sagt der Unsympath etwas auf Wolof, und Dede nimmt meine Hand. Ganz leicht, fast ohne Druck und alles in allem wahnsinnig sanft. Genau das ist es, was ich nicht will, aber es fühlt sich genau so an wie das, was ich will. Afrika berührt mich. Hauchzart, körperwarm und mit Liebe, wie mir scheint. Ich mache das etwa sieben, acht Schritte mit, bevor ich ihre Hand loslasse, und während dieser sieben, acht Schritte fühle ich mich angekommen und zu Hause, in diesen sandigen Gassen mit den zu wenigen Lichtern und zu vielen Schatten.

Der Rest des Weges verläuft normal, aber kaum sind wir im «Black President», kommt die zweite Welle ungeplanter, ungewollter und vor allem unverständlicher Gefühle. Ich sehe Dede an und verstehe einfach nicht, warum ich ihre komische Frisur plötzlich so zauberhaft finde. So beginnt es immer. Wenn ein Mensch zu leuchten beginnt wie der Himmel vor Sonnenaufgang, bekommt nicht nur das Große und Ganze, sondern auch jedes Detail, das du vorher abgelehnt hast, einen Glanz, der alles umdreht. Ich bin alt genug, um es mitzukriegen, wenn ich mich verliebe. Ich kann es sehen. Aber ich sehe es nicht in mir, sondern im anderen. Irgendwer setzt mir die rosarote Brille auf. Ich setze sie sofort wieder ab. Was nicht sein kann, darf nicht sein, denke ich. Erinnere dich daran, wie es noch vor einer Stunde mit Dede war. Und erinnere dich an Lisa. Es geht doch nicht an, dass du dich schon wieder verliebst. War das alles nur Quatsch, was du mit Lisa erlebt hast, genau so ein Quatsch wie dieser? Kann man das überhaupt vergleichen? Das eine ist so groß, das andere so klein. Aber im Kleinen ist für gewöhnlich der Samen des Großen. Nein, das kann nicht sein. Darf nicht sein. Wird nicht sein. Gehst du hier vielleicht nur deshalb mit dem Herzen rein, um dich von deinen Gefühlen für Lisa zu befreien? Von dieser Abhängigkeit? Von der Lodge? Von Afrika? Ist Dede dein Ticket nach Hause? Oder will ich, auch das kann sein, mich von Lisa entfernen, damit sie mir näherkommt, mich von ihr befreien, damit sie gebunden wird? Sie nicht mehr lieben, damit sie mich liebt? Ich weiß, dass so was funktioniert. Das sind eherne Gesetze der Beziehungsalchemie. Aber ich bin kein Hexenmeister.

«Wann verlässt du Senegal?», fragt Dede.

«Bald.»

«Wann kommst du wieder?»

«Weiß ich nicht.»

Pause. Dede schaut traurig aufs Meer, aber wieder beginnen ihre Haare, ihre Haut, ihr Mund und ihre Nase diesen Zauber auszustrahlen, der alles ändert, und ich höre mich plötzlich sagen:

«Das sind nur Pläne, Dede. Ich kann auch in Dakar bleiben. Oder wir reisen zusammen durchs Land.»

«Du willst mit mir durch Senegal reisen?»

«Warum nicht?»

«In die Casamance?»

«Warum nicht?»

«Wie lange?»

«Vielleicht 'ne Woche.»

Was rede ich da? Bin ich das? Und wenn ja, was ist mit mir los? Betrunken? Bekifft? Malaria? Tritt auf die Bremse, Bengel, würde mein Vater sagen. Aber mit Bleifuß.

«Dann muss ich morgen mit meinem Trainer sprechen», sagt Dede.

«Nein, warte damit noch drei Tage.»

«Warum?»

«Weil man wichtigen Entscheidungen drei Tage Zeit geben soll.»

Ich gehe allein in mein Hotel zurück, natürlich, ich bin ja nicht bekloppt, aber ich liege noch lange wach auf dem Bett. Die Matratze fühlt sich wie eine Wolke an, und ich will das ausnutzen, nicht verschlafen, ich will noch ein wenig die Freiheit genießen, unverbindlich, denn es ist nicht möglich, dass ich mich in Dede verknallt habe, das weiß ich genau, das ist ein Unfall, ein kleiner Unfall, im Grunde nur eine Stimmung, das ist morgen wieder vorbei. Und ich werde ganz sicher nicht in drei Tagen mit ihr irgendwo hinreisen, und bleiben werde ich auch nicht. Nur jetzt, nur heute Nacht lasse ich es zu, dass mich Hormone durchfluten, aus Versehen, nach dem Aufwachen murkse ich sie ab. So bin ich drauf. Wie ein Alkoholiker, der vor dem Entzug noch ein paar Gläschen trinkt.

Der nächste Tag verläuft zunächst wie geplant. Ich wache auf und bin nicht mehr in Dede verliebt. Wie schön. Lisa ist in meinem Herzen, und sie ist da allein und frohgemut. Dede tut mir nur noch ein bisschen leid. Während des Frühstücks checke ich Facebook. Der Lufthansa-Kapitän schreibt noch mal. In zwei Tagen ist er in Dakar. Nächste Mail. Sie ist von einem alten Kumpel aus Heidelberg. Er heißt Dirk Engels, und er war Tennislehrer und Animateur im Club Aldiana, Senegal, bis die deutsche Geschäftsleitung den Diebstahl von – zum Beispiel – hundert Löffeln pro Tag seitens der senegalesischen Mitarbeiter nicht mehr länger hinnehmen wollte und den Laden dichtmachte. Aber es waren immerhin zehn Jahre, und er hat mit siebzehn dort angefangen. Dirk tanzt wie ein Senegalese, er spricht Wolof, er trommelt wie sie. Er kennt sich aus. Deshalb hatte ich ihm gestern Nacht vor dem Einschlafen noch eine Brandmail zum Thema Dede geschickt, und hier ist die Antwort. Ich zögere ein wenig, die Mail zu lesen, weil ich mich inzwischen für meine Verwirrung schäme. Tennislehrer in All-inclusive-Clubs sind coole Brocken. Die hängen die Höschen der Frauen, mit denen sie im Bett sind, von außen über die Türklinke. Das heißt: besetzt. Zwei Reaktionen fürchte ich. Die erste: Dirk lacht mich aus. Die zweite: Er geht gefühlsduselig auf die Irrungen und Wirrungen ein, weil er glaubt, das einem Freund schuldig zu sein. Ich öffne die Mail und beginne zu lesen:

«Finger weg, Helge ... Wenn sie mit dir in die Casamance will, ist sie eine ‹Diola›. Nur zur Info: Die Casamance ist das Gebiet mit der stärksten Magie, den mächtigsten Naturgeistern und den meisten Zauberern und, wie soll ich sagen, Zauberinnen. Mein bester Freund kam da her, und wenn der mit seinen Talismanen (die Lederbeutel, die alle am Körper tragen) loslegte ...

... und viel Spaß weiterhin.

Dirk»

Eine Zauberin also, das würde ihre Ausstrahlung erklären, die mich bei unserem ersten Treffen so angezogen hat. Leider glaube ich nicht an Zauberei. Ich glaube auch nicht an den Weihnachtsmann oder den Teddybär. Ich glaube an die Biochemie, an die Neurologie und an die Philosophie. Trotzdem betrachte ich von nun an den ledernen Feuerzeughalter, der an einem Lederband um meinen Hals hängt, mit gemischten Gefühlen. Abnehmen will ich ihn trotzdem nicht. Er ist zu schön, um abergläubisch zu sein. Außerdem, ich sagte es schon, ich bin kuriert. Dede tut mir nur noch ein bisschen leid, und selbst dieses Bisschen beschließe ich auszuhungern. Ich habe grundsätzlich nichts gegen Mitleid, es ist kein negatives Gefühl, aber was Dede anlangt, erscheint mir jedes Gefühl fehl am Platz, außerdem gibt es noch eine Mail von Lisa.

Diese zu öffnen fällt mir gerade nicht leicht, denn das Internet ist weniger kalt, als ich früher mal glaubte. Es ist fähig anzufassen, zu streicheln und zu küssen. Es hat Hände, Lippen, Gefühle. Nach all den unromantischen Handyjahren bringt es die Macht der Briefe zurück. Briefe, die schneller fliegen als die schnellste Taube und schneller auch als jede Boeing 747. Und die Macht der geschriebenen Worte ist größer als die der gesprochenen. Weil sie nicht vom Atem getragen werden, sondern vom Geist. Und weil sie ohne die Pausen rüberkommen, in denen man nach Worten ringt. Eine Mail zu schreiben ist wie ein guter Schuss mit Pfeil und Bogen. Man nimmt die richtige Stellung ein, man spannt die Sehnsucht, man zielt und lässt ihn fliegen, den Gruß des Herzens, auch den Gruß der Schmerzen, der Angst, der Hoffnung und den ganzen Kram. Ja, und dann wartet man, bis man wieder im Hotelzimmer ist, um nachzusehen, ob der Pfeil ins Schwarze getroffen hat. So funktionieren Liebesmails, wenn die Liebe in Ordnung ist; wenn nicht, kann die Unmittelbarkeit des Internets auch Probleme machen. Dann trifft der Pfeil, um nur ein Beispiel zu nennen, ins Schwarze des schlechten Gewissens. Lisa schreibt, dass sie mich sehr vermisst, so sehr, dass es schon weh tut, und gestern Abend sei es besonders schlimm gewesen. Und ich weiß sofort, warum, denn gestern Abend habe ich mich um ein Haar in Dede verliebt, gestern Abend war mein Herz komplett woanders unterwegs, gestern Abend habe ich Lisa mal kurzfristig verlassen. Heute Morgen ist alles wieder im Lot und das Herz wieder am rechten Fleck, also bei dir, Lisa, wo denn sonst, bis auf dieses winzige Stückchen Herz, das noch immer vom Mitleid für Dede besetzt ist. Das schreibe ich ihr natürlich nicht, sondern das, was sie hören will, und was Dede betrifft, so versuche ich wie geplant, mich den ganzen Tag von ihr fernzuhalten.

Das Hotel «La Madrague» ist ein ausgezeichneter Ort dafür. Die Architektur, das Mobiliar, die Farben und der Swimmingpool, alles ist mediterran, alles zeugt von einer touristischen Hochkultur und dem guten Geschmack des in Marseille lebenden russischen Besitzers. Außerdem gibt es Wachen vor den Eingängen, weder der Strand noch die Straße kommen herein, und ich denke, das ist das Entscheidende für mich an diesem Tag, denn so halte ich mich nicht nur fern von ihr, sondern sie auch fern von mir, und dass ich mit diesem Rückzug hinter die Mauern des Hotels auf meine «Black President»-Freunde ebenfalls verzichten muss, passt mir gut in den Kram. Sie gehen mir ohnehin bereits auf die Nerven, denn sie trinken inzwischen quasi aus Gewohnheitsrecht Tag für Tag auf mein Wohl und auf meine Kosten, und es werden immer mehr. Auch deshalb scheint mir eine Pause von Senegal haargenau das Richtige zu sein.

Ich bin reif für ein Buch. Ich habe Alexandre Dumas dabei, «Die drei Musketiere». Bisher kannte ich nur etwa zwölf Verfilmungen seines Romans. Jetzt lese ich ihn endlich einmal. Wahnsinn. «Würden Monsieur die Güte haben, seine Klinge zu ziehen, um meinem Degen Genugtuung zu leisten?» Dumas ist geil. Aber immer wenn ich das Buch aus der Hand lege, kommt das Mitleid für Dede wieder hoch. Und es wird mit jeder Lesepause stärker. Und jedes Mal sehe ich dabei folgendes Bild: Dede sitzt am Strand und schaut traurig aufs Meer. Wo ist er? Warum kommt er nicht? Hört er mich nicht? Mein Herz ruft wie bekloppt nach ihm. Das sind die Fragen, die ich zu diesem Bild in Dedes Kopf vermute, und das tut mir weh.

Egal, wo ich bin, egal, was ich tue, das Mitleid löst sich nicht auf, im Gegenteil, es verfestigt sich, es manifestiert sich körperlich, es wird organisch. In meinem Bauch spüre ich einen leichten, aber permanenten Schmerz, der hin und wieder auch mal intensiver pocht, sogar übel wird mir manchmal. Ich halte tapfer dagegen, ich halte die Stellung sozusagen, und natürlich frage ich mich auch immer wieder mal, was eigentlich der Unterschied zwischen Mitleid und Liebe ist. Ich finde keine befriedigende Antwort darauf. Erst als ich das Wort Liebe durch das Wort Begehren ersetze, komme ich weiter. Denn die Gewissheit, Dede nicht zu lieben, beruht auf der Gewissheit, sie nicht zu begehren, und der Unterschied zwischen Mitleid und Begierde ist klar. Das Mitleid will geben, die Begierde will nehmen. Das Mitleid liebt, die Begierde nicht. 1:0 für Dede. Und was bedeutet es (nächste Frage), wenn man eine Frau nicht vergessen kann? Dass man sie nicht liebt? 2:0 für Dede. Wenn es also doch Liebe ist, eine Liebe, so sanft, unschuldig und zärtlich wie Dedes Händedruck neulich in der Gasse, ist es dann nicht eine Sünde, diese Liebe zu verlassen? 3:0 für Dede. Aber: ICH WILL NICHT! ICH LIEBE LISA! Und damit steht es wieder 3:3.

Bei diesem Spielstand fliegt endlich der Lufthansa-Kapitän ein. Am Morgen des nächsten Tages ruft er mich an, sehr früh, für meinen Geschmack. Pilot zählte zu meinen Traumberufen als Kind, und noch heute mystifiziere ich Flugkapitäne irgendwie als Halbgötter, obwohl mir natürlich klar ist, dass auch sie scheißen müssen. Dazu kommt der Mythos, die Lufthansa ist immer noch der Mercedes unter den Fluggesellschaften. Ein Lufthansa-Kapitän ist für mich die absolute Autorität. Wie ich seinen Mails entnehmen kann, geht es ihm mit meinem Job ähnlich. Des Piloten Traumberuf war Reiseschriftsteller. Das Treffen verspricht ein fruchtbares Aufeinanderprallen von Träumen zu werden. Ich halte ihn für seriös und er mich für einen Abenteurer. Ach ja, ich nannte seinen Namen noch nicht. Für Facebook-Freunde ist er Diego.

Werden wir bald richtige Freunde sein? Der Unterschied

ist klar. Facebook-Kumpels wissen voneinander, welche Filme, Bücher und Musik sie mögen, und über die religiöse und politische Einstellung des anderen sind sie auch umfassend informiert. Was Facebook-Freunde allerdings nicht voneinander wissen, ist, ob sie sich, zum Beispiel, sympathisch sind. Kann man sich riechen, mag man die Stimme, stimmt die Chemie? Werden der Lufthansa-Kapitän und der Reiseschriftsteller den Reality-Check bestehen? Oder werde ich einen Leser verlieren?

Wir treffen uns am Privatstrand eines Fünfsternehotels, das den Mitarbeitern von Lufthansa einen Rabatt von fünfzig Prozent gewährt, und ich erkenne Diego, der keine Uniform, sondern eine Badehose trägt, sofort an der Piloten-Sonnenbrille. Als er sie abnimmt, bricht schon mal das erste Klischee weg. Der Lufthansa-Kapitän hat ein fettes blaues Auge, frisch geschlagen.

«Treppe runtergefallen?», frage ich.

«Nee, das ist beim Squash passiert.»

Diego ist kleiner, jünger, trainierter und vor allem härter als ich, aber was habe ich erwartet? Piloten arbeiten zu hundert Prozent mit ihrer linken Gehirnhälfte, Dichter mit der rechten. Piloten müssen Computer bedienen, Dichter Musen. Piloten denken gerade, Dichter in Kurven. Piloten dürfen während der Arbeit keine Drogen nehmen, Dichter müssen das. Piloten wachen, Dichter träumen. Obwohl sie auf derselben Strandterrasse sitzen, die gleiche Luft atmen und die gleichen Getränke zu sich nehmen, leben sie in völlig verschiedenen, mehr noch, in entgegengesetzten Welten. Das führt dazu, dass sie den jeweils anderen gleichzeitig bewundern und verachten, beneiden und bemitleiden, lieben und hassen. Und das würde ihre Kommunikation eigentlich unmöglich machen, wäre da nicht diese fabelhafte Neugierde auf die Geheimnisse der anderen Welt. Ich will von Diego die Wahrheit über alle spektakulären Abstürze der letzten Jahre erfahren, und er will wissen, ob meine Geschichten erstunken und erlogen sind. Seine Antworten sind off the record, meine auch. Und Afrika? Sein Tipp: Wenn du in einer Gruppe vor einem Löwen wegläufst, kommt es nicht darauf an, der Erste zu sein, sondern schneller als der Letzte. Den Letzten fressen die Löwen, der Erste verausgabt sich ohne Grund. Die größte Effizienz beweist der Vorletzte, denn er erzielt ein optimales Ergebnis bei minimalem Kraftaufwand. So denken Piloten, und wie denke ich? Nichts wie weg!

Später machen wir einen Spaziergang. Obwohl Diego Dakar viel besser kennt als ich, lässt er sich von mir führen. Das ist sein Programm. Sein Test. Wie findet sich ein Reiseschriftsteller in einer fremden Stadt zurecht? Wohin geht er? In welche Straße traut er sich, in welche nicht? Ist er so, wie er sich beschreibt, oder ist das «Ich» in seinen Büchern eine Chimäre? Das sind im Wesentlichen Diegos stumme Fragen, und ich nehme sie ihm nicht übel, an seiner Stelle würde ich es genauso machen, trotzdem ist das natürlich lästig. Wir erreichen den unasphaltierten Teil des Straßennetzes von Dakar, der ungleich größer ist als der asphaltierte. Die meisten Straßen sind ein Staub-Erde-Abfall-Gemisch mit Schlaglöchern und Spurrillen, in die sich Schmutzwasserbäche ergießen und noch etwas träge weiterfließen, bevor sie zu stehendem Schmutzwasser werden, zu Tümpeln der Fäulnis und des Verderbens in den Farben Uringelb und Kotbraun, mit blutroten Schlieren hier und da. Dazu mischen sich pechschwarzes Altöl und die Farbnuancen der Kadaverreste totgefahrener Katzen, Hunde und Esel. Ach ja, ich vergaß die Plastiktüten. Irgendwo in diesem Universum muss ein Plastikplanet explodiert und als Tütensupernova über dieser Stadt heruntergegangen sein. Und wenn ich nun gefragt werde, nach welchen Kriterien ich mich in diesem Labyrinth schlecht imitierter Zivilisation entscheide, in die eine Straße zu gehen und in die andere nicht, muss ich gestehen, dass ich hier keinen Entscheidungsbedarf sehe, denn das ist mir scheißegal.

Der Lufthansa-Kapitän stimmt dem zu, aber als ich über die Gründe für den Zustand der Straßen in Dakar zu spekulieren beginne, wird er wütend. Für mich sind das Spätfolgen der Sklaverei, er nennt Korruption, Faulheit und Fatalismus als Ursachen. Ich sehe darin keinen Widerspruch zu meiner These. Die Sklaverei bricht die Seele und das Rückgrat eines Volkes über Generationen. «Diesen Schuh zieh ich mir nicht an», ruft Diego. «Die Sklaverei gab es in Afrika unter Afrikanern lange, bevor die Weißen kamen. Und die weißen Sklavenhändler waren auch nicht grausamer als die schwarzen, sondern einfach nur besser organisiert. Die schlimmsten waren sowieso die Araber, die haben das tausend Jahre gemacht und nicht dreihundert wie die Europäer.» – «Ist das wahr, Diego?» – «Ja.» – «Ich brauch also kein schlechtes Gewissen zu haben?» – «Nein.» – «Na, wenn's so einfach wäre.»

Dann fahren wir mit einem Taxi zum «St. Louis Sun», und das ist mein Programm. Mein Hangout für den Nachmittag im Herzen der Stadt, gleich um die Ecke vom französischen Kulturinstitut, der «Black & White Bar» und dem Restaurant «Hanoi». Essen sollte man besser bei den Franzosen, für den Konsum anspruchsvoller Weine und Spirituosen gilt das auch, selbst der Kaffee im Institut Français ist um Welten besser als der im «St. Louis Sun», aber ein schlechtes Heißgetränk in guter Atmosphäre hält

144

man locker aus. Zwei große Palmen beschatten den Innenhof des Zweisternehotels, das matte Gold der Nachmittagssonne fällt in Tropfen auf den schwarz-weiß gekachelten Boden und auf die großen ovalen Plastiktische, an denen dicke Männer in langen Gewändern sitzen und auf halblang machen, also ihr Bier weitertrinken, während der Muezzin singt. Obwohl sie Moslems sind. Der Islam im Senegal ist megaliberal. Darüber hinaus gibt es viele Senegalesen, die Eltern mit unterschiedlichen Konfessionen haben, Vater Christ, Mutter Muslimin oder umgekehrt, und die Kinder dieser Paare sind mal dies und mal das. Wie es gerade passt. Wenn sie Alkohol trinken wollen, passt Christ.

Ich sitze in dem Patio mit Blick auf ein Wandgemälde, Diego ist auf Toilette. Das Bild zeigt wieder einmal glückliche Frauen und glückliche Kinder vor glücklichen Hütten, und hinter den Hütten ist der Strand. Mir gefällt das Bild. Naiver Realismus in sonnengebleichten, regengewaschenen Farben. Das steht dem Blau von Himmel und Meer, das steht dem Gelb von Sand und Strand, das steht den bunten Kopftüchern der Frauen, und den Papageien steht es auch. Ohne die Verwitterung wäre das Wandgemälde nur halb so gut oder schlecht, aber der Zahn der Zeit hat den Kitsch herausgenagt.

Doch zurück zum Thema. Ich erwähnte es lange nicht. Weil es schon lange nicht mehr zugegen ist. Es hat sich heimlich ausgeblendet, so heimlich, dass nicht einmal ich es mitbekommen habe. Erst an diesem Tisch, vor diesem Bild und während Diego für kleine Kapitäne ist, fällt mir auf, dass alles anders ist als gestern und vorgestern, und zwar anders im Sinne von richtig, von normal. Das erklärt vielleicht auch, warum ich es so spät mitbekomme. Die

Rückkehr in die Normalität wird selten spektakulär erlebt. Wie man die Dunkelheit vergisst, wenn das Licht an ist, habe ich Dede vergessen. Schalter an, Schalter aus, einfach so. Sie ist nicht mehr in meinem Bauch und nicht mehr in meinem Herzen, sie ist nicht mal mehr in meinem Kopf. Kein Mitleid, keine Liebe, kein schlechtes Gewissen. Ich bin frei. Und leicht. Alle Gefühle, die in den vergangenen Tagen wie Steine an mir hingen, die Mühlsteine zu werden drohten, haben sich in nichts aufgelöst. Um die Wahrheit zu sagen, es fühlt sich so an, als wären sie nie gewesen. Und sie werden nie wieder sein, ich weiß es genau. Es ist vorbei, und das ist eine verdammt gute Nachricht. Es gibt allerdings auch eine verdammt schlechte, und die hat mit der Antwort auf die Frage nach dem Warum zu tun. Warum ist das so? Was hat mich von den Gefühlen zu Dede befreit? Nur die Zeit? Oder könnte es tatsächlich sein –

Ich fasse unter mein Hemd, und mein Verdacht bestätigt sich. Der lederne Feuerzeughalter ist nicht mehr da. Ich habe ihn gestern Nacht, wie in den Nächten davor, zum Schlafen abgelegt, aber heute Morgen nicht wieder umgehängt. Vielleicht, weil mich Diego zu früh rausklingelte, vielleicht hatte Gott die Hand im Spiel, vielleicht wirkten unbewusste Schutzmechanismen in mir. Fakt ist: Ich vergaß heute Morgen das Geschenk von Dede, und noch vor Sonnenuntergang vergesse ich sie. Und warum ist das eine schlechte Nachricht? Weil dann Dirk recht hat. Weil dann alle Ammenmärchen stimmen. Weil dann Voodoo wahr ist.

«Und das glaubst du wirklich?» Diego ist zurück und brühwarm von mir informiert.

«Nein, ich glaube es nicht. Ich erfahre es.»

«Aber es gibt auch Schizophrenie.»

Ich weiß, was Diego damit sagen will. Menschen machen alle möglichen Erfahrungen, Menschen haben Visionen, Menschen sehen Engel und Dämonen, Menschen sehen Geister. Sie sehen den Himmel, die Hölle und das Zwischenreich, außerdem sehen sie die Zukunft und die Vergangenheit, Menschen erleben Reinkarnationen. Und das ist auch ihr einziger Beweis. Ihr Erlebnis. Sie haben es gesehen, gehört und gefühlt. Hier stehe ich und kann nicht anders, aber ich habe gestern mit dem Teufel und seiner Schwiegermutter Mau-Mau gespielt.

«Ja, Diego, du hast recht. Es gibt auch die Schizophrenie, sie ist die grausame Königin unter den Geisteskrankheiten, und es ist schon immer schwer gewesen, sicher zu sein. Sein oder Schein? Offenbarung oder Halluzination? Kausalzusammenhänge oder Zufall? Selbstverständlich kann es Zufall sein, dass eine kleine, durch eine zärtliche Berührung ausgelöste Verliebtheit ihr natürliches Ablaufdatum an einem Tag erreicht, an dem man auch sein Feuerzeug vergessen hat, Diego, es ist mir wichtig, dass du das verstehst. Ich bin kein Esoteriker, ich bin romantischer Materialist. Aber wenn man genauer hinsieht, dann ist die kleine Romanze mit der Fußballspielerin nicht drei Tage kontinuierlich schwächer geworden, sondern kontinuierlich stärker.»

«Das stimmt», sagt Diego.

«Ja, und ich weiß natürlich auch, dass es Entzündungskrankheiten gibt, die ähnlich verlaufen. Erst schwellen sie drei Tage an, dann schwellen sie drei Tage ab, nach einer Woche ist es vorbei. Aber die Gefühle sind nicht drei Tage lang abgeschwollen. Sie sind schlagartig weg. Wie weggezaubert. Oder soll ich sagen: wie abgehängt.»

«Das stimmt auch.»

«Und was ist jetzt, Kapitän, nimmst du mich mit auf die Reise?»

«São Paulo – La Paz – Bogotá – Curaçao?»

«Besser wär's.»

Wir nehmen noch einen Drink. Wir nehmen noch zwei. Das heißt, ich trinke zwei Gin Tonic und Diego nur Cola light, denn zwölf Stunden vor dem Abflug ist bei ihm der Hahn zu, wie er sagt. Ich sage auch so dies und das, bin aber mit meinen Gedanken nicht dabei, sondern hänge neuen Gefühlen nach, die ich mit Diego nicht teilen mag, weil ich mich für sie noch mehr schäme als für den Quatsch zuvor. Endlich frei von Mitleid und Liebe, ist da schon wieder ein Gefühl, das ich nicht akzeptieren kann. Ich habe Angst. Ich weiß, das ist beknackt, aber ihr ist es egal, was ich weiß, und egal, was ich glaube, und ihr ist auch egal, was ich nicht glaube, das heißt, unterm Strich ist es ihr egal, ob ich sie akzeptiere oder nicht, sie ist einfach da und raubt mir meine Aufmerksamkeit. Es ist diese kleine beknackte Angst vor dem Feuerzeughalter, der in meinem Zimmer auf mich wartet.

Angst vor einem Lederband?

Abschied von Diego, der Lufthansa und der reinen Vernunft. Nachdem ich den Piloten in seinem Hotel abgesetzt habe, bin ich wieder allein mit Afrika und sehe durch die Fenster des Taxis in die relative Dunkelheit. Es stimmt zwar, dass die Straßen von Dakar so selten beleuchtet wie asphaltiert sind, aber ein paar Funzeln hier und da gibt es schon, auch Gaslampen und offene Feuer. Urbane Zwielichter, die durch Staub und Smog noch mal zwielichtiger scheinen. Voodoo gehört zu Afrika wie die Trommeln und der Nilpferdarsch. Der schwarze Kontinent und die schwarze Magie, viele sagen, er ist ihre Wiege, hier kommt sie her, sogar rumänische Zigeunerhexen, mit denen ich vor der Reise darüber sprach, bestätigten das. «Voodoo ist die stärkste Magie überhaupt, der schwärzeste Zauber, der böseste Fluch», sagte die Hexe Bratara Bruzea aus Bukarest, «pass bloß auf.» Worauf? «Gib niemand ein Foto von dir und lass keine Haare und Zähne liegen. Nimm nichts an. Keine Ringe und Armbänder und auf keinen Fall Amulette. Häng dir bloß nichts um den Hals!» Liebe Hexe, ich hab's verschissen. Aber ich mach es wieder gut. Sobald ich zurück im Hotel bin, schmeiß ich das Ding ins Meer. Hoffentlich kommt's nicht wieder raus, wie weiland das Seeteufelchen. Ich liebe dunkle Märchen, aber ich liebe es gar nicht, wenn sie wahr werden. Ich weiß nie, ob ich der Held oder der Narr in diesem Märchen bin. Der Terminator oder der Trottel. Das heißt, manchmal weiß ich es schon. Wie der Terminator fühle ich mich gerade nicht. Ja, ich habe Angst vor dem Lederband.

Die Rückkehr in mein Zimmer verläuft zivil. Ich rase nicht rein, schnapp mir das Ding und werf es ins Meer. Nein, ich betrete den Raum, als sei nichts geschehen, ich sehe nicht mal hin, nur aus den Augenwinkeln gestatte ich mir einen Blick zum Schreibtisch, auf dem der Feuerzeughalter liegt. Ich gehe ins Bad und wieder raus, öffne den Kühlschrank. Wein oder Bier? Oder Rum? Ich entscheide mich für den Rum. Er passt bestens zum Anlass, Rum und Blut sind die Standardgetränke jeder Voodoo-Zeremonie. Vegetarier ersetzen das Blut durch Cola, aber ich mische nicht, ich will den Rum bienenrein auf meiner Zunge schmecken, es ist der beste Geschmack der Welt, er rinnt die Kehle runter wie bitterer flüssiger Honig, und schon ist alles gut.

Ich nehme das Geschenk von Dede. Ich halte es in der Hand. Soll ich es mir noch einmal umhängen, nur zum Test? Ich entscheide mich dagegen, aber ins Meer werfen

will ich den ledernen Feuerzeughalter mit der kleinen weißen Muschel auch nicht. Es ist so ein schönes Stück. Ich leg
ihn auf den Schreibtisch zurück und gehe ins Bett.

In der Nacht wache ich auf und sehe Geister.

Es stimmt nicht, dass sie unsichtbar sind. Und es sind un-
heimlich viele. Der Raum platzt aus allen Nähten. Schatten
schwimmen an der Decke, so beweglich und schnell wie
Delphine. Manchmal sieht es auch ein bisschen wie Geister-Kunstturnen aus, mit Dreifachsalto und Rolle rück-
wärts. Ich bin sicher, dass es Geister sind. Ich kenne ihre
Bewegungsprofile von Kamphels T-Shirts. Ich stehe auf
und bringe den Feuerzeughalter nach draußen. Mein Zimmer liegt direkt an der Terrasse. Da sind Tische und Stühle.
Ich nehme den ersten. Ich hänge das Lederband über die
Stuhllehne und versuche es noch einmal mit Schlafen. Es
sind nicht alle Geister verschwunden, aber der Raum wirkt
deutlich leerer.

11. DER MARABOUT

Ruth Isenschmid ist kein Name aus dem Herrn der Ringe, obwohl sie charakterlich das Zeug für eine Figur aus dem Heldenepos hätte. Ihre Vorfahren haben Äpfel von den Köpfen ihrer Kinder geschossen und sich über die Jahrhunderte erfolgreich aller europäischen Großmächte erwehrt. Das steckt in ihr. In ihrem Namen auch. Isen heißt Eisen, und wer sich mit Ruth anlegt, beißt genau dadrauf. Seit nunmehr fünfzehn Jahren haben jede Menge Senegalesen vor Ruth kapituliert, und das Ergebnis ist eine Schweizer Burg in Dakar. Von ihren Fußböden kann man essen, an ihren Wandfliesen kann man lecken, ihre Bettlaken sind immer sauber.

Das Haus ist ein zweistöckiger Riad mit Innenhof und großer Dachterrasse. Von ihr hat man freien Blick auf den Strand von Parcelles. Der Stadtteil im Norden von Dakar ist im Gegensatz zu Ngor touristisch unerschlossen und die Infrastruktur ein bisschen verschlampt, hier sind fast alle Straßen nur aus Lehm und Sand, und schöne Häuser gibt es auch kaum. In Parcelles herrscht ein Rohbau-Chic, der sich aus der senegalesischen Bauherrenmentalität erklärt. Man fängt nicht erst mit dem Bauen an, wenn die Finanzierung für das gesamte Haus steht, sondern baut Stück für Stück, soweit das Geld gerade reicht. Als Folge davon sieht man in den Straßen und Gassen von Parcelles überall rohen Beton und wenig verputzte Mauern, und auch der Strand hat etwas von Rohbau an sich, nur Sand, schnurgerade und kilometerlang, ohne Getränkestände, Sonnenschirme, Liegestühle. Es gibt ein paar alte Autoreifen, auf die man sich setzen kann, und ein paar verwesende Tiere, und das war es im Wesentlichen.

Bis zum Nachmittag ist der Strand fast leer, ab 17 Uhr füllt er sich mit Hunderten jungen Männern aus dem Viertel, die Fußball spielen, joggen, ringen und alles Mögliche trainieren. Frauen sieht man kaum, Dicke ebenfalls nicht, aber auch keine unterernährten Menschen. Der durchschnittliche Senegalese ist so schlank wie Ibrahim, kurz Ibra genannt. Er ist Ruths rechte Hand oder der «Assistant Manager», wie er es nennt. Schlank, aber muskulös, dazu ein fabelhaftes Gesicht mit gepflegtem Spitzbart, Ibra wäre ein Hit auf dem Sextouristinnenmarkt, aber Ruth hat ihn an die Kandare genommen und ein nützliches Mitglied der senegalesischen Gesellschaft aus ihm gemacht. Ibra ist urbrav, winselt nicht um Trinkgeld und spricht Englisch.

Die drei weiblichen Hausangestellten beherrschen diese Sprache nicht, sind aber, wie soll man sagen – ein Gedicht. Wohlerzogene Sensationen wischen zweimal täglich den Patio und die Balustraden, die Duschen und die Toiletten und einfach jede Kachel im Haus, und sie sehen bei jeder dieser Tätigkeiten hinreißend aus. Ruths Personalauswahl ist tipptopp, ihr privates Casting wahrscheinlich auch. Ich sage wahrscheinlich, weil ich ihre ersten beiden senegalesischen Ehemänner nicht kenne, aber der dritte ist im Haus, und er sieht wie Omar Sharif Anfang vierzig aus. Eine beeindruckende Erscheinung in langen Gewändern aus teurem Material. Er ist Mauretanier, er hat arabisches Blut, und er ist gestern nach langer Abwesenheit aus Nouakchott gekommen, ohne zu wissen, dass Ruth sich von ihm trennen will. Inzwischen weiß er es, aber er akzeptiert es noch nicht. Er läuft noch immer durchs Haus, als gehöre es ihm. Natürlich gehört ihm nichts, Ruth ist ja nicht blöd. Aber in der spirituellen Welt stimmt das vielleicht nicht. Ruths dritter Ehemann ist ein in Mauretanien hochgeschätzter Marabout. Er hat vor Jahren das «Keur Diame» gesäubert, und ich meine, das hat er gut gemacht, denn das Etablissement macht seinem Namen alle Ehre. «Keur Diame» heißt «Haus des Friedens», und so fühlt sich hier die Atmosphäre an. Kein Geister-Kunstturnen, kein Dämonen-Ringelreihen, keine Fluch-Flecken. Die Atmosphäre im «Keur Diame» ist so blitzblank wie die Kacheln. Ich bin gestern eingezogen, und bereits jetzt ist der Liebeshokuspokus von Ngor so gut wie vergessen. Die Einschränkung «so gut wie» bezieht sich nicht auf Restgefühle, sondern auf ein nunmehr rein wissenschaftliches Interesse. Kann das sein? Gibt es Geister? Verzaubertes Leder? Hat Voodoo Macht bis in die Träume? Oder sind es Zufälle? Oder, auch diese Frage ist zulässig, sind es telepathische Attacken? Ruth meint, es gäbe durchaus das eine oder andere in der Welt, das mit dem menschlichen Gehirn nicht zu erfassen sei, aber mit der menschlichen Seele, und sie wird fast ein bisschen wütend, als ich sage, dass ich daran nicht glaube.

«Denkst du wirklich, dass unser Gehirn alles erfasst?»

«Nein, Ruth, es gibt vieles, was es noch nicht erfasst, aber ich bin davon überzeugt, dass unser Gehirn dafür angelegt ist, alles zu erfassen. Das ist ein evolutionäres Programm. Es hört nicht auf zu lernen, es hört nicht auf zu wachsen. Vor tausend Jahren wussten wir definitiv noch nicht, dass die Erde eine Kugel ist, heute wissen wir's, und in tausend Jahren wissen wir noch mehr. Irgendwann wird die profane, unsentimentale Wissenschaft herausgefunden haben, wie ein Voodoo-Feuerzeughalter funktioniert, wenn er überhaupt funktioniert und nicht alles nur Einbildung gewesen ist.»

«Wo ist der Feuerzeughalter jetzt?»

«Weiß ich nicht. Ich habe ihn über einen Stuhl vor meinem Hotelzimmer gehängt. Vielleicht ist er noch da, vielleicht nicht.»

«Du hättest ihn verbrennen müssen. Aber du kannst, wenn du willst, mit meinem Mann darüber sprechen. Morgen, heute ist er nicht in Stimmung.»

Im «Keur Diame» kostet ein Einzelzimmer rund zwanzig Euro, das Doppelzimmer dreißig und das Abendmenü neun. Die Mahlzeiten werden von den Gästen im Speiseraum gemeinsam eingenommen. Man sitzt an einem großen Tisch und lernt sich kennen. Mir gegenüber isst ein junger Mann mit schwarzem Vollbart und schwarzen lockigen Haaren. Ich habe ihn für einen Latino gehalten, aber liege damit nur zur Hälfte richtig. Seine Mutter ist Mexikanerin, der Vater Deutscher. Sein Name: Juan. Sein Wohnort: Leipzig. Sein Beruf: Primatenforscher. Er ist auf dem Weg zum Niokolo-Koba-Nationalpark im Südosten Senegals, in dem das Max-Planck-Institut Leipzig eine Forschungsstation unterhält. Juans Interesse gilt den Guineapavianen. Sie sind kleiner als die Anubis- und Mantelpaviane, und man weiß auch weniger über sie. Er und seine Kollegen sollen die Wissenslücken füllen, und das geht nur durch Beobachtung, aber Beobachten setzt Gewöhnen voraus, und allein das dauert zwei Jahre. Immer wieder so nah wie möglich an die Paviane herangehen und jedes Mal den Abstand verringern und ansonsten so tun, als sei die eigene Anwesenheit ganz normal – das ist der einzige Weg. Nach zwei Jahren laufen die Paviane nicht mehr davon und greifen nicht mehr an, es sei denn, der Wissenschaftler macht was Blödes, aber blöde Wissenschaftler gibt es ja nicht, also ignorieren die Affen sie. Auf diese Weise wurde beobachtet, dass Guineapaviane ein anderes Paarungsverhalten haben als Mantelpaviane. Ein Mantelpavian-Männchen akzeptiert nicht, wenn ein anderes Männchen sein Mädel befruchtet, ein Guineapavian hat kein Problem damit. «Guineapaviane sind demnach polygam», sage ich. «Obacht», sagt Juan und hebt den Zeigefinger. «So einfach machen wir es uns nicht. Das polygame Verhalten unter Guineapavianen konnten wir bisher nur bei Tieren feststellen, die sich in ihren Schlafbäumen paarten. Die sind sehr hoch, und es besteht eine konkrete Absturz- und Lebensgefahr. Vielleicht reagierten sie nur deshalb tolerant auf Nebenbuhler, weil die Situation zu gefährlich für Aggressionen war.»

«Siehst du, Ruth», sage ich, «das meine ich. Noch wissen wir nicht, ob Guineapaviane grundsätzlich nicht eifersüchtig sind oder nur, wenn es nicht anders geht. Aber wir werden es bald wissen, denn Juan fährt bald wieder zu ihnen. Und er wird wiederkommen, um zu berichten. Aber solange wir ihn bei uns haben, würde ich Juan gern noch fragen, ob es wirklich stimmt, dass Guineapavian-Männchen sich zur Begrüßung gegenseitig an die Genitalien greifen?»

«Ja», sagt der Primatenforscher, «das stimmt. Aber das machen nur Männchen, die miteinander befreundet sind. Es ist ein Vertrauensbeweis, angesichts der massiven Schäden, die ein Konkurrent bei diesem Gruß anrichten könnte. Nur Freunde lässt man an die Eier. Und sie greifen sich nicht nur zur Begrüßung an die Genitalien, sondern auch vor gemeinsamen Unternehmungen.»

Ach, das wäre ein schöner Titel für Juans Dissertation: «Schwule Primaten», aber ich wette, er wird's nicht wagen, darum wende ich mich der langbeinigen blonden Düsseldorferin zu, die neben mir sitzt. Auch sie ist jung, auch sie ist wissenschaftlich unterwegs. Sie untersucht die Folgen der Elektrifizierung. Man schenkt einem Dorf Sonnenkollektoren und schaut ein Jahr später, was es mit dem Strom macht und wie das Licht das Leben dort verändert hat. Werden Kinder besser in der Schule, weil sie jetzt nach Anbruch der Dunkelheit lesen können, oder werden sie schlechter, weil es nun auch Fernseher in den Hütten gibt, oder bleiben ihre Leistungen in etwa gleich? Das sind die Fragen der Düsseldorferin, und die Fragen der belgischen Mittsechzigerin, die mit ihrem fünfunddreißig Jahre jüngeren senegalesischen Ehemann am Tisch rechts außen sitzt, könnten alle hier im Raum sofort beantworten, obwohl die Frau sie nicht mal ausgesprochen hat. Liebt er mich? Nein. Will er mein Geld? Ja. Will er alles? Natürlich. Solche Ehen können gefährlich sein. Ruth hat es mir erzählt. Sie hat ein paar Jahre in der Schweizer Botschaft gearbeitet und kennt genügend Fälle von Giftmord. In winzigen Dosen jeden Tag dem Essen zugegeben, lässt das Gift den angeheirateten Europäer schön langsam erkranken, dahinsiechen, sterben. Sie heiraten, um zu erben.

In der Nacht stehe ich allein auf der Dachterrasse und schaue auf das Meer und in den Himmel gleichzeitig, was hier wunderbar geht. Der Mond ist still, die Wellen reden, die Menschen schlafen in ihren Rohbauten, ein Taxi humpelt über die Strandstraße. Quo vadis, Schrott? Man gewöhnt sich dran, dass hier alles kaputt ist und trotzdem irgendwie funktioniert. Die Taxis, die Straßen, die nackten Häuser, die Hütten aus Sperrholz, Wellblech und Stofffetzen, die großen, schwarzen Vögel, die streunenden Hunde, all das mischt sich zu einem Weltbild, das man aus Filmen wie «Mad Max» kennt, Erinnerungen an die Zukunft werden wach. Sieht nach dem Untergang der Zivilisation das Leben überall wie hier aus? Die Düsseldorferin erforscht die Auswirkungen der Elektrifizierung, warum erforscht sie nicht das Gegenteil? Dakar wird seit Jahren deelektrifiziert. Dauernd fällt der Strom aus, mindestens zwölf Stunden pro Tag, gestern waren es achtzehn Stunden, in denen hier alles stillstand. In der kleinen Wäscherei neben dem «Keur Diame» warten sie den ganzen Tag und, wenn es sein muss, den ganzen Abend auf die paar Stunden, in denen gearbeitet werden kann. Und wenn der Strom erst nach Mitternacht angeht, dann waschen sie halt nachts. Was macht das mit Menschen, wenn ihnen die Infrastruktur genommen wird? Und was macht das mit Piloten? Von Ruths Dachterrasse kann man normalerweise die Lichter des Internationalen Flughafens sehen. Heute Nacht nicht. Sie stellen selbst dem Flughafen den Strom ab, solange keine Maschine startet oder im Anflug ist. Hat Diego recht damit, dass uns keine Schuld daran trifft? Ruth ist derselben Meinung wie der Lufthansa-Kapitän. Das ist kein Schicksal, das ist Korruption. Der Staat ist pleite, aber der Finanzminister hat das teuerste Haus in Dakar. Wer denn sonst? Es gibt ja noch die Gestirne. Unter ihrem Licht sieht der urbane Schrotthaufen fast romantisch aus.

«Friede sei mit dir», sagt der Marabout am nächsten Morgen.

«Und mit dir sei der Friede», antworte ich.

Die Vögel zwitschern wieder wie bekloppt. Ruth hat jede Menge Grün in ihrem Haus, das zieht sie an. Kleine freche, bunte Dinger und etwas größere, eher einfarbige Tauben. Die Kleinen schwatzen, die Großen gurren, hin und wieder singt der Muezzin, die Mädchen putzen allerliebst, und ich habe prima geschlafen. Wir sitzen in Ruths Privatgemach auf bequemen Sesseln, und der Marabout hat seine Dienstkleidung an. Weiße Seide wallt bis zu den Füßen an ihm herab, es fehlt nur noch der juwelenbesetzte Krummdolch, dann sähe er endgültig aus wie Omar Sharif als Tuareg-Scheich, aber er ist ein Marabout, er hat andere Waffen. Sein Gesicht dazu: freundlich, aber nicht Liebe heischend, ernst, aber nicht ärgerlich, seriös, aber nicht steif. Der Mann ist ein Profi, ich kann offen zu ihm sein. Ich gestehe ihm meine prinzipielle Ungläubigkeit in Sachen Animismus, Voodoo und Geisterreligion, womit er kein Problem hat, er nickt einfach nur. Dann erzähle ich ihm, was am Strand von Ngor geschehen ist, von Dede und dem Feuerzeughalter, von den Geistern und den Träumen, von der Liebe und der Angst, die man sich um- und abhängen kann. Als ich fertig bin, ist für den Marabout alles klar. Er müsse zwar noch mit seinen Leuten darüber sprechen, aber er persönlich sei sich jetzt schon sicher, dass ich verflucht worden sei. Kein starker Zauber allerdings, sonst wäre er mir nicht aufgefallen. Trotzdem, auch er sagt, es sei ein Fehler gewesen, den Feuerzeughalter nicht zu verbrennen, aber so schlimm sei dieser Fehler auch wieder nicht, denn die Dschinnen wären ohnehin nicht mehr in dem ledernen Amulett, sondern längst in mir. Ob ich wisse, was Dschinnen sind? «Ja», sage ich, «Dämonen.» Und der Marabout sagt: «Richtig.»

Ich bekomme es fast nicht mit, dass ich schon wieder die Grenze überschreite. Eine Grenze ohne Passkontrolle, aber mit Zoll. Sie suchen nach Schmuggelware, und als das Illegalste hier zählt dein Verstand. Es ist wirklich bemerkenswert, der Aberglaube scheint noch stärker als der Glaube zu sein. Ich falle immer wieder darauf rein. Ich besuche Hexen, um eine lustige Geschichte zu recherchieren, aber wenn ich vor ihnen sitze, höre ich gebannt ihren Wahrsagungen über meine Zukunft zu. Und krieg's nicht mehr aus dem Kopf. Wenn ich Horoskope lese, wird es noch peinlicher. Ich habe selbst Horoskope geschrieben, ich weiß, wie die entstehen. Das ist Meditation, Freestyle-Prophezeiung, Belletristik. Trotzdem lese ich sie und warte auf den Zwilling, der mir heute ein sexaktives Lächeln schenkt. Oder auf den Schützen, der meine Karriere beflügeln wird, und traue niemals einem Skorpion. Und zünde dir auch keine Zigarette an einer Kerze an, denn dann stirbt ein Seemann. Das Gesetzbuch des Aberglaubens ist so dick wie das bürgerliche, und nicht alle Paragraphen sind so leicht zu durchschauen wie das Kerzen-Zigaretten-Verbot. Es stammt aus einer Zeit, in der die schwedische Seefahrt nicht florierte und die arbeitslosen Matrosen sich und ihre Familien durch Jobs in den Zündholzfabriken ernährten. Jede an einer Kerze angezündete Zigarette schadete ihnen ein bisschen. Ich weiß das, so wie ich weiß, dass Dschinnen und Peris die orientalischen Entsprechungen unserer Dämonen und Elfen sind. Märchengeister. Kindergeschichten, Altweiberschmonzetten, die Gebrüder Grimm auf Afrikanisch, trotzdem rede ich mit dem Marabout inzwischen über Liebeszauber und Gegenzauber so ernsthaft, wie ich mit einem Polizeisprecher über den längst verlorenen Kampf gegen die organisierte Kriminalität reden würde oder mit einem Chirurgen über eine bevorstehende Operation an meinem Handgelenk. Vielleicht liegt es daran, dass ich Profis immer akzeptiere, egal auf welchem Gebiet, vielleicht liegt es an Ruth, die ihn übersetzt und auch keine Zweifel hegt, vielleicht liegt es an der Umgebung, weil jeder im Senegal einen Marabout hat und alle sich vor Flüchen fürchten. Angst steckt an, wie ein Fieber, das überspringt. Reisewarnung: Im Senegal grassiert eine Voodoo-Epidemie, und ich bin infiziert, ich glaube schon wieder daran, was man mir sagt: dass ich die Geister sehen konnte, weil ich sensibel bin. Nicht alle könnten das. Und dass die Angst berechtigt gewesen sei, die ich im Taxi fühlte, als ich von Diego kam. Und auch die Behauptung, dass die stärksten Zauberer nicht im Senegal, sondern in Mali und Mauretanien praktizieren würden, akzeptiere ich ohne Probleme, denn damit beginnen die guten Nachrichten des Marabout. Er könne mir helfen. Er habe den Gegenzauber. Er neutralisiere den Fluch. Dafür müsse er aber erst noch mal mit seinen Leuten sprechen. Und noch etwas: Er heile mich, aber zeige Dede nicht als Zauberin an.

«Was? Geht das?»

«Ja», sagt Ruth.

«Die schwarze Magie gilt im Senegal als echtes Delikt. Wenn du sie nachweisen kannst, geht die Zauberin in den Knast.»

«Nein, auf keinen Fall. Ich mag Dede ja immer noch. Außerdem glaube ich, dass der Unsympath hinter allem steckt. Aber auch den zeige ich nicht an.»

«Kein Problem.»

Und Zigarettenpause. Der Marabout zieht sich in einen anderen Raum zurück, um mit seinen Leuten zu telefonieren.

«Was sind das für Leute, Ruth?»

«Er arbeitet nicht allein.»

«Und wie telefoniert er? So wie wir? Oder spricht er mit einem Fetisch?»

Sie lächelt, sie darf es mir nicht sagen. Sie will sich zwar von ihm trennen, aber nicht von dem Wort, das sie ihm gegeben hat, als er ihr Geheimnisse erklärte, die er eigentlich nur an seine Schüler weitergeben darf. «Es wird nicht lange dauern», sagt sie. «Er war sich ziemlich sicher.»

Die Vögel toben, die Sonne brüllt, Ruths kleiner weißer Hund wedelt zur Tür herein, Kaffeeduft liegt in der Luft, alles ist fein, und Ruth behält recht. Der Marabout ist schnell zurück. Er nimmt Platz, streicht sein Gewand glatt und sagt: «Alles klar. Es ist ein Liebeszauber, das wusste ich vorher schon, aber er ist stärker, als ich dachte. Er kommt aus der Casamance. Wir müssen ein Kamel schlachten.»

«Ein Kamel?!»

«Ja, wir brauchen ein Blutopfer.»

«Aber geht's nicht auch etwas kleiner? Mit einem Huhn vielleicht?»

«Nein, nicht bei Flüchen aus der Casamance.»

Ruth schaut inzwischen etwas besorgt drein und bittet mich eindringlich darum, jetzt endlich zu fragen, was er für die Zeremonie haben will.

«Wie viel?», frage ich.

«Zweitausend», antwortet der Marabout.

«Westafrikanische Franc?»

«Nein, Euro!»

Für Ruths Noch-Ehemann verläuft es nun nicht mehr wie geplant. Ich verliere auf der Stelle meinen Glauben an Voodoo. Was für ein mächtiger Zauberer er ist. Allein durch die Nennung dieser Summe hat er mich blitzschnell und restlos vom Fluch befreit. Hätte er zweihundert Euro gesagt, wäre ich wahrscheinlich abergläubisch geblieben. Und hätte mit ihm gehandelt. Aber er dachte sich, ab zweitausend Euro handelt es sich besser. Ein britischer Diplomat, der sein halbes Leben in Afrika verbrachte, schrieb nach seiner Pensionierung ein Buch, in dem er zugab, dass die Afrikaner ihn ein halbes Leben lang schwer genervt hatten. Was ihn am meisten aufregte: «Immer wenn sie sich gerade selbst ins Knie geschossen haben, glauben sie, besonders clever gewesen zu sein.» Ja, das war ein Knieschuss, Herr Marabout, und er macht auch das passende Gesicht dazu. Er ist stinksauer auf mich, als ich ihm erkläre, dass ich doch lieber auf die Kraft des reinen Herzens setze, in dem alle Flüche verbrennen, und etwa eine Stunde später geschieht etwas, das mir schon wieder die Gelegenheit gibt, ein bisschen an Hokuspokus zu glauben. Aber nur ein bisschen.

Der Pulex irritans, besser bekannt als Menschenfloh, wird als Fluginsekt klassifiziert, obwohl er keine Flügel hat und nicht fliegen kann. Es sieht nur so aus. Seine Flügel sind seine Beine, Supermann-Beine, würde ich sagen, denn er springt bis zu einem halben Meter weit. Für ein 1,6 bis 3,2 Millimeter großes Tier ist das eine beachtliche Leistung. Springen wir höher, als der Eiffelturm ist? Wie der Name schon sagt, hat sich dieser Floh auf den Menschen spezialisiert. Seine Nahrung ist Blut. Er speist einmal am Tag und nimmt dabei das Zwanzigfache seines Körpergewichts zu sich. Er macht das nicht mit einem einzigen Stich, denn der Mensch kratzt sich instinktiv, da muss ein Floh auf der Hut sein. Er springt von Stich zu Stich, oft in geraden Linien (Flohstraßen), und dieser eine Floh reicht aus, um einen Menschen in zehn Minuten mit kleinen rötlichen Papeln zu übersäen, die stark jucken und im Schlaf aufgekratzt werden. Der Menschenfloh gilt als Überträger verschiedener Krankheiten, eine von ihnen gehört zu den Alpha-Schrecken der Menschheit. Hohes Fieber, Gliederschmerzen, Wahnsinn und große, stark geschwollene, blauschwarze Beulen am Hals, unter den Armen und in der Leistengegend. Die Geschwüre sind extrem schmerzhaft, irgendwann platzen sie und eitern. Die Beulenpest ist in Europa kein Thema mehr, aber in Afrika schon. 2003 brach sie in Algerien aus, 2005 in der Demokratischen Republik Kongo, 2006 im Kongo, Anfang 2008 auf Madagaskar und Ende 2008 in Uganda. Im Senegal gab es die Pest in größerem Stil seit längerem nicht, für die Nachbarländer gilt dasselbe.

Der Pulex irritans, der mich in Ruths Herberge anspringt, muss also nicht zwingend ein Überträger der Pest sein, aber sie haben ja auch noch andere Sachen drauf, wie zum Beispiel das Fleckfieber. Der Menschenfloh hat eine Reise hinter sich, er kommt aus den Mangrovenwäldern von Senegals Nachbarland Gambia. Seine Wirtsträgerin heißt Chantal. Sie arbeitet für einen französischen Fernsehsender, hat in Gambia gedreht und gestern Abend im «Keur Diame» eingecheckt. Ich habe ein Glas Wein mit ihr auf der Terrasse getrunken, wobei sie sich ständig kratzte. Heute Morgen ist sie weiter nach Paris geflogen, vorher tauschten wir unsere Mailadressen aus. Bei diesem Austausch kam sie mir näher als am Abend, weil sie mir über die Schulter schaute, während ich an meinem Schreibtisch Notizen machte. Leichtes Spiel für den Pulex irritans. Nicht, dass er irgendetwas gegen Chantal gehabt hätte, der Wechsel des Wirtsträgers war nicht persönlich gemeint. Das war vor etwa zwei Stunden, vor etwa zehn Minuten ging das Jucken los. Und das Kratzen.

Und als ich das Hemd ausziehe, sieht die Haut meiner linken Körperhälfte wie ein Streuselkuchen aus. Ich schlage Alarm, Ruth eilt herbei, sie hatte noch nie Flöhe im Haus, weiß aber trotzdem, was zu tun ist. Die Mädchen kochen meine komplette Garderobe aus, nicht nur, was ich am Körper getragen habe, sondern alles, was im Zimmer rumlag und im offenen Rucksack. Der Menschenfloh kann überall in diesem Zimmer sein. Also kochen sie auch die Bettlaken. Danach wird alles auf der Dachterrasse ausgebreitet, um den hoffentlich schon verkochten Floh noch mal in der Mittagssonne zu braten. Ich trage derweil eine Dschellaba von Ibra. Ich glaube, er hat mir seine beste gegeben. Die für die Festtage oder fürs Gebet. Sie ist zwar nicht aus Seide, aber doch aus einem angenehm zu tragenden feinen Stoff, und ich wünschte, ich könnte jetzt sagen, ich sehe darin aus wie Peter O'Toole in «Lawrence von Arabien». Die Mädchen überschütten mich mit Komplimenten, aber ich glaube, in Wahrheit lachen sie mich aus. Ich komme klar damit, es freut mich, wenn wir alle Spaß haben. Außerdem freue ich mich, dass es endlich weitergeht. Ich packe meine Sachen, um Lisa wiederzusehen.

Einen Tag vor meinem Rückflug spreche ich noch mal mit Juan, dem Primatenforscher. Wir sitzen auf Ruths Terrasse, und ich erkläre ihm in groben Zügen mein Problem in Mosambik. Dass ich möglicherweise in einer Buschlodge festgenagelt sein werde, wenn ich es nicht schaffe, meine Freundin dort loszueisen. Und dass ich mich in der Lodge langweile, weil ich nichts zu tun habe. Alle machen irgendwas Sinnvolles, alle finden Projekte, nur mir fällt nichts ein, außer ... ja ... außer einer Sache, die sich sicherlich verrückt anhört, aber er als Primatenforscher versteht mich vielleicht. Und vielleicht kann er mir sagen, wie es geht. «Also, Folgendes, Juan. In der Lodge leben jede Menge wilder Affen, diese kleinen, mit den großen schwarzen Augen, und sie platzen vor krimineller Energie. Sie stehlen aus den Hütten und Chalets alles Mögliche, aber am liebsten klauen sie die Zahnbürsten, keine Ahnung, warum. Kratzen sie sich damit am Rücken? Oder entwickelt sich hier eine Primatenart, der Zahnpflege wichtig ist?»

«Ich denke, es ist der Mentholgeruch der Zahnbürsten», sagt Juan.

Ich liebe Wissenschaftler, sie sind so erleuchtend, und was meine Idee angeht: «Wenn nach Anbruch der Dunkelheit in der Lodge der Strom ausgeschaltet wird, funktionieren in den Chalets die Klingeln nicht mehr, mit denen man den Roomservice rufen kann. Man muss seine Absacker also entweder vorbestellen oder selbst über schmale Sandwege und durch die Dunkelheit zur Küche gehen. Das ist nicht jedermanns Sache. Wäre es also möglich, Juan, die kleinen Affen zu dressieren? Sie holen die Bestellungen der Gäste ab, bringen sie zur Küche und bekommen dort eine gebrauchte Zahnbürste dafür.»

«Du musst sie mit Bananen trainieren», sagt Juan. «Stück für Stück, den ganzen Weg bis zur Küche. Aber als Erstes musst du sie dazu kriegen, den Bestellzettel überhaupt anzunehmen. Und gib ihnen nie eine ganze Banane. Dann sind sie satt. Immer nur ein kleines Stückchen.»

«Und warum locke ich sie nicht gleich mit den Zahnbürsten?»

«So viele Zahnbürsten habt ihr nicht. Die Dressur dauert zu lange.»

In der Nacht klopft Adama an meine Tür. Er ist mein Lieblingstaxifahrer von den dreien, mit denen Ruth arbeitet. Er gehört zu einem Stamm, der im Grenzgebiet von Senegal und Mauretanien lebt, und eine der positivsten Eigenschaften dieses Stammes ist seine Wertschätzung der Ehre. Sie geht ihnen über den Beschiss. Außerdem ist Adamas Englisch so lustig. Wir fahren gerade an einem Auffahrunfall vorbei, und sein Kommentar dazu: «New car stop, old car no stop: Bumm!» – «Maybe no break», vermute ich, und er schüttelt zur Bestätigung den Kopf. «Maybe no break, maybe no head, maybe crazy», sagt er und lacht.

Es ist wieder mal Vollmond. «Virgin Air» hebt um vier Uhr morgens ab, zwei Stunden vorher muss ich am Flughafen sein. Wir haben Zeit, und das ist nicht nur gut so, sondern auch von mir so geplant, denn mit Adama ohne Zeit zu fahren, ist die Hölle, mit Zeit ist es nur die Vorhölle. Adama ist toll, aber sein Taxi ist Schrott. Er will es nicht wahrhaben, weil er es so oft putzt und die Beulen lackiert und es selber täglich irgendwie repariert, mit Drähten, wo es Schrauben bräuchte, mit selbstgebastelten Zündkerzen, mit den Schnäppchen der Schrottplätze. Für normale Ersatzteile fehlt ihm das Geld, denn er hat Familie. Eine Frau, einen Sohn, eine Tochter, einen Vater, eine Mutter, Brüder und Schwestern. Adama ernährt fünfzehn Menschen, aber er beschwert sich nicht, im Gegenteil. Er liebt seine Familie fast noch mehr als sein Taxi, das aber bei aller Liebe trotzdem mal Stoßdämpfer bräuchte und nicht nur so etwas Ähnliches, auch neue Sitze wären fabelhaft. Für meinen Rücken ist Adamas Taxi ganz klar ein Feind. Trotzdem fahre ich am liebsten mit ihm, a) wegen Adama und b) weil es in Dakar noch sehr viel schlechtere Taxis gibt als seins. Taxis ohne Bremsen, Taxis ohne Licht, Taxis ohne Auspuff oder, was noch blöder ist, mit falsch verlegtem Auspuff, also Taxis, bei denen Abgase in den Innenraum strömen und dich volldröhnen, bis du so wehrlos bist wie ein Komapatient. Und es gibt auch Taxis ohne alles, in denen selbst die Lenkung nicht mehr stimmt, sondern nur noch schwimmt, während die Räder eiern, als wären sie mit dem gleichnamigen Likör gefüllt. Das klingt übertrieben? Stimmt. Aber das ist nicht meine Schuld. Es gibt einen TÜV im Senegal, aber er prüft offensichtlich nach anderen Kriterien als unser Technischer Überwachungs-Verein. Cash an, Cash aus. Und wer darüber hinaus von selbst rein- und wieder rausrollen kann, hat auch die strengsten Anforderungen des senegalesischen TÜV erfüllt. Also, was soll's? Ich finde es schön, dass mich Adama zum Flughafen bringt, er ist mir wie ein Freund. «Have good life», sagt er zum Abschied, und das war's mit Senegal.

12. FEUERGESCHICHTEN

Zurück in der Lodge, zurück in Lisas Hütte, geht es mir erst mal ziemlich gut. Aber ein Problem bleibt bestehen: Krieg ich Lisa hier raus oder nicht? Sie hat sich recht gut eingelebt in meiner Abwesenheit, sie hat ihren Job im Griff, und das scheint Collin auch so zu sehen. Schon fragt er an, ob sie vielleicht ein bisschen länger bleiben könnte als abgemacht, zwei Wochen, möglicherweise drei. Und weil er weiß, dass er nicht sie, sondern mich überreden muss, schlägt er vor, dass wir umziehen. Von der Mitarbeiterhütte in ein Gästechalet. Statt zwölf Quadratmeter «african basic» fünfzig Quadratmeter Wohnlichkeit, statt eines Betts mit bewohnbarem Stauraum zwei Etagen mit Schreibtisch, Kanapees und allen Schikanen und statt der Miniterrasse einen Privatstrand. Er wird «Venus-Beach» genannt, weil der Planet der Liebe angeblich direkt über ihm ist.

Collin geht noch weiter. Er lässt dort zur blauen Stunde für uns einen Tisch aufstellen, mit weißem Linnen, Porzellantellern und Silberbesteck. Öllämpchen ersetzen, wegen des Winds, die Kerzen. Trotzdem erreicht Collin nichts mit dem Candle-Light-Dinner-Sondermenü für Lisa und mich. Ich sage nein, weil ich nicht korrupt bin, und Lisa sagt nein, weil sie ihre Hütte so liebt. Wir ziehen nicht um, wir bleiben, wo wir sind, obschon damit noch immer nicht klar ist, wie lange wir dort bleiben, wo wir sind.

Frauen sind von Haus aus unberechenbar, und Lisa ist in dieser Hinsicht besonders fraulich. Es ist ihr Sternzeichen – wer mit einem Zwilling zusammen ist, führt im Grunde eine Dreierbeziehung. Zwillinge sind keine gespaltene Persönlichkeit, sondern wirklich zwei. Die beiden haben nichts miteinander zu tun, außer, dass sie in einer Seele wohnen. Um sich dabei nicht im Weg zu stehen, schläft der eine, während der andere wacht. Und beide heißen Lisa. Mir wäre es lieber, sie hätten verschiedene Namen, dann könnte ich sie besser auseinanderhalten. Und würde mich nicht dauernd auf Aussagen von der einen Lisa berufen, die von der anderen Lisa stammen. Morgens sagt sie in der Regel, dass es langsam reicht, mit Collin, der Lodge und der Unterwürfigkeit vor den Gästen, und abends findet sie das alles dann wieder ganz in Ordnung, um nicht zu sagen super. Ich kann das sogar fast verstehen, denn abends heißt:

African TV.

Hat sich jemals jemand am Lagerfeuer gelangweilt? Hatte jemals jemand beim Blick in die Flammen das Gefühl, Zeit zu verschwenden? Oder sich Zeit stehlen zu lassen? Ist jemals jemand fett, faul und blöd dabei geworden? Natürlich sind das nur rhetorische Fragen. Natürlich stimmt das Gegenteil. Alle Menschen lieben es, am Feuer zu sitzen. Es ist ein archaisches Entertainment, ein genetisch garantiertes Vergnügen, und nun stellt sich die Frage, warum? Ich habe das gestern Abend in der Runde zum Thema gemacht, und das sind die Antworten: Willi, Manager einer Schraubenfabrik aus Thüringen und seit zwei Tagen Gast in der Lodge, sagte: «Ist doch klar. Es gibt keine Werbung.» Raymond, im Ölgeschäft und aus Schottland, meinte, man könne jederzeit auf Toilette gehen, ohne was zu verpassen, und Lisa freute sich über den «multilingualen Aspekt» des African TV. Jeder versteht die Sprache des Feuers. Sogar die Schwerhörigen, wie ich.

Und was genau spricht es? Was sind seine Botschaften? Welche Informationen und Breaking News transportieren brennendes Holz und funkelnde Glut? Ich würde sagen, sie reflektieren die Befindlichkeiten unserer Seele. Sie nehmen, oder anders, sie saugen unsere Gedanken und Emotionen, unsere Hoffnungen, Ängste und Pläne, unsere Erinnerungen, inneren Bilder und heimlichen Filme aus uns heraus, um sie erst flackern und lodern und dann herunterbrennen zu lassen, bis sie schließlich Rauch und Asche werden. Mit dem Rauch steigen unsere Themen nach oben, also zu den Sternen. Und in der Asche finden sie Frieden. African TV verschmutzt deshalb nicht die Seele, sondern reinigt sie. Und wer das Programm wechseln will, braucht nur an einem der Äste zu ruckeln oder einen neuen hineinzulegen. Ach ja, noch etwas, fast vergaß ich es. Diese Art von Fernsehen toleriert Gespräche, Lieder und tiefes Schweigen gleichermaßen, und auch das Rauschen der Wellen, das Flüstern des Windes und das Brüllen der wilden Tiere da draußen im Busch stören dabei nicht wirklich.

Was die Gespräche am Feuer angeht: Nun ja, nicht jeder, der dreihundert Dollar pro Nacht bezahlen kann, ist auch ein geborener Erzähler. Die meisten wollen unterhalten werden, und das ist für den Unterhalter auch nicht durchgehend unterhaltsam. Glücklicherweise ist die Weinkarte der Lodge exzellent, und Lisa und ich zahlen Mitarbeiterpreise, darüber hinaus bietet die mobile Strandbar alle gängigen Cocktails. Die mobile Strandbar besteht aus zwei Plastiktischen mit Tischtuch und vielen Flaschen. Sie wird jeden Tag vor dem Feuer aufgebaut und nach dem Feuer wieder abgebaut. In der Regel sind zwei, manchmal auch drei Barmänner vor Ort. Sie wechseln, aber Francis ist fast immer einer von ihnen, weil er so gut Englisch kann.

«You like our Gin Tonic, jaaaaaaa?»

Für mich ist die Szenerie etwas surreal. Paradiesischer Strand, braver Busch, die Gäste und die europäischen Mitarbeiter der Lodge, oder soll ich gleich sagen: die Weißen, sitzen in großen Stühlen im Halbkreis um das Feuer, und die Einheimischen hocken in der Lodge-Uniform (kurze blaue Hose, beiges Poloshirt mit blauem Bund) hinter der Bar und warten auf einen Zuruf. Für sie ist das normal. Das war bei ihren Vätern so, bei ihren Großvätern und Urgroßvätern ebenso. Schwarze bedienen Weiße, und obwohl die Lodge von ehemaligen UNESCO-Mitarbeitern zum Benefit der Afrikaner aufgebaut worden ist, wirkt das scheißkolonial. Massentourismus ist der moderne Kolonialismus, Individualtouristen sind die Pioniere, Reisejournalisten die Entdecker. Die Geschichte wiederholt sich wieder und wieder. Weil ich a) ein Achtundsechziger bin und b) ein Deutscher, habe ich Berührungsängste mit allem Militärischen, und deutsches Soldatentum geht gar nicht. Ich verehre den Engländer T. E. Lawrence, bekannt als Lawrence von Arabien, als Genie und Held, aber den deutschen General Lettow-Vorbeck, der in England als deutscher Lawrence von Arabien gefeiert wird, kenne ich nicht einmal, auch nicht Hermann von Wissmann, obwohl er als erster Europäer Afrika von West nach Ost durchquert hat. Ich kenne nur Livingstone, wieder ein Brite, und Indiana Jones (USA), aber deutsche Kolonialgrößen sind mir unbekannt, und das erstaunt den englischen Zahnarzt, der seit drei Tagen mit uns am Feuer sitzt, sehr. Er kommt jedes Jahr in die Lodge, und er ist ein Malawisee-Experte.

«Wussten Sie, dass auf diesem See die erste Seeschlacht des Ersten Weltkriegs stattfand?», fragt er mich. «Nein? Und Sie haben auch noch nie von der ‹Hermann von Wissmann› gehört?»

«Was ist das?»

«Ein Schiff. Aber den Namensgeber kennen Sie doch sicherlich?»

«Äh ...»

«Dann ist Ihnen wahrscheinlich der Kapitän Prager auch kein Begriff.»

«In der Tat, das ist er nicht.»

Was folgt, ist ein Geschichtsunterricht aus Zahnarztmund bis tief in die Nacht, und je länger ich dem englischen Dentisten zuhöre, desto bewusster wird mir, dass die Abenteuerlust eine Leidenschaft ist, der alle Wege recht sind, um sich auszuleben. Manche von denen, die wir heute als Kolonialisten beschimpfen, waren einfach nur Leute, die genauso gern unterwegs waren wie wir und mangels anderer Möglichkeiten im Reisebüro Militär buchten. Und hin und wieder wollten sie sogar Gutes tun. Der deutsche Afrikaforscher, Offizier und Kolonialbeamte Hermann von Wissmann kam, ähnlich wie Livingstone, auch mit dem Vorhaben, den Sklavenhandel in Afrika zu bekämpfen. In weiten Teilen der Welt war der Ende des 19. Jahrhunderts längst verboten, aber die Araber scherten sich nicht darum. Wissmanns Idee: Wir brauchen einen Dampfer auf einem afrikanischen See, um das zu unterbinden. Er sammelte im Namen des «Anti-Sklaverei-Komitees» dreihunderttausend Reichsmark an Spenden ein. Die Hamburger Werft «Jannsen und Schmilinsky» baute das Schiff, das Wissmanns Namen tragen sollte, was für die Hanseaten keine große Herausforderung war. Die begann erst mit der Frage, wie man einen sechsundzwanzig Meter langen, sechs Meter breiten und achtzig Tonnen schweren Dampfer zu einem afrikanischen Binnengewässer transportiert. Da ist ziemlich viel Busch im Weg, und am Stück geht das nicht. Deshalb plante man, den Dampfer in Einzelteilen auf die Reise zu schicken, und diese Teile sollten, wenn möglich, nicht schwerer sein als sechzig Pfund, denn mehr vermag ein afrikanischer Träger nicht zu schleppen. Für die Maschinen und Schiffsteile, die man nicht zerkleinern konnte, wie Zylinder, Hintersteuer, Sternwelle, Kiel und Kesselplatten, bauten sie eine Feldbahn. Die funktioniert im Prinzip wie eine Märklin-Eisenbahn. Man steckt Schienenteile so zusammen, wie man es gerade braucht. Bei der Feldbahn hatten die einzelnen Schienen eine Länge von eineinhalb Metern, insgesamt brachte sie es auf vierhundert Meter. Auf diesen Schienen wurden eigens für diesen Zweck konstruierte Wagen mit tiefliegenden Achsen gezogen. Sobald der letzte Wagen das hinterste Stück des Schienenstrangs wieder freigab, konnte es nach vorne getragen und dort wieder zugesteckt werden.

Am 13. April 1891 war das Schiff fertig und wurde in Einzelteilen auf den Dampfer «Emir» verladen, der am 4. Mai desselben Jahres aus dem Hamburger Hafen auslief. Die erste Etappe war die einfachste. Nach zwei ruhigen Wochen auf dem Meer erreichte man die Küste von Deutsch-Ostafrika (heute Tansania, Burundi, Ruanda sowie ein kleiner Teil Mosambiks), und das afrikanische Abenteuer begann. Sie brauchten zweitausend Träger für die kleinen Teile und noch mal 532 starke Männer für die Feldbahn, natürlich brauchten sie auch zweihundert bewaffnete Askaris sowie Köche, Ärzte und Handwerker, und für die

Wegstrecken, bei denen Flüsse zu überqueren waren, benötigten sie, ich vergaß es zu erwähnen, vier leichte Stahlboote und einen Schleppdampfer, und als der, ebenfalls in Teile zerlegt, endlich mit dem Postdampfer «Kaiser» nachgekommen war, stellte sich Hermann von Wissmann an die Spitze dieser kleinen deutschen Anti-Sklavenhandel-Armee, zeigte mit ausgestrecktem Arm in den Busch und rief:

«Vorwärts!»

Mit ihm war Kapitän Prager. Er führte die Expedition, wenn Wissmann anderen Pflichten nachkam. Prager war von Anfang an dabei und sollte auch auf dem Malawisee das Kommando des Schiffes übernehmen. Er war keine Leuchte, aber pflichtbewusst und Wissmann, dem Vaterland und der guten Sache treu ergeben. Ein gutmütiger Kommisskopf, der wusste, worauf es im Busch ankam. Exerzieren, exerzieren, exerzieren. In jeder freien Minute. Davon gab es reichlich, denn der Busch bremste die Expedition einige Male für mehrere Monate aus, dann bauten die Mitglieder ein befestigtes Lager auf, das schnell zu einem Dorf anwuchs, und vertrieben sich die Zeit mit, ich sag's noch mal, Exerzieren, Exerzieren, Exerzieren. Ansonsten kämpften sie gegen wilde Flüsse, Dickicht und Sümpfe, gegen Malaria, feindlich gesinnte Stämme und Krokodile, nur gegen die Engländer kämpften sie nicht. Warum auch? Kämpfe ich gegen Collin und Don Brioni? Kämpfen die gegen mich? Auf dem schwarzen Kontinent verhalten sich Weiße untereinander solidarisch. Dachte Kapitän Prager und irrte sich zunächst auch nicht. Wenn er mit seinen Stahlbooten in Untiefen festsaß, zog ihn ein stärkeres britisches Schiff, das in der Nähe war, heraus, und als während eines Aufstands der heimischen Buschbevölkerung eine englische Einheit aufgerieben zu werden drohte, rettete Prager sie mit seinen Leuten.

Nach zwei Jahren erreichten sie den Malawisee, errichteten dort eine Werft und schraubten das Schiff zusammen. Und auf ging's mit sechzig PS, achteinhalb Knoten und einem 3,7-cm-Revolvergeschütz gegen die Sklavenhändler. Etwa zwanzig Jahre lang. Und in diesen zwei Jahrzehnten ist es dem guten Kapitän Prager nicht ein einziges Mal gelungen, die gewieften arabischen Sklavenhändler-Scheiche auf frischer Tat zu stellen. Das ist ein betrüblicher Aspekt der Geschichte: Der ganze Wahnsinn dieser Expedition hat nicht einen Sklaven befreit. Das Abenteuer war der Abenteurer einziger Lohn.

Kapitän Prager schipperte also mit der «Hermann von Wissmann» tagein, tagaus über den Malawisee und kämpfte unverdrossen gegen Wind und Wellen, gegen Alter und Geschlechtskrankheiten, gegen Heimweh und die afrikanische Lethargie, nur gegen die Engländer kämpfte er noch immer nicht. Im Gegenteil, die freundschaftlich-kollegialen Beziehungen verfestigten sich. Die Briten hatten, dem Beispiel der Deutschen folgend, selbst ein Kanonenboot zum Malawisee geschafft, und immer wenn es in die Nähe der «Hermann von Wissmann» tuckerte, freuten sich die Kapitäne und europäischen Offizierskollegen auf einen entspannten Umtrunk. Der Deutsche und der Engländer wurden unter diesen Umständen keine Freunde im klassischen Sinn, aber sie pflegten immerhin ein Verhältnis, das man weltweit Saufkumpan nennt. Und das ist der zweite betrübliche Aspekt dieser Geschichte: Wie viel Substanz hat die Saufkumpanei? Was bringt sie über das Saufen hinaus? Als im August 1914 in Europa der Erste Weltkrieg ausbrach, beantwortete sich diese Frage folgendermaßen: Die «Hermann von Wissmann» besaß keine Telegraphenmaschine, aber die Engländer auf der «Gwendolin» hatten eine. So erfuhr der britische Kommandant, dass Engländer und Deutsche ab sofort Feinde waren. Kapitän Prager hatte davon keine Ahnung. Er saß an einem Strand des Malawisees neben seinem Schiff und frühstückte, als er das britische Kanonenboot am Horizont auftauchen sah. Gott, wie freute sich der Deutsche über den unangekündigten Besuch seines Kumpels, er sprang auf und winkte ihnen zu, und als die Engländer da waren, wurde er gefangen genommen und sein Schiff demontiert. Und das war es dann mit der «Hermann von Wissmann».

Ich habe darüber mit dem englischen Zahnarzt einigermaßen erregt diskutiert. Ist das Fairplay? Ist das die feine englische Art? Warum hat der Mann seinen deutschen Saufkumpel nicht gewarnt? «Hör mal, good old boy, es ist Krieg, und wir müssen uns jetzt leider bekämpfen. Möge der Bessere gewinnen.» So würde ein Ehrenmann handeln, aber der Brite hatte weder Ehre noch Stil, noch Klasse, noch Manieren. Nicht mal ein Mindestmaß an Anstand hat er bewiesen. Warum ließ er seinen deutschen Saufkumpel nach der Zerstörung der «Wissmann» nicht einfach laufen? Für Prager wäre es nicht weit bis ins deutsche Tansania gewesen, und niemand in der britischen Heeresführung hätte dem Kommandanten der «Gwendolin» einen Strick daraus drehen können. Niemand im fernen Europa hätte die Umstände dieser Flucht gekannt. Aber nein, der englische Kommandant ließ Prager von seinen Offizieren gefangen nehmen und nach England verschiffen. Scheiß auf die Saufkumpanei. Und scheiß auf die Heiligsprechung des Vaterlands. Glücklicherweise haben wir die inzwischen überwunden. Oder wie würde das hier und heute aussehen, wenn Collin, während ich am Feuer sitze, in seinem Büro vom Ausbruch des Dritten Weltkrieges erfährt, in dem wieder einmal Engländer und Deutsche Feinde sind? Würde er dann umgehend an den Strand eilen und mir eine Pistole an den Kopf setzen? Oder mir eins mit der Machete überziehen? Oder mich in Ketten legen, um mich als Kriegsgefangenen bei seinen Leuten abzuliefern? Und nur Lisa dürfte bleiben? Jetzt aber unbezahlt? Spaß. Ernsthaft betrachtet, ist die Zeit heute eine andere. Die Geschichte wiederholt sich doch nicht immer und immer wieder, und sollte ich mich irren, bin ich halt genauso blöd wie der brave Kapitän Prager. Oder, wie es der Zahnarzt formuliert, «crazy enough, dem Sportsgeist der Briten zu trauen». «Ihr Deutschen seid Idealisten und Romantiker», sagt mein Nebenmann am großen Strandfeuer der Fünfsternelodge. «Ihr seid gutmütig und treuselig, das ist euer Charme und euer Problem.»

«Und was seid ihr?»

«Schwer zu sagen. Verraten Sie es mir.»

«Sie sind auf alle Fälle ein guter Erzähler.»

«Danke, aber das ist meine Leidenschaft für Geschichte. Ich war schon in der Schule verrückt danach.»

«Warum sind Sie dann kein Historiker geworden?»

«Zahnärzte verdienen mehr.»

«Apropos Zahnarzt ...»

«Nein, bitte nicht, ich bin im Urlaub. Aber wenn Sie wollen, erzähle ich Ihnen gern noch eine andere Geschichte. Sie beweist, dass es auch schwarze Tyrannen gab.»

Die zweite Feuergeschichte des Zahnarztes aus Südengland handelt von einem Mann, der im Jahre 1787 aus Versehen bei einem Massenpetting im heutigen Südafrika gezeugt wurde. Der Brauch wurde Uku-Hlobonga genannt. Man war der Meinung, dass junge Menschen zwar Sex brauchen, aber keine Kinder. Sein Vater war der älteste

Sohn eines Häuptlings namens Senzangakhona ka Jama, und er hat den Pettingunfall nie akzeptiert. Er erkannte seinen Sohn nie an, mehr noch, er leugnete ihn und gab ihm einen herabwürdigenden Namen: «Shaka». Das ist das Zulu-Wort für Käfer. Und das kann einen Menschen auch weit über seine Kindheit hinaus schon ziemlich wütend machen.

Sechs Jahre lang lebte Shaka mit seiner Mutter im Kral des Vaters, wo ihn alle ständig hänselten, und als Shaka mit seiner Mutter in deren Kral umzog, schwor er sich, eines Tages zurückzukehren. Im mütterlichen Kral erging es ihnen nicht besser. Wieder mobbte man sie raus, und wieder schwor der kleine Shaka, Rache dafür zu nehmen, sobald er groß geworden sei. Eine Großtante nahm Mutter und Sohn schließlich auf. Sie gehörte zu dem mächtigen Stamm der Mthethwa, und als Shaka dreiundzwanzig Jahre alt war, trat er dem Heer dieses Stammes bei. Er brauchte nicht allzu lange, um sich einen Ruf zu verschaffen. Sie nannten ihn «Besieger der tausend», was ein wenig übertrieben scheint, aber ein paar hundert hat er im Zweikampf getötet, das ist gewiss.

Shakas Mut wurde so legendär wie seine Grausamkeit. Er hat nicht einen Gegner verschont. Und er wollte, dass Sterben weh tut. Nach sechs Jahren machte ihn der König der Mthethwa zum General, und Shaka gewann für ihn so lange Schlacht um Schlacht, bis sein Dienstherr ihm dabei half, den Stamm der abakwaZulu zu besiegen und deren Führung zu übernehmen. Es war der Stamm seines Vaters, und die Zeit, in dessen Kral zurückzukehren, war gekommen. Ein Freudenfest wurde das nicht. Shaka ließ die Feinde seiner Kindheit pfählen, denn er wollte, dass es diesen Arschlöchern besonders weh tut. Die Feinde seiner Kindheit im mütterlichen Kral bestrafte Shaka auf die gleiche Weise. Und danach machte er seine eigene Firma auf. Er war jetzt Chef von eintausendfünfhundert Stammesmitgliedern, seine Armee zählte vierhundert Mann. Für die Krieger stellte er ein paar Regeln auf, die nicht nur für diese Region neu waren:

1. Wer ohne Blut an seinen Waffen vom Kampf zurückkommt, ist ein Feigling.
2. Feiglingen wird im Heimatkral und vor den Augen der anderen das Genick gebrochen.
3. Sandalen sind verboten. Barfuß macht euch härter.
4. Sex ist verboten. Tobt eure Geilheit beim Töten aus.
5. Akzeptiert die Befehlskette.
6. Reinstechen und rausziehen ist besser als wegwerfen.

Bisher kämpften die Zulus mit einem Wurfspieß, von denen jeder Krieger drei trug, aber Shaka hasste es, eine Waffe wegzuschleudern. In der Schmiede eines Stammes, von dem es hieß, er benutze menschliches Körperfett für seine Arbeit, ließ er einen Stoßspeer mit kurzem Schaft und langer Klinge entwickeln. Er nannte ihn «Iklwa». Auf Zulu-Art ausgesprochen (chickwaa) hört sich dieser Name wie das Geräusch an, das die neue Waffe beim Reinstechen und Rausziehen macht. Darüber hinaus erfand Shaka den Stierkopf als Schlachtformation. Bis zu diesem Zeitpunkt hatte es für die Stämme Südafrikas nur eine Art der Kriegführung gegeben. Massen stürmten aufeinander zu, und irgendwer blieb übrig. Shakas Stierkopf-Innovation sah so aus: Die besten Krieger bildeten die Stirn, zwei andere Gruppen formierten sich zu Hörnern, der Rest rückte jeweils nach. Sobald sich die Hörner durch die feindlichen Reihen gestoßen hatten, griffen sie von hinten an.

Als Erstes knöpfte sich Shaka sechzig der schwächeren Stämme vor, und allen sechzig machte er, nachdem er sie besiegt hatte, dasselbe Angebot: sterben, und zwar alle, das ganze Dorf, der ganze Clan, der ganze Stamm, oder Zulu werden und seiner Armee beitreten. So wuchs der Stierkopf nach jeder Schlacht, und als er groß genug war, rammte Shaka ihn in die Heere der großen Stämme Südafrikas und machte ihnen ebenjenes Angebot, das er auch den kleinen gemacht hatte: assimilieren oder vernichten. Ergebnis: Auf dem Höhepunkt seiner Macht herrschte Shaka über zweihundertfünfzigtausend Menschen und ein Reich, das sich über halb Südostafrika erstreckte. Außerdem hatte er eintausendfünfhundert Frauen, aber geliebt hat er nur seine Mutter. Als sie starb, ließ Shaka sein Volk drei Monate lang hungern und siebentausend seiner Untertanen hinrichten. Shaka selbst starb durch die Hand eines Halbbruders, der ihn von hinten erstach.

Shaka Zulu hat alles in allem eine Million Menschen auf dem Gewissen, trotzdem gilt er in Südafrika noch heute als Nationalheld. Jeden September feiern die Zulus den König-Shaka-Tag. «Und nun frage ich mich», sagt der britische Dentist, «ob das alles nicht passiert wäre, wenn der Vater Shaka geliebt und ihm einen anständigen Namen gegeben hätte. Was meinen Sie?»

Ich weiß nicht, wie mein Leben verlaufen wäre, wenn mein Vater mich Mistkäfer genannt hätte. Oder Kakerlake. Oder Kanalratte. Guten Tag, mein Name ist Timmerberg, Kanalratte Timmerberg, was kann ich für Sie tun? Keine Ahnung, wie so ein Leben aussieht. Und ich weiß auch nicht, was aus Shaka geworden wäre, wenn sein Vater ihn nicht Käfer, sondern Löwe genannt hätte. Oder Elefant, Nashorn, Stier. Und wenn er darüber hinaus seinen Sohn gestreichelt und auf seinen Schoß gesetzt hätte, statt ihn zu verleugnen, ja, vielleicht wären dann nicht eine

Million Menschen abgeschlachtet worden. Und vielleicht doch. Man weiß es nicht. Man weiß nur, dass dieser Pettingunfall Folgen hatte.

Später sitze ich mutterseelenallein am Feuer. Oder an dem, was vom großen Feuer des Abends noch übrig geblieben ist. Der Himmel hat sich unbemerkt bedeckt, weder Mond noch Sterne erleuchten den Strand. Wenn ich den Blick von den Flammen abwende und mich umschaue, ist da nur die Dunkelheit. Und: die Geräusche. Die Wellen des Sees und die Stimmen des Waldes. Ich erschrecke ein wenig, denn mir fällt wieder ein, wo ich bin. Das hinter mir nennt man Busch, und im Busch jagen wilde Tiere. Nicht hier, ich weiß, aber es gibt nicht nur Pettingunfälle, es gibt auch Jagdunfälle. Hin und wieder verirrt sich ein hungriges Alphatier mal an den Strand einer Lodge, außerdem: Was macht das Krokodil eigentlich gerade? Das sind so die Dinge, die mir plötzlich in den Sinn kommen, nachdem alle anderen Gäste, Mitarbeiter und auch Lisa mich allein zurückgelassen haben. Aber sobald ich in das Feuer sehe, beruhige ich mich wieder. Es ist, wie gesagt, ein kleines Feuer, mit Babyflämmchen, und ganz automatisch beginne ich damit, das verbliebene Holz so zu richten, dass ein größeres Feuer daraus wird – und weg ist die Angst.

Das ist für mich ein großer Moment. Sicherlich nicht so groß wie für die Menschen, die vor was weiß ich wie vielen tausend Jahren zum ersten Mal das Feuer für sich nutzbar machten, aber ein paar Restbestände ihres Triumphes sind noch übrig für mich. Alle Tiere, von den Großkatzen bis zu den Reptilien, fürchten sich vor Feuer. Es gibt keinen besseren Schutz gegen Bestien. Auch keinen schlaueren. Als sie das Feuer als Verbündeten entdeckt hatten, erhoben sich unsere Vorfahren über alle anderen Wesen dieses Planeten. Denn damit begann alles, das Kochen, die Verarbeitung von Metallen und auch die Vorbereitungen für die Erfindung der Dampfmaschine.

Doch zurück zu dem Sicherheitsaspekt. Es ist ein magischer Kreis, den die Flammen für mich schaffen. Er ist groß genug, um in ihm zu sitzen oder zu liegen, sogar groß genug, um in ihm ein bisschen herumzulaufen. Ich kann in Ruhe Gitarre spielen, in Ruhe denken und in Ruhe ein paar Pläne schmieden. Ich werde demnächst, so Gott und Lisa es wollen, auf Safari gehen, wo es wirklich jede Menge wilde Tiere gibt, und ich nehme mir vor, dafür einen Haufen Feuerzeuge mitzunehmen. Aber diese Gedanken sind nur die Wellen einer tiefen See, und das eigentliche Gefühl, das ich genieße, ist nicht nur tief, sondern auch, zumindest was mich angeht, überaus selten. Ich bin stolz darauf, ein Mensch zu sein.

Und plötzlich fällt mir wie aus dem Nichts ein neues Lied ein. Das passiert nicht oft. Alle paar Jahre nur. Als Erstes stellt sich immer die Melodie ein, ihr folgen die Worte. Und wenn ich folgen sage, dann meine ich folgen. Ich muss sie nicht locken, ich muss sie nicht rauspressen, ich muss sie nicht zwingen, sich der Musik anzuschließen, sie kommen freiwillig, fließend. Zeile für Zeile, Strophe für Strophe, vier insgesamt. Und das Lied ist fertig. Ich spiele es immer und immer wieder bis tief in die Nacht, man könnte auch sagen, ich übe es ein, denn mit diesem Lied, das ist mir klar, werde ich die Nuss knacken.

Am nächsten Tag erweist sich das als richtig. Ich sitze wieder mit Lisa am Feuer, auch mit Collin und Rose und ein paar Gästen, und als mich Collin bittet, ein wenig Gitarre

zu spielen, sage ich nicht nein und stelle ihnen das brandneue Lied vor. Und nur Lisa kann es verstehen, weil keiner
außer ihr und mir des Deutschen mächtig ist, und ich finde
das sehr richtig, denn ich singe es ohnehin nur für sie. Das
Lied, das ich schrieb, um Lisa endlich aus der Lodge zu locken, geht so:

Lass uns endlich nach Hause gehen
Ich will heim, ich will heim
Haben wir nicht genug gesehen
Ich will heim, ich will heim

Tausend Straßen, tausend Städte
Ich will heim, ich will heim
Tausend Freunde, tausend Feinde
Ich will heim, ich will heim

All die Tage, all die Nächte
Ich will heim, ich will heim
All die Jahre, ein ganzes Leben
Ich will heim, ich will heim

Komm mit mir, sonst geht es nicht
Ich will heim, ich will heim
Weil du mein Zuhause bist
Ich will heim, ich will heim

Ich will heim

13. TROUBLES IN TRANSIT II

Afrikaner lieben dicke Frauen. Ihr Schönheitsideal setzt bei achtzig Kilo ein und endet irgendwo bis nirgendwo. Bisher kamen mir drei Gründe für die Wertschätzung der klassischen Nilpferdfigur zu Ohren. Den ersten hören in der Regel übergewichtige Touristinnen von ihren schwarzen, oft gertenschlanken Reiseführern: Fett ist sexy, weil Sex und Sinnlichkeit zusammengehören. Wer sinnesfroh und genussfähig ist, so der Gedanke, der schlemmt und schlabbert nicht nur bei Tisch, sondern auch im Bett. Außerdem haben die Männer Afrikas auch gerne was in der Hand. Und zwar überall und insgesamt und ohne Unterschiede. Sie brauchen keine Wespentaille zur vollen Oberweite, keine schlanken Beine zum großen Po, sie messen ihr Ideal nicht mit Zahlen wie 90–60–90, sondern mit einem anständigen Durchmesser im ganzheitlichen Rund. Und darüber hinaus sollte man auch nicht die praktischen Möglichkeiten monströser Speckfalten beim Liebesspiel vergessen. Was man damit alles anstellen kann! Die Reibungseffekte zwischen den Schwarten, der Lustgewinn darin. Das in etwa sind die Texte für Sextouristinnen.

Eine andere Begründung, die ich oft hörte: Auf dem schwarzen Kontinent sind dünne Menschen nicht schlank, sondern unterernährt. Nicht cool, sondern arm. Nicht hip, sondern hungrig. Deshalb gilt ein runder Bauch als Statussymbol für Geld, Glück und Erfolg. Eine dicke Frau hat Nahrung in der Hütte, denn Speck kommt von Speck.

Eine dritte Erklärung für die Anziehungskraft der Übergrößen hörte ich neulich von Francis. Ich weiß nicht, ob er für alle Männer des Kontinents sprach oder nur für sich. «Afrikaner», sagte er, «lieben dicke Frauen, weil sie stärker sind als dünne, jaaaaaaa. Sie können mehr tragen, und sie sind auch besser mit der Hacke auf dem Feld. Dicke Frauen arbeiten besser, jaaaaaa.»

Hat Francis recht? Oder ist er ein Einzelfall? Oder stimmen alle drei Erklärungen für das afrikanische Schönheitsideal? Oder keine? Und ist das nicht auch ganz egal? Muss ich wirklich wissen, warum es so ist, wie es ist? Oder reicht es zu sagen, es ist zu eng, weil hier zu viele dicke Frauen sind? Auch zu viele Dünne und Mitteldicke. Und zu viele Männer. Es sind einfach viel zu viele Menschen auf der offenen Ladefläche des Lastwagens, und wir sitzen eingequetscht mittendrin. Niemand hat hier Berührungsängste. Und ich kann noch von Glück sagen. Mein Hintermann, der etwas erhöht auf einem leeren Kanister sitzt, hat nur ein Bein über meine Schulter gelegt, weil er einbeinig ist. Grob geschätzt dreißig bis vierzig Menschen (mit Gepäck), ein Dutzend Hühner, drei Stauden Zuckerrohr und fünfzig leere gelbe Wasserkanister sind auf dem Weg von Cobue nach Lichinga, und an den Ganzkörperkontakt mit Wildfremden gewöhne ich mich schnell. Ich stamme, wie alle hier, vom Affen ab. Wir kuscheln gerne. Körperwärme, Körperschutz. Es fühlt sich gut an, wenn die, an denen man klebt, gut drauf sind. Bioenergetisch ist zu sagen: Sie sind sehr gut drauf. Ich habe mit fünf Menschen a) direkten und b) stundenlangen Hautkontakt, und bei keinem spüre ich Unruhe, Ärger, Stress. Auch keine psychosomatischen Verspannungen und, daraus resultierend, unkontrollierte Zuckungen. Keine Abwehrstarre, keine geschlossenen Poren. Offene Grenzen, Bewegungen im Fluss, und irgendwie ist das wie ein Körper, und irgendwie ist das schön. Probleme macht nur die Sonne. Lisa hat ihren Strohhut, ich habe ein Tuch. Trotzdem fühlt sich mein Kopf wie ein Ei in der Pfanne an.

Ich habe es also geschafft. Ich habe sie aus dem Paradies herausgequatscht. Oder herausgesungen. Das Lied hat es gebracht, den Rest erledigte eine so einfache wie gemeine Strategie: Hütten verbrennen, Paläste versprechen. Ich habe kein Feuer gelegt, ich habe ihr nur den Job als Frontdoormanagerin einer Dschungellodge schlechtgemacht. Er sei unterbezahlt und ohne Aufstiegschancen und im Grunde nur was für Studenten, die im Urlaub ein bisschen Geld machen wollen, oder für Langzeitreisende, die sich zwischenfinanzieren müssen, oder im schlimmsten Fall was für Penner. Aber für dich, habe ich gesagt, ist das nichts. Für dich ist das Beste, was du bist. Und was ist Lisa? Welchen Beruf hat sie? Oder besser, welchen hatte sie? Was wollte sie für den Busch aufgeben? Ich sage es mal so: In meinem Ranking der Traumfrau-Berufe rangiert ihr gelernter ganz weit oben. Ganz weit unten (Negativranking) stehen Metzgerinnen, Fernsehmoderatorinnen, Diskuswerferinnen, Politikerinnen und Mannequins. Mein Positivranking (und nur die Top Ten) dagegen sieht folgendermaßen aus:

10. Anwältin
 9. Krankenschwester
 8. Allgemeinärztin
 7. Zahnärztin

6. Pilotin

5. Kfz-Mechanikerin

4. Schuhverkäuferin

3. Paartherapeutin

2. Lektorin

1. Französischlehrerin

Lisa war Französischlehrerin, bevor sie in den Busch ging. Und jetzt ist sie auf dem Weg, es wieder zu werden. Wir müssen halt nur noch ein bisschen durch Afrika, zu den Palästen, die ich ihr versprach. Nicht die Paläste aus Marmor, Stein und Edelmetall, sondern die unserer Träume. Manchmal braucht man nur Namen über die Lippen perlen zu lassen, und schon hat man gewonnen. Sansibar, Serengeti, die Quellen des Nil, der alte Basar von Kairo, das in etwa sind die Stationen vor der Rückkehr in ihren Lehrberuf in Wien, und als Erstes sehen wir uns mal ein von Afrikakennern bestbeleumundetes Inselchen im Indischen Ozean an. Die Ilha de Moçambique ist unser Ziel, aber ob daraus heute noch was wird, vermag ich nicht zu sagen, denn unser Transportmittel ist nicht nur skandalös überladen, sondern auch technisch afrikanisiert. Ursprünglich hatte der Lastwagen mal, wie viele andere auch, vier Gänge, aber zwei davon scheinen nicht mehr zu funktionieren. Oder warum quält der Fahrer die Fuhre stur im dritten Gang bergan durch die Serpentinen? Der Motor hustet und rumpelt zum Gotterbarmen und geht schließlich aus. Aber nicht wieder an. Rrrrrrrrrrrr, rrrrrrrrrrrrr, rrrrrrrrrr, das ist die Zündung. Was folgt, ist ein Zirkusstückchen. Nachdem alle Passagiere von der Ladefläche geklettert sind und sich anschicken, den Berg zu Fuß zu meistern, lässt man den Laster im Rückwärtsgang die

Piste herunterrollen, und etwa fünfhundert Meter unter uns springt der Motor wieder an. Trotzdem darf, als er uns einholt, noch niemand aufsteigen, sonst schafft er die Steigung nicht.

Für Lisa und mich ist es ein seltsames Gefühl, so hinter unseren Mitreisenden herzugehen. Keiner regt sich auf, keiner zetert oder will sein Geld zurück. Sogar der einbeinige alte Mann humpelt komplett entspannt den Berg hinauf, und das alles wirkt nicht wie eine lästige zeitraubende Unterbrechung der Fahrt, es fühlt sich eher wie ein Spaziergang an, wie ein Bummel durch die Ewigkeit, denn man kann Afrikanern so ziemlich alles rauben, nur nicht die Zeit. Ihr Land, ihre Bodenschätze, ihre Kinder, ihre Vergangenheit, ihre Zukunft, ihre Strände, ihre Rechte, ihre Freiheit, all das wird ihnen seit Jahrhunderten gestohlen, aber an ihren größten Schatz sind die Diebe bisher noch nicht rangekommen: «Ihr habt die Uhren, wir haben die Zeit», sagen die Afrikaner, wenn Weiße ihnen überheblich kommen, und da ist verdammt noch mal was dran. Sie schlagen sie nicht tot, sie verhaften sie nicht und sperren sie in Terminkalender, um ihr einmal in der Woche Ausgang zu geben, nein, für sie ist die Zeit ein Ozean, und sie planschen mittendrin.

Ich wünschte, ich könnte das auch, denke ich, während ich einer Mama Afrika hinterhergehe. Und kann es auch schon fast. Die Frau trägt ein gelbes Kopftuch und ein blaues Wickelkleid, und sie bewegt ihr Übergewicht mit ansteckender seelischer Gelassenheit. Fehlt in ihren Gehirnen etwas? Irgendein winziges Trinkgefäß? Oder haben wir nicht alle Tassen im Schrank? Warum muss ich unbedingt noch heute die Insel im Indischen Ozean erreichen? Warum muss ich dort überhaupt sein? Ich bin doch hier. Und etwa hundert Meter entfernt von mir steht der größte Pavian, den ich je gesehen habe. Er wirkt wie ein Gorilla, fast ein bisschen wie King Kong. Mit seinen langen, überaus kräftigen Armen stützt er sich zwar auf dem Boden ab, trotzdem steht er nur ein ganz klein wenig vorgeneigt. Ein Wahnsinnsprimat schaut aus dem Busch unserer kleinen Karawane hinterher. Er winkt nicht zum Abschied, aber es fühlt sich so an.

14. DAS PARADIES IST AUS GLAS

Roma bringt uns das Bier, und wir brauchen es dringend. Wir sind fix und fertig von dieser Reise zur Ilha de Moçambique, außerdem ringen wir um Fassung, weil wir wieder mal am Meer sind. Egal, wie groß ein See ist, so groß, so weltentrennend, so lockend, so abenteuerverheißend wie das Meer kann ein Binnengewässer nicht sein. Auch der Duft ist ganz anders. Das herbe Parfüm der Ozeane erregt die Seele, ein See duftet nur gesund. Und was die Wassermusik angeht, wie soll der Malawisee mit den 292 Millionen Kubikkilometern des Indischen Ozeans konkurrieren? Die Wellen machen mehr Druck, die haben mehr Anlauf und mehr Tiefe.

Außerdem ringen wir natürlich um Fassung, weil die Ilha de Moçambique mit ihrer portugiesischen Kolonialarchitektur so schön und das Gästehaus des italienischen Architekten Gabriele das schönste von all den alten Häusern hier ist, denn er hat es mit viel Liebe, viel Geschmack und viel Zeit renoviert. Und ein guter Hausherr hat gute Angestellte. Roma ist schnell und lacht freundlich, als er uns das Bier nach unserer Ankunft auf der Terrasse serviert, und während der milde Alkohol die Nerven beruhigt, kann ich mich nicht sattsehen an den polaroidgrünen Palmen, die aus verzauberten Villengärten in den knallblauen afrikanischen Himmel wachsen. Auch unser Zimmer zeigt uns Roma lachend. Was heißt Zimmer? Eher ist es eine kleine Wohnung mit hohen Decken und einem kleinen privaten Garten. Die Mauern des Gartens sind sandgelb, die Fensterläden und Türen dunkelblau, und der Baum, der dem Patio Schatten und Kühle spendet, trägt rosarote Blüten. Wir richten uns ein, und Roma putzt das Bad, macht das Bett und hilft mir, einen Tisch auf die private Terrasse zu tragen. Alles macht er gern, umgehend und, ich sage es ein drittes Mal, lachend. Zwischendurch spiele ich ein bisschen Gitarre. Ein wunderschöner Morgen, ein fröhlicher, junger, schwarzer Mann, eine winzige Ecke im Paradies, und dann klopft es an der Tür. Roma geht raus, und als er wieder ins Haus kommt, hält er die Arme hinter den Kopf, als habe er sich gestoßen oder als habe ihm jemand in den Nacken geschlagen. Verwirrt läuft er an uns vorbei. Miguel, der zweite Hausangestellte, tritt durch die Tür und sagt zu mir mit sehr ernstem Gesicht etwas auf Portugiesisch. Ich beherrsche diese Sprache nicht, aber das englische Wort «dead», das er mehrmals wiederholt, verstehe ich. Etwas später verstehe ich auch den Rest. Romas hochschwangere Frau ist heute Morgen mit starken Schmerzen ins Krankenhaus gegangen, und eben ist sie gestorben und das ungeborene Kind auch. Das Paradies ist aus Glas, und das Glück ist ein seidener Faden, und für Roma ist er gerade gerissen. Er hat heute Morgen, als wir alle so viel lachten, seine kleine Familie verloren und seine Zukunft, und jetzt hält er sich im Hof des Gästehauses an einem Besen fest und weint.

Mit einem Schlag bricht unsere Reiseseligkeit in sich zusammen. Unsere ersten Spaziergänge über die Insel verlaufen deshalb etwas bedrückt, aber vermutlich wären sie auch ohne den Vollkontakt mit Romas Leid nicht völlig schwerelos gewesen.

Die Ilha de Moçambique ist nur drei Kilometer lang und insgesamt nicht größer als anderthalb Quadratkilometer, fast keines der Häuser ist jünger als zweihundert Jahre, und außer wenigen Ausnahmen scheinen sie auch vor zweihundert Jahren zum letzten Mal renoviert worden zu sein. Erstklassige verwitterte und verfallene portugiesische Kolonialarchitektur ist natürlich trotz der Erbarmungslosigkeit der Zeit immer noch bildschön, selbst die Vollruinen haben noch den Charme verschmutzter Perlen. Aus ihnen heraus, an ihnen hoch und um sie herum wächst die Pracht und Herrlichkeit afrikanischer Natur. Die Palmen, die Bougainvillea-Büsche und die wilden Blumen sorgen für frische Farben und eine lebendige Dekoration. Zu sagen, der Dschungel fresse die uralte Stadt, wäre übertrieben. Es ist ein moderater und enorm attraktiver Wildwuchs, eine gelungene, weil zufällige Kombination aus urbaner Vergänglichkeit und ewigem Leben, und das alles erinnert mich im ersten Moment an Havanna, die schönste kaputte Stadt der Welt. Aber im zweiten Moment schlagen dann die Unterschiede zwischen den kubanischen und afrikanischen Ruinen doch ziemlich brutal auf den Magen. Den Unterschied machen die Menschen, die darin leben. Kubaner sind arm, aber nicht verelendet. Kubaner sind arbeitslos, aber nicht ungebildet. Trotz ihres rückständigen politischen Systems sind sie Teil der gegenwärtigen Zivilisation. Die meisten Bewohner der Ilha de Moçambique aber sind so weit weg von den Normalitäten unserer Welt, dass jede Kommunikation unmöglich wirkt. Die Analphabetenrate in Mosambik beträgt fünfzig Prozent, es gibt eineinhalb Millionen Waisen, und vierundneunzig Prozent aller Kinder unter fünf Jahren haben keine Geburtsurkunde. Ohne die gibt es aber keinen staatlichen Schutz, ohne Geburtsurkunde müssen sie arbeiten, betteln oder als Kindersoldaten kämpfen. Im Busch, in den Dörfern und zwischen den Grashütten mag die Unterentwicklung dieser Gesellschaft natürlich scheinen, doch hier, inmitten der heruntergekommenen portugiesischen Villen, wirken die absolute Armut und das komplette Unwissen der Menschen über den Rest der Welt brutal. Und an ihnen vorbeizuspazieren ist surreal, wenn nicht gar pervertierter Tourismus. Was soll das? Wenn wir in ihre Dörfer wandern, hat das was von Entdeckerdrang und UNESCO, aber hier ist es entweder verschämter Voyeurismus oder ein schwieriger Urlaub. Doch wir müssen nur durchhalten. Und sie auch. Eines Tages wird hier jedes Gebäude restauriert und rausgeputzt sein, eines Tages gibt's hier jede Menge tolle Hotels, Restaurants und Cafés, eines Tages ist auch die Strandpromenade wieder so begehbar, wie sie es zu den Glanzzeiten der Portugiesen war. Eines Tages werden aus den Ruinen wieder Pavillons und türkische Bäder, eines Tages ist das alles hier ein Paradies für Flitterwöchner, und die Hölle wird los sein, und dann haben endlich alle was davon, wir und sie. Wir müssen uns nicht mehr schämen, und sie müssen nicht mehr darben. Nur der Tourismus kann diese Insel aus dem Dornröschenschlaf wecken, und wenn es ein Eiland gibt, das es noch wert ist, wachgeküsst zu werden, dann ist es die Ilha de Moçambique. Sie war ein Juwel des kolonialen Portugal, eines Tages wird sie ein Schmuckstück des postkolonialen Qualitätstourismus sein, denn das Leben ist in Wahrheit ein Märchen, und wer bis dahin nicht gestorben ist, wird davon, ich sagte es schon, profitieren. Bis dahin müssen wir alle durchhalten und uns immer wieder bewusstmachen, dass in Afrika der Gast kein König, sondern Entwicklungshelfer ist. Jedes Bier, das wir hier konsumieren, bringt Geld in den Fluss, von dem alle trinken. Bin ich ein Kommunist? Bin ich ein Christ? Bin ich ein neoliberaler Kapitalist? Wenn Sie mich fragen, ich glaube, ich habe einen leichten Sonnenstich zu beklagen. Glühende Hitze und grelles Licht lag auf den Wegen, die wir spazieren gingen, und ich bin deshalb froh, wieder in das phantastische Gästehaus des italienischen Architekten zurückzukehren.

Am Abend erfahren wir, dass auch noch andere hier Probleme haben, nicht so essenzielle wie Roma, aber immerhin hat man den Hausherrn verhaftet und ins Gefängnis der Insel gebracht. Wir hören es von zwei spanischen Touristinnen, die unsere Zimmernachbarn sind. Sie wissen nicht, warum sie Gabriele eingebuchtet haben. Wir können nur spekulieren und machen das auch, aber es kommt nichts dabei heraus. Er ist seit zehn Jahren hier, und er ist, wie er sagte, der einzige Weiße, der in Mosambik auch schon als Taxifahrer gearbeitet hat. Er hat eine Schönheit des Landes geheiratet, er hat drei Kinder mit ihr, er wohnt mit seiner Familie ein paar hundert Meter von hier in einem Haus, das er ebenfalls gekauft oder gemietet hat. Er ist ein schlanker, feingliedriger, gutaussehender Mann um die vierzig, er ist intelligent, geschäftstüchtig und unterhaltsam, und er ist nicht der einzige Italiener auf der Insel. Die Gästehäuser, Restaurants und Cafés, die man auf der Ilha de Moçambique empfehlen kann, sind mit einer Ausnahme alle in italienischer Hand. Mafia? Zufall? Egal. Wir müssen uns um Gabriele keine Sorgen machen. Er kennt sich aus. Und er ist nicht allein.

Der Dritte, der ein schwerwiegendes Problem zu haben scheint, gehört zum Personal der Moschee, die gegenüber von Gabrieles Gästehaus steht. Unglücklicherweise ist es der Muezzin. Der Abessinier Bilal al-Habaschi, ein freigelassener Sklave und enger Freund des Propheten Mohammed, rief mit ihm zum ersten Mal als Muezzin die Gläubigen zum Gebet, und er musste sich ziemlich anstrengen, denn um 600 nach Christi gab es keine Lautsprecher. Inzwischen gibt es die. Also warum schreit der Mann gegenüber so? Das ist die erste Frage. Die zweite: Warum ausgerechnet er? Muezzins sind keine Geistlichen. Sie entsprechen den Glöcknern im Christentum. Früher nahm man gern Blinde als Sänger, heute anscheinend jeden. Es gibt begnadete Stimmen unter ihnen, wahre Musiker für die Musik der Wahrheit «Allahu akbar» (Gott ist größer!), und es gibt Städte in der islamischen Welt, in der fast jede Moschee einen dieser tollen Sänger hat, und die geben dann unisono Konzerte, fünfmal am Tag. Ich habe den Ruf des Muezzins immer geliebt, nur nicht morgens um fünf. Doch man kann sich dran gewöhnen. Ich brauche in der Regel drei Tage, dann höre ich ihn nicht mehr, egal, wie nah ich an der Moschee wohne. Der Grund ist mir nicht ganz klar. Die Melodie ist zwar wahnsinnig schön, wird aber in der Regel mit seelischer Intensität in hohen Tonlagen vorgetragen. Trotzdem, nach drei Tagen schlafe ich durch. Vielleicht weil Allah höflich ist und Christen nicht belästigen will, vielleicht weil ich schwerhörig bin, vielleicht, vielleicht, vielleicht, ich habe keine Antwort darauf, und darüber hinaus ist es heute um fünf Uhr der erste Morgen in direkter Nachbarschaft zu einem Muezzin, deshalb höre ich ihm zu. Und frage mich, ob alle anderen Mitarbeiter des Gotteshauses keine Zunge mehr haben. Oder warum geben sie einem Mann, der so musikalisch wie ein Esel und so wütend wie ein Rohrspatz ist, das Mikrophon für den heiligen Gesang der Muslime? Er singt nicht einmal. Und es ist auch kein Sprechgesang, kein frommer Rap, es hat null Komma nix mit Gesang zu tun, was der Typ gegenüber da morgens macht. Er schimpft, er zetert, er keift, er ist stinksauer. Muss das hier so sein, weil er die Gläubigen der Ilha de Moçambique auf die sanfte Tour nicht aus den Betten kriegt? Ich mag das nicht glauben. Afrikaner stehen traditionell früh auf und sind traditionell sehr musikalisch. Ich glaube eher, der Muezzin-Schimpfer hat ein schweres Problem. Und wo ich gerade bei Problemen bin: Die Fledermaus hat auch eins.

Es sind drei Fledermaus-Wissenschaftler als Gäste im Haus von Gabriele. Ein Südafrikaner, ein Franzose aus Simbabwe und ein auf Madagaskar geborener Amerikaner. Der Amerikaner ist mit seinem Bart, Verhalten und Charisma die perfekte Mischung aus Indiana Jones und dessen Vater. Er lebt als Professor der Universität von Madagaskar hauptsächlich im Busch, denn er ist überzeugter Feldforscher. Seine Mission auf der Ilha de Moçambique ist für ihn eine willkommene Gelegenheit, Arbeit und Urlaub zu verknüpfen. Was er wissen will: Die Tiere Madagaskars im Allgemeinen sowie die Fledermäuse Madagaskars im Besonderen unterscheiden sich von ihren Brüder- und Schwesternarten auf dem Kontinent mal recht deutlich, mal weniger stark – wie unterscheiden sich die Fledermäuse von Madagaskar von denen auf der Ilha de Moçambique?

Der in Simbabwe lebende Franzose ist um einiges jünger als der Amerikaner und auch sonst ein ganz anderer

Typ. Er wäre durchaus als Steward der «Air France» oder als Börsenmakler vorstellbar, und sein wissenschaftliches Interesse an der armen, kleinen Fledermaus, die sie gefangen haben, konzentriert sich auf die potenziellen Seuchenerreger, die sie in sich trägt. Er erzählt uns von einer Krankheit, von der ich noch nie gehört habe, wahrscheinlich, weil sie nur Schafe und Ziegen befällt. Aber über für Menschen relevante und bisher weitgehend unbekannte Krankheiten referiert er auch sehr gern. Da gibt es zum Beispiel eine, die dafür sorgt, dass alle Gelenke versteifen. Die Krankheit verläuft sehr, sehr langsam, es dauert Jahre, manchmal Jahrzehnte, aber irgendwann kannst du dich nicht mehr bewegen, und das war's dann mit dem Spaß am Leben. Übertragen wird sie von einer Mücke mit schwarz-weißen Beinen und, bingo!, schon habe auch ich ein Problem. Genau so ein Insekt hat es unter unser Moskitonetz geschafft und mich gestochen. Aber der Franzose entspannt mich ein bisschen. Nicht jede dieser Mücken übertrage die heimtückische Krankheit, die meisten hätten nur den Virus des Denguefiebers in ihrer Shithappens-Angebotspalette. Wie beruhigend ist das denn? Es wird auch Knochenbrecherfieber genannt, weil der Schüttelfrost bei vierzig Grad Fieber einem Trommelwirbel gleicht. Zweiundzwanzigtausend Menschen sterben jährlich daran. «Hören Sie bitte nicht auf ihn», sagt dazu der dritte Fledermaus-Wissenschaftler aus Südafrika. «Er ist ein Paranoiker, wie alle Kollegen der medizinischen Fakultäten.»

Sie haben ein Netz im Innenhof von Gabrieles Gästehaus aufgespannt, und darin flattert etwas verwirrt die kleine Fledermaus. Mit ultraschallempfindlichen Mikrophonen untersuchen sie ihre Flugbewegungen und Vibrationen, drei Macs zeichnen die Messungen auf. Leider sind das nur die Warm-ups für die eigentlichen wissenschaftlichen Tätigkeiten, und das Tier ist zu Recht nervös, denn Fledermausforscher sind als brutal bekannt. Auf welche Weise fand man denn heraus, um ein klassisches Beispiel zu nennen, wie sich die Flattermäuse in absoluter Dunkelheit orientieren? Früher glaubte man, dass sie Supermaus-Augen haben, und man empfahl deshalb Sehbehinderten, sich das Gesicht mit Fledermausblut einzureiben. Erst im 18. Jahrhundert klärte der italienische Wissenschaftler Lazzaro Spallanzani den Irrtum auf. Zunächst ließ er unmanipulierte Fledermäuse in dunklen Räumen fliegen, und sie fanden sich prima zurecht. Dann stach er ihnen die Augen aus, und sie flogen noch immer, ohne sich irgendwo anzustoßen. Anderen Fledermäusen ließ er das Augenlicht, aber verklebte ihre Ohren. Und nur die fielen hilflos zu Boden. Und? Wird das Fledermäuschen in Gabrieles Haus die Testreihen der Forscher überleben? Der Amerikaner sagt nein, ganz sicher nicht. Aber ich soll mich nicht sorgen. Sie wollen das Tier hinter verschlossenen Türen und Fensterläden in ihrem Zimmer sezieren.

Gabriele kommt am Nachmittag zurück. Unversehrt, wie es scheint. Er hat keine blauen Flecken, keine ausgeschlagenen Zähne und noch alle Fingernägel. Er wirkt entspannt und lacht, als wir ihm von unseren Sorgen um ihn berichten. Gabriele sagt, es sei eine alte Geschichte. Auf der Insel gibt es einen jungen, ehrgeizigen und vor allem rachsüchtigen Staatsanwalt, dem der Italiener mal vor Jahren einen unstandesgemäßen Platz in seinem Wagen angeboten hat. Der Beamte stand an der eineinhalb Kilometer langen Brücke, die das Festland mit der Ilha verbindet, und wollte nicht zu Fuß drübergehen. Als Gabriele mit seinem Pickup vorbeikam, bat der Mann, mitfahren zu können. Gabriele sagte, na klar nehme ich Sie mit, aber wie Sie sehen, sitzt eines meiner drei Kinder auf dem Beifahrerplatz, und auf der Rückbank schlafen die anderen zwei. Ich kann Ihnen deshalb nur die Ladefläche anbieten. Seitdem macht ihm der Staatsanwalt Probleme, wo er nur kann. Er macht ihm sogar da Probleme, wo er eigentlich nicht kann. Selbst den Polizisten, die ihn gestern verhaftet haben, war die Sache peinlich. «Und wie hast du geschlafen?», frage ich. «Gut», antwortet Gabriele, «sehr gut.» Und dann sagt er einen Satz, den ich mir merken werde: «Alles, was du in afrikanischen Gefängnissen brauchst, um gut zu schlafen, ist ein Handy und Geld.»

Mit dem Geld hat er dafür gesorgt, dass ihn niemand grob behandelt, und mit dem Telefon mobilisierte er a) seine Freunde und b) des Staatsanwalts Feinde. Gabriele pflegt gute Beziehungen zu dessen Vorgesetztem in der Bezirkshauptstadt Nampula. Heute Morgen hat er ihn erreicht, eine halbe Stunde später war er frei. Nur ein Frühstück haben sie ihm nicht serviert, das holt er mit uns nach. Ein Superfrühstück nebenbei. Brötchen auf italienische Art, selbstgemachte Marmelade, literweise Cappuccino, dazu ein freundliches Lüftchen vom Meer und güldene Sonnenstrahlen auf dem türkisblauen Indischen Ozean, auf den wir von seiner Frühstücksterrasse hinuntersehen. Das Paradies ist wieder so perfekt, als wäre nichts geschehen.

15. TROUBLES IN TRANSIT III

Und natürlich freue ich mich darüber, dass ich Lisa aus der Lodge herausbekommen habe. Das Nadelöhr ist durchreist, oder soll ich sagen: durchquetscht? Halb zog ich sie, halb schob ich sie, jetzt sind wir frei zu tun, was uns gefällt. Das war mal unsere Devise, und sie ist es wieder. Wir reisen gemeinsam, wir sind ein vagabundierendes Paar, und die Ilha de Moçambique ist ein ausgezeichneter Start, abends auf Gabrieles Terrasse, wir ganz allein, mit Wein, Petroleumlampen und dem Indischen Ozean. Die Wellen rauschen, die Sterne leuchten, und die Palmen schweigen wieder einmal, während wir auf die neue Etappe der Reise und der Liebe anstoßen. Aber stoßen wir auch auf die Gefühle einer Frau an, die gerade einen Traum aufgegeben hat? Dann sollten wir auch darauf anstoßen, wie es sich für einen Mann anfühlt, ihr jetzt diesen Traum irgendwie ersetzen zu müssen, oder besser: jetzt ihr Traum zu sein. Morgen werden wir uns deshalb auf den Weg nach Sansibar machen, und weil ich für den Zwischenstopp in Daressalam bereits ein Hotel reserviert, aber noch keine Rückmeldung bekommen habe, schaue ich zwischendurch immer mal wieder in meine Mails, was von Gabrieles Terrasse nachts einfach besser geht als tagsüber, und finde bei dieser Gelegenheit ein Brandschreiben einer großen deutschen Zeitung. Sie fragen an, ob ich übermorgen Carlos Santana in Köln interviewen will. Sie brauchen die Zusage bis morgen früh.

«Ist was», fragt Lisa?

«Nee.»

Ich klappe den Laptop zu und widme mich dem Wein. Was zur Hölle soll ich jetzt tun? Es war einmal 1970. Da gab es ein paar Götter für mich. Die meisten, wie Hendrix, sind tot, aber Carlos Santana lebt. Ich hatte ihn auf LSD gehört, und visuell führte mich dabei das Cover der LP durch den Trip. Ein brüllender psychedelischer Löwe. Wohin er mich geführt hat, ist schwer zu sagen. Nicht, weil ich es nicht weiß, sondern weil es so schwer zu beschreiben ist, auf alle Fälle aber ist ein Treffen mit Santana ein bisschen so wie ein Treffen mit Castro und ein bisschen so wie mit einem älteren Bruder, egal, wie langweilig seine Musik inzwischen geworden ist. Das Feuer ist raus, und darüber könnten wir sprechen. Wir könnten es aber auch lassen und uns an den alten Feuern wärmen, und vor allen Dingen könnten wir zusammen spielen. Ich bin zwar größenwahnsinnig, aber nicht in jedem Punkt. Ich weiß, ich kann nicht spielen wie er. Aber ich schreibe besser. Und hin und wieder auch Lieder. Und es gibt ein paar, die wollte ich schon immer mal Santana zeigen, wenn es sich ergeben sollte. Und nun ergibt es sich.

Was genau? Was beinhaltet die Chance, Santana ein Lied vorspielen zu können? Ich kenne Leute, die haben mit John Lennon Blockflöte gespielt und sind auch kein Beatle geworden. Das ist doch alles Blödsinn. Aber glücklicherweise geht es nicht um den Blödsinngehalt bei dieser Geschichte, sondern ausschließlich um den Killerinstinkt. Ein Ball kommt geflogen, punktgenau auf den Fuß, und man nimmt ihn auf und knallt ihn ins Tor. Wenn's danebengeht, ist das auch okay, Hauptsache, man hat es versucht. So waren eigentlich alle meine Erfolge gestrickt. So bin ich gestrickt. Wenn ich angespielt werde, spiele ich mit. Und der Chefredakteur hatte all das in seiner Mail recht schön formuliert. Man könnte auch sagen, recht listig. «Ein Treffen mit Santana. Ein Treffen von Gitarre und Gitarre. Ein Treffen von einem freien Mann und einem freien Mann.»

Aber ich bin kein freier Mann mehr.

Soll ich Lisa, nur eine Woche nachdem ich sie aus der Lodge herausgelockt habe, schon wieder verlassen? Vier Tage, länger bräuchte ich nicht, und für mich ist das auch kein Ding, für mich ist das normal, aber wie normal ist das für sie? Und warum frage ich sie nicht, wie normal das für sie ist? Weil ich weiß, was sie antworten wird und wie sie antworten wird, aber nicht weiß, ob ich es durchstehen werde, das ganze Hin und Her, an dessen Ende sie zähneknirschend akzeptiert, dass ich meinen Weg gehen muss, und sie ihren Segen dazu gibt. Ich scheue den Konflikt, und diese Charakterschwäche, gepaart mit dem Respekt vor dem Reisestress, den dieser Ausflug bedeuten würde, lässt mich den Laptop zuklappen und das Thema zu den Akten legen. Morgen früh werde ich absagen.

In der Nacht schlafe ich selbstverständlich schlecht, weil ich nicht absagen will, aber als der Morgen graut, fühlt es sich noch schwieriger an, das Ruder herumzuwerfen, weil jedes Gespräch über eine plötzliche Änderung unserer gemeinsamen Reisepläne jetzt kein Gespräch mehr wäre, sondern eine Ansage – die Zeit drängt. Wenn die Redaktion nicht sofort meine Zusage bekommt, schafft sie es nicht mehr, mich rechtzeitig in Köln einfliegen zu lassen, falls das überhaupt zu schaffen ist. Also sage ich ab und frühstücke etwas bedrückt mit Lisa. Länger als geplant, denn der Taxifahrer, den wir gestern Abend gebucht haben, ist heute Morgen zu betrunken. Gabriele sucht nach einem nüchternen.

Die Fahrt nach Nampula dauert rund zwei Stunden und führt durch allerliebstes tropisches Grün, Felder, Wälder, Wiesen, alles wunderschön, die schmale Straße, die sanften Kurven, die kleinen Brücken, die Schatten, das Licht, und schön ist auch Lisa mit ihrer Sonnenbrille und den vom Fahrtwind flatternden Haaren. Alles wäre nur noch perfekt zu nennen, wenn mir nicht immer noch die Sache mit Santana zu schaffen machen würde, wie liegengelassener Müll.

An dem kleinen Flughafen von Nampula wird dieses Problem dann auch nicht kleiner, denn hier realisiere ich, dass alles möglich gewesen wäre und dass es selbst jetzt noch möglich ist. Denn wohin fliegen wir? Nach Daressalam. Richtig. Und was genau ist Daressalam? Die größte Stadt Tansanias? Falsch. Für einen, der so schnell wie möglich nach Köln will, ist Daressalam in erster Linie ein INTERNATIONALER FLUGHAFEN. Auf dem wir gegen Mittag landen werden! Ich könnte mit Sicherheit dort einen passenden Flieger nach Deutschland bekommen und morgen Vormittag Santana ein Lied vorspielen.

Für einen freien Mann wäre das kein Problem.

Eine bereits getroffene Entscheidung nicht als Entscheidung, sondern nur als eine Art Diskussionsvorschlag zu verstehen, birgt das Problem, dass man sich dann immer und immer und immer wieder entscheiden muss, und das kann eine durchaus hübsche Beschäftigungstherapie sein, wenn man sonst nichts zu tun hat. Aber es kann auch schwer auf die Nerven gehen, darum denke ich nicht einmal dran, Lisa zu sagen, hör mal, Baby, sobald wir in Daressalam gelandet sind, trennen sich unsere Wege für ein

203

paar Tage, ich weiß, das kommt ein bisschen plötzlich, aber wer sagt denn, dass dieses bisschen Plötzlichkeit nicht das Gesetz des Lebens ist?

Der knapp zweistündige Flug folgt erst der Küste von Mosambik und dann der Küste von Tansania, in einer Höhe, aus der unberührte Palmenstrände nur noch im Bordmagazin sichtbar sind, und verläuft so weit auch ohne Zwischenfälle, erst in der Ankunftshalle des Internationalen Flughafens von Daressalam verpasse ich dann meine letzte Chance auf eine späte Musikerkarriere und steige in das Taxi ein. Wie immer in solchen Momenten erinnere ich mich an «Die sieben Samurai», das Meisterwerk des japanischen Meisterregisseurs Akira Kurosawa, das von John Sturges als Westernversion Szene für Szene nachgedreht wurde und bei ihm «Die glorreichen Sieben» hieß. Sieben professionelle Krieger befreien ein Dorf von dem Terror einer Räuberbande, und als die sieben oder nunmehr fünf – zwei fielen in dem Kampf – mit dem Job fertig sind und weiterreiten wollen, bleibt einer bei den Bauern, weil er sich in eine der Dorfschönheiten verliebt hat. In der Westernversion der Geschichte wird die Rolle des jungen Samurai, der die Liebe dem Kampf vorzieht, von einem Deutschen gespielt. Darum sehe ich immer, wenn mir Ähnliches geschieht, das Gesicht des jungen Horst Buchholz vor mir, dem gerade Yul Brynner erklärt, dass er zwar keine Niete ist, aber auch kein Samurai.

Das Taxi ist kein reguläres, sondern gehört zu unserem Hotel, alles ist geregelt, alles ist im Fluss auf der bisher neuzeitlichsten Stadtautobahn, die ich in Afrika gesehen habe, und dann platzt ein Reifen, und wir stehen, weil es im Wagen zu heiß wird, etwa dreißig Minuten in der glühenden Sonne Ostafrikas und warten auf einen anderen

Wagen unseres Hotels, denn sie haben in dem Taxi zwar einen Ersatzreifen, aber keinen Wagenheber, und vor mir ist eine dieser haushohen Werbetafeln, die an allen Stadtautobahnen der Welt aufgestellt sind. Auf der hier werden die Vorzüge von «Turkish Airlines» mit dem Bild einer Minarettskyline angepriesen. Sie fliegen zweimal täglich nach Istanbul von Daressalam. Es wäre also nicht nur möglich, sondern auch schön gewesen: eine Nacht in Istanbul, eine Nacht in nicht irgendeinem, sondern in meinem Lieblingshotel, dem «Grand Hotel de Londres», in dem schon Agatha Christie und Hemingway abgestiegen sind, und am nächsten Tag wäre ich entspannt zu Santana geflogen und hätte den Ball ins Tor geschossen. Oder auch nicht. Aber ich hätte es versucht, ich hätte meinen Job gemacht, und mehr kann man nicht. Und wenn man mich jetzt fragen würde, was mir in dieser halben Stunde vor der haushohen Werbung für «Turkish Airlines» am Rande der Stadtautobahn von Daressalam und von der Sonne gebraten durch den Kopf geht, müsste ich gestehen: Es ist immer und immer wieder derselbe Satz.

«Eine Chance nicht wahrzunehmen bedeutet, mit dem Schicksal nicht zu kooperieren.»

So weit die schlechten Nachrichten. Die guten haben mit dem zu tun, was im Folgenden geschieht. Der Ersatzwagen kommt, wir erreichen das Hotel, wir hören im Foyer, dass sie keinen Alkohol haben und es an einem Sonntag in der islamisch dominierten Stadt ganz allgemein schwierig ist, Alkohol zu finden, wir finden aber mit Hilfe eines Taxifahrers trotzdem eine offene Bar, in der uns ein Gast mit blutig geschlagenen Lippen entgegenkommt und die Barfrauen hinter Gittern arbeiten müssen, damit niemand sie belästigt oder Flaschen klaut, und als wir dann endlich in unserem Zimmer sind, dessen Balkon wir nicht betreten dürfen, weil er baufällig ist, und Bier trinken und ich zunächst den Blick aus dem sechsten Stock auf die Dächer von Daressalam genieße und dann den Blick auf das Bett, auf dem Lisa inzwischen nur noch mit einer Jeans und einem roten BH bekleidet liegt, erst da bereue ich meine Entscheidung nicht mehr. Scheiß doch auf Santana. Jeder hat seine eigene Braut, und jeder singt seine eigenen Lieder.

16. NOLLYWOOD INN

*D*ie große Trostmaschine Afrikas hat ihren Sitz nicht im Vatikan oder in Mekka, ihre Träume werden in Nigeria produziert. Darum heißt sie Nollywood. Zweitausend Filme pro Jahr, durchschnittliches Budget fünfzehntausend Dollar, maximale Drehzeit zwei Wochen, aber es geht auch in einer. Kein Kino, nur DVD. Und keine Hütten, nur Paläste. Wenn Hütten vorkommen, sind es historische Filme. Das moderne Afrika sieht in Nollywood etwa so aus: vier Freunde, vier Frauen. Die Berufe der Männer sind: Anwalt, Arzt, Tanzschulen-Inhaber und Musiker. Alle, außer dem Musiker, tragen auch in ihrer Freizeit teure schwarze Anzüge und weiße Hemden aus erstklassigem Material. Alle, außer dem Musiker, fahren nagelneue Limousinen der oberen Mittelklasse oder gleich Jaguar. Alle, außer dem Musiker, wohnen in Villen. Der Musiker ist also der Underdog der Gruppe, aber auch er lebt nicht in der Mülltonne, sondern in einer hübschen kleinen Wohnung, er geht zudem nicht barfuß und in Lumpen, sondern fährt einen gepflegten VW Käfer und trägt hochwertige Kleidung, sie ist bei ihm halt nur bunt. Und alle, aber jetzt wirklich alle, also auch der Musiker und die Frauen, trinken, sobald es Abend geworden ist, edle Rotweine und hin und wieder Champagner. Es wird in diesem Film nicht ein Bier konsumiert und nicht ein armer Afrikaner gezeigt, nicht mal als Statist. Darum gibt es fast keine

Straßenszenen, und wenn doch, konzentriert sich die Kamera auf die Limousinen der vier Freunde oder auf die Limousinen ihrer Frauen. Deren Berufe: eine Anwältin, eine Ärztin, eine Unternehmerin, eine Hausfrau. Getanzt wird Salsa. Schauplätze der Handlung: die klinisch sauberen Innenwelten ihrer Villen, Konzernzentralen und Shopping-Center sowie zwei, drei Edelrestaurants und ein gepflegtes Lokal, in dem der Musiker als Barmann arbeitet. Er ist ein aufstrebender Musiker, und das ist sein Brotjob. Niemand hat materielle oder gesundheitliche Probleme, alle Konflikte der Geschichten entzünden sich an der Liebe. Ach ja, es gibt auch keine Moskitos und keine Weißen in diesem Film, aber alle Hauptrollen sind mit helleren Schwarzen besetzt, die das junge, schöne, upcoming Afrika verkörpern, richtig tiefschwarz sind nur die Mächtigen (Konzernchefs, Richter).

Araber, Chinesen und Inder kommen auch nicht vor, und das macht mich seltsamerweise froh, denn sosehr ich zum Beispiel Inder in ihrer Heimat schätze, so massiv gehen sie mir in Afrika auf den Keks. Als hätten sie all ihre niedlichen Seiten zu Hause gelassen und nur ihre arroganten mitgenommen. Dabei haben sie alles richtig gemacht. Sie sind keine Missionare. Sie wollten keine Hindus im Busch, es reicht ihnen, von Krishna exklusiv die Flötentöne geblasen zu bekommen. Die Inder in Afrika wollen nicht helfen, und sie haben auch keine geopolitischen Ambitionen. Sie wollen einfach nur Geschäfte machen und ansonsten in Ruhe gelassen werden. Möglicherweise mangelt es dem von Indern geführten «Royal Mirage Hotel» deshalb ein wenig an Atmosphäre und an der Liebe zum Detail, und dasselbe gilt für ihr merkwürdiges Hotelrestaurant, in dem wir nun seit geraumer Zeit sitzen und weder rauchen noch Alkohol trinken dürfen, das heißt, wir haben genug Muße, uns in aller Ruhe auf den Traum von Nollywood zu konzentrieren. Aber warum warten wir so lange auf das Essen? Tansania ist seit fünfzehn Jahren nicht mehr kommunistisch. Weil der Bastard, der durch die Verbindung von Kommunismus und afrikanischer Lethargie geboren wurde, äußerst langlebig und vielleicht sogar nicht totzukriegen ist? Fauler Kellner, wenn dein starker Arm es will, stehen alle Teller still, ganz abgesehen von den Armen der Köchin. Außerdem ist Sonntag, und obwohl rund vierzig Prozent der Einwohner des Landes muslimisch sind, haben sie den freien Tag der Christen gern übernommen. Lisa und mich deprimiert es, wenn am Tag des Herrn alle Bürgersteige hochgeklappt und alle Geschäfte und Restaurants verriegelt und verrammelt sind und selbst die geöffneten, wie dieses hier im Hotel, einen, na sagen wir, halbgeschlossenen Eindruck machen, wie im Übrigen auch die Augen des Kellners, der in der Tür zur Küche lehnt und mit uns den Nollywood-Film ansieht. Ihn am Sonntag zu mehr Eile anzuhalten oder auch nur bei ihm nachzufragen, ob das Essen noch in dieser Woche kommt, könnte mir nicht nur als unsozial, sondern auch als rassistisch ausgelegt werden. Ich habe es nur einmal versucht, etwa vor einer halben Stunde, und seitdem lächelt er nicht mehr und behandelt uns wie Luft.

Aber auch uns tröstet inzwischen Nollywood, denn in diesem Film werden alle Protagonisten in den Restaurants fast schneller bedient, als sie bestellen können. Unseren real existierenden Kellner in Daressalam irritiert das offensichtlich wenig. Er ist ja nicht blöd, er weiß, dass es ein Märchen ist, eine Low-Budget-Vision der afrikanischen Traumfabrik. Er weiß auch, dass die fetten Villen Politikern (oder deren Söhnen) gehören und nur stundenweise angemietet wurden. Und die dicken Karren leihweise von Autohändlern gestellt sind. Darum darf der Jaguar, der in der Geschichte eine tragende Rolle spielt, von den Schauspielern auf keinen Fall gefahren werden. Sie dürfen ihn nur streicheln, dürfen sich reinsetzen und das Lenkrad anfassen, mehr nicht, und trotzdem oder gerade deshalb ist das ein Höhepunkt des Films, denn in den Jaguar-Szenen wirkt die Begeisterung der Filmschaffenden endlich mal authentisch und nicht schlecht gespielt. Der Rest der schauspielerischen Leistungen liegt dagegen nur knapp über dem Kasperle-Theater-Niveau. Westliche Kritiker nennen das in unendlich politisch korrekter Nachsicht gern die «spezielle afrikanische Erzählweise», und, verdammt noch mal, sie haben recht: Wofür es in Hollywood nur eine hochgezogene Augenbraue braucht, darüber wird in Nollywood fünfzehn Minuten palavert. Francis lässt schön grüßen, jaaaaaaa.

Nun zu den moralischen Werten, die der Film vermittelt. Sie sind dergestalt, dass sie von Christen, Moslems und Geisterbeschwörern gleichermaßen unterschrieben werden können. 1. Ich bin dein Herr, dein Gott, du sollst keine anderen Autos haben neben mir. 2. Du sollst nicht ehebrechen. 3. Musiker gewinnen immer. 4. Du sollst das Alter ehren. Das erste und das letzte Gebot werden folgendermaßen dramatisiert: Der Tanzschulenbesitzer ist der Gigolo unter den vier Freunden. Er fickt mit einer fast doppelt so alten, schwerreichen Unternehmerin, und nachdem sie ihm den Jaguar überlassen hat, verlässt er sie. Daraufhin nimmt sie ihm den Jaguar wieder weg, und er kehrt zu ihr zurück. An der Beinah-Nichtbefolgung des zweiten Gebots zerbrechen fast die Ehen des Arztes und des Rechtsanwalts sowie deren Freundschaft, denn jeder hat was mit der Frau des anderen. Aber glücklicherweise wirklich nur beinahe. Die Hemden der Männer werden aufgeknöpft und ihre Brustwarzen geküsst, aber sobald man sich an ihren Gürteln zu schaffen macht, überlegen es sich die Ehemänner noch mal. Nur der Musiker ist geschieden. Weil seine Ex-Frau ein Arschloch ist, darf er seinen Sohn nicht sehen. Er bittet seinen mächtigen Onkel (Konzernboss) um Hilfe, die der sofort gewährt. Der Onkel ruft eine seiner Top-Anwältinnen an und sagt, nun machen Sie diesen Mann mal froh. Aber der Musiker hat ausgerechnet diese Anwältin vor ein paar Tagen in seiner Bar so schlecht bedient, wie wir hier gerade bedient werden, weil er kurz zuvor von seiner Ex beleidigt wurde und einen temporären Hass auf das weibliche Geschlecht mit zur Arbeit genommen hat. Und es gibt noch ein Problem: Der Konzernchef ist ja nicht der Boss der Anwältin, sondern deren Klient, ihr Chef aber ist zufällig der Mann, für den die geldgierige Ex des Musikers den Vater ihres Sohnes verlassen hat. In Nollywood, wo achtzig Prozent aller berufstätigen Männer Anwälte sind, kommt das schon mal vor. Alles wird trotzdem gut. Die Anwältin verliebt sich in den Musiker, kündigt ihren Job in der Kanzlei und erstreitet als selbständige Juristin für ihren neuen Freund das Sorgerecht. Und Abspann. Und nach dem Abspann ein paar lustige Szenen aus dem Making-of, also Momente, in denen die Schauspieler versagt haben. Irritierenderweise sind die Patzer auch nicht schlechter als der offizielle Film.

Aber ich will nicht unfair sein. Schauspieler sind nur so gut wie ihre Regisseure, und die sind nur so gut wie ihre Kameramänner, und die sind nur so gut wie ihre Ausbildung im Club Aldiana. Das ist jetzt kein Witz. Und kein

Film. Das ist das reale Afrika. Ich habe im Senegal einen Nollywood-Kameramann kennengelernt, einen Freund meines Freundes Dirk, und er hat, genau wie Dirk, neun Jahre lang im Club Aldiana Dakar als Animateur gearbeitet. Sein Name ist Omar. Als die Videokamera erfunden wurde, entschloss sich die Geschäftsführung in Deutschland, eine handverlesene Gruppe ihrer Animateure aus allen Clubs zu einer Firma nach Nürnberg zu schicken, um ihnen dort die Technik und den Gebrauch des neuen Mediums näherbringen zu lassen. Omar stand damals nicht auf der Liste, aber er sagte zu seinen Chefs, er würde den Flug, das Hotel und alle Kosten selber tragen. Er wolle nur, bitte, bitte, an diesem Seminar teilnehmen, und sie sagten ja. Was dazu führte, dass wenig später deutsche Touristen im Club Aldiana Dakar auf einen Afrikaner trafen, der ihnen sagte, er werde ihnen jetzt erst einmal erklären, wie diese brandneue Technik funktioniere, und am letzten Abend werde man dann keine Dias vom Aufenthalt im Senegal präsentieren, sondern jeder Gast zeige sein selbstgedrehtes Urlaubsvideo. Das machte Omar, bis der Club im Senegal geschlossen wurde, danach beschäftigte ihn Nollywood. Egal, Animateure sind keine Amateure, sondern irgendwas dazwischen.

Der Film, den wir sehen, dauert plus Abspann und Making-of satte zwei Stunden. Und erst kurz danach kommt unser Essen. Noch wichtiger ist: Wir haben bereits die Tickets für die Fähre und freuen uns auf die Überfahrt. Sie dauert nur zwei Stunden, und das Wetter ist bestens. Also, morgen sind wir in Sansibar.

17. ALLES SANSIBAR

Ungelogen, ein Fisch kam geflogen. Rot und tot lag er auf der weißen Treppe zur Terrasse des «Blue Oyster Hotel». Ein schöner Fisch und irgendwie passend zum Indischen Ozean, aus dem er gekommen war. Ich sehe über dieses Meer und weiß, dass hinter dem Horizont, ganz, ganz weit dahinter, Bombay und Goa liegen, und ich sehne mich ein bisschen nach Indien, aber doch nicht so sehr, wie ich vermutet hatte, denn Indien ist hier. Und Persien. Und Arabien. Sogar Thailand scheint irgendwie hier zu sein. Auf Sansibar mischt sich das alles auf eine panorientalische Weise, für die «märchenhaft» eigentlich das einzige Adjektiv ist, das den Sachverhalt trifft. Und weil ich gerade bei Adjektiven bin, die schwer zu steigern sind, gestatte ich mir für eine Weile, das Wort «wunderbar» durch «sansibar» zu ersetzen. Denn sansibar türkis ist das Meer, sansibar samtig fühlt es sich an, und es ist sansibar temperiert, also um die dreißig Grad. Darauf glitzert sansibar die Sonne, sie schickt eine Armada von Lichtschiffchen, und gleich hinter dem Strand wiegen sich Kokosnusspalmen auf sansibare Art. Also nicht die neuen Züchtungen Afrikas, nicht die kleinen Bäume, deren Nüsse leichter zu ernten sind, sondern noch immer die großen, die majestätischen, die schlanken Wahrzeichen des Fernwehs, und ich rede hier nicht von drei oder vier oder vierzig Bäumen, es sind Kokosnusspalmenhaine, Kokosnusspalmenwälder, Kokosnusspalmendschungel mit sansibar verzauberten Lichtungen, auf denen kleine Affen genauso unbeschwert leben und spielen, wie es die Delphine in den Buchten dieser Küste tun. Sansibar auch die Luft. Sie ist geschwängert mit ausschließlich sansibaren Düften, die Gewürze liegen hier gratis im Wind. Pfeffer, Chili, Kardamom, Ingwer und Zimt. Dazu mischen sich die Düfte der Guaven, Orangen, Granatäpfel, Litschis und Mandarinen, und das erklärt vielleicht ein wenig den zweiten Namen der Insel. Unguja heißt «Land der Fülle». Dementsprechend glücklich sind die Menschen. Sie sind ganz und gar sansibar. Ethnologisch, religiös und modisch so vielfältig wie die Menschen aus Tausendundeiner Nacht. Perser, Araber, Parsen und Inder kamen und verbanden sich geschäftlich wie familiär miteinander, natürlich auch Portugiesen, Engländer und Deutsche.

Auch die Getränke sind sansibar. Es gibt drei führende Biermarken in Tansania: «Serengeti», «Kilimanjaro» und «Safari». Das «Serengeti» ist leicht und bekömmlich und eignet sich gut für die frühen Nachmittagsstunden, denn es macht nicht dumpf betrunken, es lässt vielmehr die Tür weit genug offen, um jederzeit wieder nüchtern hinauszugehen. Die Flasche ist rank und schlank und liegt gut in zarter Frauenhand, auch das Etikett mit klassisch-edlem Leopardendesign ist fein. Dazu passt ein weißer Leinenanzug genauso gut wie ein schwarzes Cocktailkleid. Das «Serengeti» darf deshalb nicht sterben.

Noch etwas leichter, dafür aber bitterer und schwerer im Geschmack, fließt das «Kilimanjaro» die Kehle herunter. Ein Herrengetränk, eine bauchige Flasche, der Aufkleber mit den vergletscherten Gipfeln suggeriert: auf ewig eisgekühlt. Prost, Hemingway, auf dein Wohl, alter Junge, du hast uns allen gezeigt, wie es geht. Zuerst wird eine Reise journalistisch verwertet, dann kommen die Kurzgeschichten, zum Schluss der fette Roman. «Schnee auf dem Kilimandscharo» war eine seiner besten Erzählungen, sie wurde mit Gregory Peck und Ava Gardner verfilmt. Jede ernstzunehmende Liebesgeschichte, die in Afrika spielt, endet tödlich. Entweder für die Liebe, weil die Frau in ihrem Mann nur noch den Feigling sieht, oder er überwindet seine Feigheit, dann endet sie tödlich für ihn.

Zeit also für ein «Safari», Zeit für 5,5 Promille. Und dazu gönne ich mir eine «Portsman». Früher hieß diese Zigarettenmarke «Sportsman», aber weil Tansania bei der Entwöhnung der Menschheit vom Nikotin nicht hintenanstehen will, zwang man die Hersteller, der Marke einen anderen Namen zu geben, denn Sport und Zigaretten hätten nichts miteinander zu tun. Sie lösten das Problem im Handumdrehen. Einfach dass S weg, und schon verführt man mit dieser Marke keine Sportler mehr, sondern nur noch Hafenarbeiter, und die rauchen sowieso bis ans Ende aller Tage.

Eine letzte Portsman also, bevor mir im Restaurant des «Blue Oyster Hotel» Pizza serviert wird, eine Pizza übrigens, die mir mundet wie noch nie eine Pizza zuvor. Und das sage ich nicht, weil das Hotel einem alten Freund von mir gehört und wir umsonst bei ihm wohnen dürfen, so korrupt bin ich nicht. Die Pizza ist wirklich ein Gedicht, knackig, würzig, sagenhaft rund im Geschmack, und weil ich nicht damit aufhören kann, sie schmatzend zu loben und zu preisen, kostet Lisa ein Stück davon. Und lacht.

«Weißt du, warum sie dir so gut schmeckt, Helge? Sie ist voll mit Fleisch.»

Ich schütte das «Safari» auf ex runter. Ich esse kein Fleisch. Ich bin ein geborener Vegetarier, und ich war immer stolz darauf, es nicht aus religiösen oder gesundheitlichen Gründen zu sein, sondern einzig und allein, weil ich mich vor Aas ekle. Wann immer ich gefragt wurde, warum ich Vegetarier bin, antwortete ich, dass mich schon als Kind der Geschmack und die Konsistenz von toten Tieren angewidert hat. Und jetzt das! Also noch ein «Safari» und noch eine «Portsman», aber die Pizza rühr ich nicht mehr an, egal, wie genial sie schmeckt. Ab sofort bin ich Vegetarier aus weltanschaulichen Gründen, ab sofort tun mir die Tiere leid.

Zum Hotel ist noch zu sagen, dass es eine gelungene Mischung aus Sansibar und Niedersachsen ist. Ich habe mal vor so langer Zeit, dass es mir fast wie ein anderes Leben vorkommt, in der Nähe von Braunschweig gewohnt, in einem Dörfchen namens Eilum, das zweihundertfünfzig Seelen zählte, und etwa ein Drittel davon waren zugezogene Landfreaks, wie Klaus und ich. An der Gegend gefiel uns, dass die Grenze zur DDR nicht weit war, das machte alles billiger. Ich wohnte mit meiner Familie in einer Fünfzimmerwohnung für zweihundertfünfzig Mark, Klaus hatte ein ganzes Haus plus riesigem Garten für knapp die doppelte Miete. Wir hatten Kinder, wir hatten Gras, wir hatten eine Partei. Klaus und ich gründeten den Kreisverband Wolfenbüttel der «Grünen Liste Umweltschutz» (GLU), aus der später die Grünen hervorgingen. Um ein Haar wären wir als erste GLU-Abgeordnete in den niedersächsischen Landtag eingezogen, aber dafür haben wir dann doch zu viel gekifft. Ich bereue bis heute nicht, die politische Laufbahn ausgeschlagen zu haben, denn es gefällt mir nicht, was aus Joschka Fischer und Jürgen Trittin geworden ist. Gefällt mir, was aus mir wurde? Schwer zu sagen, aber Klaus und ich waren wirklich gute Freunde, fünf Jahre sahen wir uns jeden Tag, dann trennte sich meine

Frau von mir, und ich ging nach Indien und kehrte nie mehr nach Eilum zurück. Und sah Klaus nie wieder. Auch er verließ wenig später das Dorf und ging nach Afrika. So etwas passiert. Man nennt das Lebensabschnittsfreunde, und wenn man sich dann nach Jahrzehnten wiedertrifft, kann es passieren, dass man sich zuerst nicht erkennt oder nicht mehr sympathisch findet. Ob das mit Klaus und mir so ist, vermag ich nicht zu sagen, denn er ist in Deutschland. Sein Sohn managt das Hotel. Mit dem verstehe ich mich so gut wie mit seinem Vater damals, er sieht auch aus wie der junge Klaus. Die Ähnlichkeit ist so verblüffend, dass ich ihn ständig Klaus nenne, obwohl er Anwar heißt, und natürlich entschuldige ich mich dafür, denn ich kann mir denken, dass so etwas nervt, aber es dauert nicht lange, und ich verwechsle die Namen schon wieder. Ich krieg einfach den Klaus aus seinem Sohn nicht raus. Und Niedersachsen nicht aus Sansibar. Immer wieder schwärme ich von der gelungenen Fusion der doch recht verschiedenen Welten in seinem Hotel, und Lisa weiß dann nicht, wovon ich rede. «Alle Materialien kommen aus Afrika, und auch der Baustil ist absolut sansibarisch. Also was erinnert dich hier, außer den Gästen, an die Norddeutsche Tiefebene?» Ich habe keine wirklich befriedigende Antwort darauf. Vielleicht ist Niedersachsen afrikanischer, als man denken mag, vielleicht fusionieren die Welten auch nur insofern, als das «Blue Oyster Hotel» vom Stil her zwar urafrikanisch ist, aber ohne Pfusch gebaut. Es ist die Perfektion, die hier so niedersächsisch wirkt, sowie das Glaubensbekenntnis zur Sauberkeit. Darüber hinaus spüre ich überall seinen Geist. Ich bin stolz auf Klaus und stolz auf mich, denn sein fabelhaftes Hotel beweist mir, dass ich seinerzeit nicht mit einem Penner befreundet gewesen bin.

Was die anderen Gäste angeht, nun ja, die meisten sehen wie Niedersachsen aus, und das ist halt eine spezielle Sorte Mensch. Solide, bodenständig und vernünftig in der Partnerwahl. Ich sehe jede Menge Männer in meinem Alter mit Frauen bei Tisch, die in etwa so alt sind wie sie oder ein ganz klein bisschen jünger. Lisa und ich sind das einzige Paar im Restaurant und am Strand mit einem ernsthaften Altersunterschied. Wir kennen das inzwischen, von der Lodge und überall eigentlich, und es ist immer dasselbe: Die anderen mögen das nicht. Die Männer reagieren neidisch, die Frauen hassen mich. Ich kann das verstehen, ich beleidige sie, ohne sie beleidigen zu wollen. Manchmal würde ich am liebsten von Tisch zu Tisch gehen, um sie zu entspannen. «Hört mal, Leute, ich habe auch meine Probleme. Es stimmt einfach nicht, dass eine jüngere Frau auch den Mann jünger macht. Das Gegenteil ist der Fall. Seitdem ich mit Lisa zusammen bin, fühle ich mich zum ersten Mal in meinem Leben alt. Oder anders, zum ersten Mal in meinem Leben akzeptiere ich mein Alter nicht mehr. Zum ersten Mal in meinem Leben will ich jünger sein, als ich bin, aber jeder Blick in den Spiegel bringt mich in die Wirklichkeit zurück, und wenn kein Spiegel in der Nähe ist, reicht ein Blick auf meine Hände. Ergebnis: Ich habe Angst, ständig Angst, sie bricht nicht oft aus, aber sie lauert in mir, wie ein bissiges Haustier. Angst vor jedem Jüngeren, der am Strand seinen Waschbrettbauch in die Sonne hält, Angst vor der Impotenz, die kommen wird, Angst vor der Sugar-Daddy-Existenz. Und wenn ihr das beneiden und verachten wollt, bitte schön, ich beneide euch auch, aber ich verachte euch nicht. Denn ihr macht es richtig, und ich mache es falsch. Und noch etwas: Ich tue Dinge, die ich eigentlich nicht mehr tun will, und ich gehe Wege, die ich eigentlich nicht mehr gehen will, und das wird, auf Dauer gesehen, noch größere Probleme mit sich bringen als Verlustängste und diese Eifersucht mit den Rattenzähnen. Ja, ihr habt recht, ich bin zu alt für sie. Aber wisst ihr, wo die Liebe hinfällt, da macht sie sich breit, und das ist mein Problem, nicht eures. Darum kümmert euch um euren Scheiß, okay?»

Manchmal schnappt die Falle zu, und man weiß nicht, warum, man hat keinen blassen Schimmer, was man falsch gemacht hat, außer in sie reingetappt zu sein. Und manchmal geht die Falle auf, und man weiß wieder nicht, warum, weshalb, wieso. Vielleicht stimmt es ja, dass Gottes Wege unergründlich sind, aber dann stimmt auch dasselbe für die Wege des Teufels. Vielleicht ist es auch der Spirit von Niedersachsen oder der Geist eines alten Freundes, denn wir wohnen in dem Privathaus von Klaus und schlafen in seinem Bett. Ich weiß nicht, wer es ist, der mir in meinem Traum hilft, ich kann sein Gesicht nicht richtig sehen, es ist zu verschwommen. Er hat einen Speer in der Hand, dessen Spitze auf mich zeigt, und der Verschwommene sagt, «jetzt drehen wir den einfach mal um». Und so machen wir's, und als ich wieder aufwache, weiß ich noch immer nicht, wer mir geholfen hat, aber ich weiß sofort, dass es geklappt hat. Ich fühle es, wie ich meinen Atem fühle und meinen Durst auf Kaffee, und je älter der Morgen wird, desto sicherer werde ich, dass es ein alchemistischer Traum gewesen ist, ein Traum, der wirklich was bewirkt. Der Spieß hat sich umgedreht. Ab sofort bin ich nicht mehr zu alt für sie. Ab sofort ist Lisa zu jung für mich. Das verändert alles, und auch sie merkt das sofort.

Die private Terrasse von Klaus ist vierzehn Meter lang und fünf Meter breit, das heißt, man hat Platz zu zweit.

Rechts und links wiegen sich Königspalmen im Wind, vorn ist die türkisblaue Unendlichkeit. Die sechs tragenden Säulen, die von der niedrigen Mauer zum Dach hochgehen, vermitteln die Illusion, im klassischen Griechenland zu sein oder zumindest im alten Rom. Eine ähnliche Terrasse habe ich vor Jahren in einem Film über das Leben Alexanders des Großen gesehen. Es gibt ein Terrassenbett mit Moskitonetz für die heißen Nächte, weil hier fast immer ein kühlendes Meereslüftchen weht, einen großen, schönen Holztisch, ein Kanapee und zwei Ruhesessel. Ich sitze, Lisa liegt. Sie träumt ein bisschen vom unendlichen Afrika. Es gibt noch so viel, was sie sehen möchte, die Masai Mara in Kenia, die Gorillas von Ruanda und Uganda, Namibias Wüsten, Äthiopiens Kirchen, den Kongo-River, die Tuaregs in Niger, das Okavangodelta in Botswana, und noch gestern hätte ich dazu zwar nicht «ja», aber «ja ja» gesagt oder «warum nicht» oder «schauen wir mal». Und vielleicht hätte ich auch über die Chance gesprochen, die darin für mich liegt. Möglicherweise steckt mich ihr «African Fever» doch noch mal an. Abenteuer reloaded. Ziemlich sicher hätte ich das gestern noch gesagt, denn ich habe all die Monate so gesprochen, wenn Lisa von den unendlichen Möglichkeiten an der Seite eines Reiseschriftstellers zu träumen begann, obwohl ich des Reisens müde bin und vom glatten Gegenteil träume. Aber heute, und nach diesem Traum, finde ich andere Worte. «Finden» ist eigentlich falsch in diesem Zusammenhang, denn ich suche nicht nach ihnen, sie brechen einfach aus mir heraus und kommen tief aus meinem Bauch:

«Mein Ozean ist mein Schreibtisch. Ich will nach Haus!»

Lisa versteht das sofort, nicht nur inhaltlich, sie versteht auch die Energie dahinter, die Haltung, die kompromisslose Erkenntnis. Sie fühlt den Seelenstahl. Und rennt erst mal dagegen an. Aber, auch das ist neu, ich ziehe den Streit der Lüge vor. Ich gebe nicht um des lieben Friedens willen nach, denn so lieb ist dieser Friede nicht, das weiß ich. Und Lisa weiß das natürlich auch. Ich kämpfe ja nicht gegen sie, ich kämpfe nur für mich. Und ziehe Grenzen. Und auch wenn sie das zunächst auf die Palme bringt, sie kommt wieder runter. Denn sie hat, wie wir alle, viele Identitäten, und die «Reisende» ist nur eine davon und nicht einmal die zentrale. Letztendlich ist auch Lisa eine Frau, die es liebt, wenn ein Mann weiß, was er will. Und schon beim Abendessen hat sie wieder eine Idee. Vielleicht sei ich gar nicht reisemüde, vielleicht leide ich nur unter temporärem Heimweh. In diesem Fall schlage sie Lushoto in den Usambara-Bergen vor. Da sehe es nicht nur wie in Deutschland aus, da wäre es auch so kühl wie zu Haus. Außerdem achtet sie nun sehr darauf, dass ich nicht wieder die falsche Pizza esse. Vermutet sie, dass ich nur deshalb so stark geworden bin? Und hat sie recht? Das wäre ein interessanter Aspekt, wenn das Fleisch in meinem Bauch den Spieß umgedreht hätte.

18. HEIMATURLAUB

*W*irklich gefährlich in Afrika im Allgemeinen und in Tansania im Besonderen sind nicht die zahllosen scharfen Zähne, die wild, also unkontrolliert nach allem schnappen, was langsamer ist als sie, auch nicht das Gift so unsympathischer Tiere wie Schlangen, Skorpione und Spinnen. Und die Gefahr, die von den Giftpfeilen irgendwelcher Restpygmäen und vereinsamter Buschmänner für Leib und Leben droht, wird ebenfalls maßlos überschätzt. Dasselbe gilt für die Belästigung durch Kindersoldaten, jugendliche Soldaten, erwachsene Soldaten, Söldner, Milizen, Straßenräuber, Polizisten und andere bewaffnete Kriminelle sowie für die Abgründe der hiesigen Gesetzgebung. Auch wenn auf Homosexualität in Tansania vierzehn Jahre Zwangsarbeit stehen, ist Schwulsein in diesem Land noch immer nicht das Riskanteste. Krankheiten? Jede Menge und die ganze Palette, schwarze Beulen, gelbes Fieber, blutrote Augen, aufgepumpte Lymphdrüsen, Pest, Cholera, Pocken, Aids, allein an der Malaria sterben in Tansania jährlich sechzigtausend Menschen, Kinder zumeist, aber all diese Dämonen des schwarzen Kontinents und eigentlich auch alle anderen, die ich aufzuzählen vergessen habe, sind Papiertiger für den Reisenden, denn wirklich gefährlich ist nur der Straßenverkehr.

Die größte Bestie ist der Busfahrer.

Sein Job ist es, schneller zu sein als die Konkurrenz. Der

Schnellste macht die besten Geschäfte, der Langsamste geht in die Insolvenz, das Mittelfeld darbt dahin. Ein permanentes Wettrennen mit Turbo-Effekten, denn es gibt praktisch auf jeder Tour einen Passagier, der es besonders eilig hat und für ein seiner Eile angemessenes Vollgas ein angemessenes Trinkgeld bezahlt, und über diese niederen, weil rein materiellen Beweggründe hinaus erfüllen den afrikanischen Busfahrer auch noch a) der Geschwindigkeits- und b) der Machtrausch. Dschungelgesetze, Evolutionsjuristerei, das größere Fahrzeug hat alle Rechte, und Busfahrer haben in der Regel das größte und damit auch den Größten, und je kleiner der in Wirklichkeit ist, desto mehr geben sie Gas. Radfahrer und Fußgänger sind nicht ihre natürlichen Feinde, alle Pkws, Lkws, Kleinbusse und genauso großen Busse vor ihnen allerdings hassen sie, und alle, die ihnen beim Überholen entgegenkommen, sind ihre Gegner. Dem afrikanischen Busfahrer gehören beide Fahrbahnen, da gibt es keine Diskussion, das wird jedes Mal von Mann zu Mann klargemacht, zwei Schrotthaufen rasen aufeinander zu, und wem zuerst die Nerven durchgehen, der hat verloren, und wenn dabei am Wegesrand Hunde, Katzen, Schafe, Ziegen oder Kühe platt gefahren werden, nennen sie das noch nicht mal Kollateralschaden. Tierisches Leben interessiert sie nicht mehr als eine Bananenschale, menschliches nicht mehr als tierisches, und das Leben ihrer Passagiere ist ihnen ohnehin scheißegal.

Ich will nicht übertreiben, aber es wird mir gerade schwergemacht, es nicht zu tun, denn es sind nicht nur die Verhältnisse auf den Landstraßen Tansanias, die verblüffen, darüber hinaus steht auch noch eine Wahl ins Haus, die wichtigste, das Parlament wird neu gewählt. Der Präsident sorgt sich um seine Macht, die Opposition ist er-

starkt und siegesbewusst, ein ehemaliger Priester führt sie
an. Darum schenkt die Regierungspartei jedem, der bei ihren Wahlveranstaltungen jubelt, ein gelbes T-Shirt, eine
blaue Kappe sowie zehntausend von den Dingsbums. Ich
hab's vergessen, wie das Geld hier heißt, vielleicht fällt
es mir wieder ein. Und weil der oppositionelle Ex-Priester seinen Anhängern empfohlen hat, das gelbe T-Shirt,
die blaue Kappe und die zehntausend Dingsbums zu nehmen, aber trotzdem ihn zu wählen, sind jetzt wirklich alle
Bewohner von Sansibar, die ein gelbes T-Shirt, eine blaue
Kappe und zehntausend Dingsbums gebrauchen können,
mit Sonderbussen, Sonderlastwagen und sonderlich über-
ladenen Motorrädern und Personenkraftwagen auf dieser
Straße in der Richtung unterwegs, aus der wir kommen.
Alle sind gut drauf, ohne Frage, sie schreien, sie singen, sie
skandieren Parolen in ihrer nagelneuen Garderobe. Auch
scheint es, dass viele von ihnen einen erquicklichen An-
teil der zehntausend Dingsbums bereits in Alkoholika in-
vestiert und davon auch dem jeweiligen Fahrer etwas ein-
geflößt haben, und das alles macht diese Fahrt vom «Blue
Oyster Hotel» zum Flughafen, der mehr oder weniger am
anderen Ende der Insel ist, zu einem recht dramatischen
Unterfangen für Lisa, weil sie bei jedem Beinah-Frontal-
zusammenstoß ihre Nerven verliert, statt darauf zu vertrauen, dass hier jeder weiß, was er tut. Natürlich hat sie
recht, sie wissen es nicht, aber es fühlt sich einfach besser
an, das zu ignorieren.

Ich wiederum bekomme Probleme, als ich am Flughafen von Sansibar nur schmachtende Blicke auf einen Airbus werfen darf, der in Kürze nonstop nach Düsseldorf
fliegt, während wir eine Cessna mit zwei Propellern und
zwölf Sitzplätzen besteigen. Der Flug zum Festland von

Tansania bietet dann wieder einmal die in solchen Maschinen übliche Mischung aus aufwallenden Todesängsten und optischen Sensationen. Der Blick aufs Meer, auf die Nachbarinseln, auf die Palmen-Lagunen, auf die Fischerboote, auf die Delphine und Haie aus geringer Höhe mischt das Adrenalin und die Glückshormone zu einem Erlebniscocktail, der weder süß noch sauer ist, außerdem dauert es nur knapp eine Stunde, und wir landen in einer Stadt, die wie ein Bikini heißt. Tanga. Hier hat der deutsche General Lettow-Vorbeck zum ersten, aber nicht zum letzten Mal die Engländer geschlagen, wofür die ihm nachträglich nicht mal böse sind, im Gegenteil, sie bewundern sein strategisches Genie. Aber trotz aller architektonischen Erinnerungen an die deutsche Kolonialzeit – ein Hotel etwa, ein Denkmal (mit Uhr) und einige andere von den Kaisertreuen gebaute, aber von uns nicht besichtigte Gebäude – gibt es in Tanga doch noch entschieden zu viele Palmen, um mein Heimweh lindern zu können, darum bleiben wir nicht zu lang. Erst als sich drei Stunden später unser Taxi über Serpentinen in die Usambara-Berge frisst, verschwinden die Palmen und andere Tropengewächse, um ab spätestens eintausendfünfhundert Metern einem deutschen Mischwald Platz zu machen. Oder irre ich mich, und es ist ein österreichischer Wald oder ein Schweizer? Auch weiß ich nicht, ob es wirklich Birken, Buchen, Linden, Eichen, Kiefern, Tannen und Kastanienbäume sind oder nur deren afrikanische Artverwandte. Aber das Grün stimmt ebenso wie die Temperatur (siebzehn Grad), der Duft und das Spiel von Licht und Schatten im Unterholz.

Was genau erfreut meine Seele an der fast perfekten Kopie eines heimatlichen Mischwalds? Ich würde sagen, es entspricht dem Entzücken, das Beduinen bei der Rückkehr in die Wüste in ihrem Herzen tragen, oder der Freude, die von tibetischen Buddhisten empfunden wird, wenn sie nach langer Zeit im Exil wieder mal auf den Knien über das Dach der Welt rutschen, oder der Erregung von Eskimos auf Schlittschuhbahnen. Ganz Ähnliches wird auch von den kleinen grünen Männchen bei ihrer Rückkehr auf den Mars empfunden oder von E. T. beim Eintauchen in die heimische Galaxis. Nach Hause gehen, nach Hause kommen – was man als Kind sah, fühlte, schmeckte und schnupperte, wird immer die Heimat der Seele bleiben, egal, für welche Wahlheimat man sich entschieden hat, und weil in den Usambara-Bergen nicht nur die Bäume, Büsche und Wiesen deutschtümeln, sondern auch die Holzhütten, Fachwerkhäuser und Berghöfe am Wegesrand wie im Harz, in den Voralpen oder im Sauerland aussehen, muss ich Lisa recht geben. Scheiß auf den Airbus und Düsseldorf, denn so geht es ja auch, allerdings gibt es in diesem Deutschland dann doch zu viele Migranten, um die Illusion perfekt zu machen, und sie sind auch nicht mit Spazierstöcken, sondern mit Macheten unterwegs, außerdem bieten hier die Straßenhändler keine Rostbratwürste, sondern Feldmäuse am Spieß an.

Wir kommen nach Lushoto, das zu Kaisers Zeiten Wilhelmstal hieß und als heimliche Hauptstadt Deutsch-Ostafrikas galt. Daressalam, Sansibar, alles schön und gut, aber in Wilhelmstal kann man klar denken, und da gibt's auch keine Malaria. Alles, was Rang und Namen hatte, von Wissmann bis Lettow-Vorbeck, war hier, wenn an der Küste die Hitze unerträglich wurde. Heute sieht Wilhelmstal wie Lushoto aus, also wie ein deutsches Bergdorf bei Stromausfall.

Wir nächtigen bei Tino. Sein Gästehaus liegt zwar mitten im Ort, aber das heißt nicht, dass man keinen Wald sieht, wenn man bei ihm aus dem Fenster schaut. Unser Zimmer ist so deutsch wie ein Schäferhund, und falls das Bild hinkt, weil man dabei an Schärfe und Gehorsam statt an Gemütlichkeit denkt, ist das nicht weiter schlimm, dann ist das Zimmer halt so deutsch wie ein hinkender Schäferhund. Oder so österreichisch. Lisa fühlt sich in eine Berghütte in der Steiermark versetzt oder in Kärnten oder Vorarlberg. Alles ist aus Holz, die Wände, das Dach, der Boden, die Möbel sind mit der Axt gehauen, ein Kaminfeuer brennt. Das Fenster ist klein, der Schreibtisch, und das spricht für Tino, steht genau davor. Er ist genauso klein und verträumt wie das Fenster, also leck mich, hier bleibe ich.

Ja, sagt Lisa, drei Tage.

Wir sitzen am Kamin, und das Feuer erzählt wieder Geschichten. Hänsel und Gretel? Rotkäppchen? Der böse Wolf? Nein, viel böser, es geht um Kartoffelbrei. Er bremste die erste große Reise meines Lebens aus. Mit siebzehn wollte ich nach Indien, und weder die Geldnot (überall) noch die Wölfe (Kurdistan), noch die korrupten Zöllner (Iran) konnten mich ernsthaft aufhalten. Aber in Belutschistan fing ich mir die Elephantiasis ein, und das wurde dann allerdings ein Problem, denn diese Krankheit verläuft nicht selten tödlich. Doch weil ich jung war und noch nie Antibiotika genommen hatte, schlug das Penizillin sehr gut an. Ich lag nur eine Woche mit hohem Fieber im Krankenhaus von Zahedan, aber diese sieben Tage reichten, um ein Heimweh in mir zu entfachen, das meine Abenteuerlust zu Asche verbrannte. Heimweh fokussiert sich gern auf Details. Plötzlich will man genau die Leute wiedersehen, die einem zu Hause auf die Nerven gegangen sind. Plötzlich sehnt man sich wie bekloppt nach Lokalen, in denen man vorher wie bekloppt Reisepläne geschmiedet hat. Plötzlich will man unbedingt unter die Decke zurück, die einem mal auf den Kopf gefallen ist. Mir kam während der Fieberschübe die Lieblingsspeise meiner Kindheit in den Sinn. Im Alter von zwei bis sieben Jahren aß ich eigentlich jeden Tag Kartoffelbrei. Ich bin Ostwestfale, da gilt so was nicht als Kindesmisshandlung. In meinem Fieberwahn in Belutschistan überhöhte ich dieses Gericht total. Nichts auf der Welt erschien mir plötzlich begehrenswerter, erfüllender, erlösender, Kartoffelbrei als Ziel allen Seins. Sogar meine Träume von Indien, vom Himalaya, von Goa, von Erleuchtung, spottbilligen Drogen und Gratiskokosnüssen verblassten dagegen. Das Fieber verließ mich nach einer Woche, aber der Kartoffelbrei-Wahn blieb.

Komisch, Lisa lacht nicht. Stattdessen schaut sie mich an, als hätte ich einen Sprung in der Schüssel.

«Kartoffeln gibt es fast überall auf der Welt», sagt sie. «Den Brei hätten sie dir auch in Belutschistan machen können. Willst du jetzt auch Kartoffelbrei, Helge?»

«Nein.»

«Aber vielleicht willst du Bergkäse, selbstgemachte Marmelade, dunkles Brot und Filterkaffee? Wenn es das ist, was du willst, dann brauchen wir dafür nicht nach Hause zu fliegen. Das gibt es alles in der ‹Swiss-Farm›, und die ist nur zwei Stunden zu Fuß von hier.»

Sie hat es im Internet gelesen.

Käse ist ein trauriges Thema in Afrika. Entweder gibt es Schmelz im Dreieck oder diese gelben Lappen, mit denen man zur Not auch kleinere Löcher in Wasserleitungen abdichten könnte. Beides schmeckt wie ein Abfallprodukt

der Plastikindustrie mit Käse-Aromastoffen, und selbst
in der «Blue Oyster Hotel»-Niedersachsen-Idylle auf Sansibar hatten sie nichts anderes. Brot ist auch ein trauriges
Thema auf dem schwarzen Kontinent, aber in Wahrheit ist
es das überall außerhalb des deutsch backenden Raumes.
Wir sind die Weltmeister in Sachen Brötchen, Brot, Tor-
ten und Teilchen. Während man mit einem Schwarzwäl-
derkirsch- und Apfelkuchen-Entzug recht gut klarkommt,
vermisst man das Brot hin und wieder schon. German Ba-
keries genießen deshalb von Kathmandu bis Kapstadt eine
beachtliche Reputation. Das Thema Kaffee in Afrika birgt
dagegen für mich kein Problem, weil ich auch zu Hause aus
Faulheit nur Nescafé trinke. Für Wienerinnen wie Lisa
aber ist das Instant-Heißgetränk ein bisschen wie Blasphe-
mie. Wer in den Kaffeehäusern ihrer Heimatstadt schon
mal «einen Kaffee» bestellt hat, wird das verstehen, denn
er wird von den Kellnern entweder blöd oder gar nicht an-
gesehen. Da trinkt man eine Melange (Milchkaffee) mit
oder ohne Schlag (Sahne), einen großen oder kleinen Brau-
nen (schwarzer Kaffee, der durch etwas Sahne eine gold-
braune Farbe erhält), einen Einspänner (schwarzer Kaffee mit mehr Sahne als der Braune), einen Fiaker (Mokka
mit Rum), einen Franziskaner (kleiner Mokka mit viel
Milch und Schokostreuseln), einen Häferl (sehr heller Kaffee mit viel Milch), einen Kaffee verkehrt (mehr Milch als
Kaffee), eine Kaisermelange (schwarzer Kaffee mit Ei-
dotter), einen Kapuziner (Kaffee mit Kakao) oder einen
Maria Theresia (Mokka mit Orangenlikör), um nur die
Klassiker zu nennen. Und zu Hause haben Wiener Espres-
somaschinen, an denen man unten rumschrauben und oben
aufpassen muss, dass sie nicht überlaufen oder wegen be-
schädigter Dichtungsringe explodieren. Das ist mir einmal

passiert. Glücklicherweise war ich gerade auf Toilette. Als ich wieder in die Küche kam, sahen die Wände, der Boden und die Decke wie angekotzt aus. Also, was mich angeht, ich muss nicht wegen einem Filterkaffee zur «Swiss-Farm», aber für alles andere, inklusive der selbstgemachten Marmelade, klettere ich gern meilenweit die Berge rauf.

Die «Swiss-Farm» sieht aus wie eine «Swiss-Farm». Die Gästechalets, der Bauernhof, die Ställe, alles ist vollendete Schweiz in Almgestalt, nur die Kühe sind deutsch. Schwarzbunte Holsteiner. Ihr Genmaterial wurde importiert, inzwischen ist jede, die hier grast, auch hier geboren. Wir sitzen auf der Frühstücksterrasse eines Hauses, das zugleich als Rezeption und Verkaufsraum genutzt wird, und feiern die Hochzeit von Brot und Käse. Jedes dieser Lebensmittel, allein genossen, vermittelt den Eindruck, dass etwas fehlt. Der Käse pur ist fast zu fett, aber das Brot ist ein gewürztes Krusten-Roggenbrot, es saugt das überschüssige Fett auf, während der Käse dem Brot die überschüssige Säure nimmt. Die Kombination entspricht in etwa der Ehe von Zigarette und Alkohol oder der Fusion von Mann und Frau. Dazu ein Tässchen Filterkaffee. Vergessen ist das Geschwätz von gestern über das Instant-Heißgetränk. Alles ist himmlisch. Wir schmecken die Brust unserer Mütter, knuspern die Frucht unserer Erde, trinken die Kraft unserer Väter, und was die selbstgemachte Marmelade angeht: Es ist ein fast unanständiger, pornographischer Genuss. Sie schmeckt nach jungen Früchten und reifen Frauen. An der Mauer hinter uns hängt eine Schiefertafel, auf der mit Kreide Folgendes geschrieben ist:

WHERE ON EARTH AM I?

YOU ARE AT IRENTE BIODIVERSITY
RESERVE

4° 47′ 37,4′ SOUTH OF THE EQUATOR
AND EAST 38° 15′ 55,3′
AT A HEIGHT OF 1452 METRES

CAPE TOWN IS 3823 KM AWAY

AND CAIRO IS 3928 KM AWAY

WHILE THE VIEW POINT IS ONLY
2 KM FROM HERE

Aus 1452 Metern Höhe plus die Meter drauf, die zwischen
der «Swiss-Farm» und dem Irente View Point noch erstie-
gen werden mussten, sehen wir dann auf eine Ebene herunter, die bis zum Horizont reicht und auch zu beiden Seiten endlos scheint. Ein Meer aus Gras, leicht gewellt durch
Hügelketten hier und da. Der Schweiz-Film reißt. Das ist
die Heimat der Massai. Immer wenn ich dermaßen weit in
die Ferne schaue, will etwas aus mir herausfliegen, und es
dauert eine Weile, bis es zurückkommt, danach habe ich
ihre Herden, ihre Gesichter, ihre Speere, ihre Narben, ihre
Farben, ihren Gang und ihre Gelassenheit gesehen. Aber
noch nicht den berühmten Berg mit der Wolkenmütze. Der
Kilimandscharo ist hundertsechzig Kilometer entfernt.

Zurück in Downtown Lushoto, treffen wir Tino in der
Bar seines Gästehauses. Er ist ein griechischer Zypriot von
kräftiger Statur und geringem Körperwuchs, eine mäch-

tige Knollennase ziert sein Gesicht. Seine schütteren, aber langen Haare sind zu einem Schwanz gebunden, dazu trägt er ein buntes Stirnband, Bergschuhe und eine kurze Hose, das heißt, er ist nicht eitel, sonst würde er zu langen Beinkleidern greifen. Er ist neunundfünfzig, genauso alt wie ich. Auch er gönnt mir Lisa nicht. Ich gewöhne mich langsam dran. Der Afrika-Veteran will wissen, wie es auf der «Swiss-Farm» gewesen ist, und als ich sage «wunderbar», sieht er mich an wie ein Mann, der es nicht mehr hören kann, aber als ich das «wunderbar» ein bisschen relativiere, weil die Frau, die uns bedient hat, für hiesige Verhältnisse unfreundlich war und uns auch keinen Käse zum Mitnehmen verkaufen wollte, obwohl im Internet steht, dass dies üblich sei, verfinstert sich Tinos Miene endgültig.

«Die ‹Swiss-Farm› gehört Jesus», sagt er. «Das ist das Problem.»

«Warum ist Jesus ein Problem?»

«Weil er sich seit zweitausend Jahren um nichts mehr gekümmert hat.»

Das ist natürlich ein Satz, der immer stimmt, aber was genau Tino damit sagen will, weiß ich, obwohl er es mir erklärt, nicht, weil er, wie fast alle Griechen, ein sehr schlampiges Englisch spricht und ich, wie erwähnt, schwerhörig bin. Sicher hat es damit zu tun, dass die «Swiss-Farm» das Projekt einer Kirche ist, aber warum Gottes Sohn sich dafür zuständig fühlen sollte, wenn eines seiner schwarzen Schäfchen mir kein Stück von dem fabelhaften Käse aus dem Euter deutscher Kühe mitgeben will, das begreife ich nicht. Vielleicht litt sie unter Menstruationsbeschwerden, und da kann auch Jesus nichts machen.

Bei Schwerhörigen funktioniert Verstehen ähnlich wie ein Kreuzworträtsel. Manche Wörter hört man, manche nicht, die Lücken füllt man mit Möglichkeiten. So könnte er es meinen, so ergibt es Sinn, und das ist mühsam und ermüdend, darum hört man irgendwann nicht mehr hin, aber vermittelt durch ein Lächeln, wenn er lächelt, durch ein Lachen, wenn er lacht, und durch böse Blicke, wenn er böse blickt, jedem Tino dieser Welt die Gewissheit, dass man ganz Ohr ist. Win-win. Tino redet gern, und ich hab trotzdem meine Ruhe. Und ich kann jederzeit wieder einsteigen, als wäre nichts geschehen. Als er mal Pause macht, sage ich Tino, dass mich derzeit das Thema Heimat sehr beschäftigt, die Heimat der Seele sowie die der Gene, und frage ihn, wie er es damit hält, ob er in Afrika zu Hause ist oder ob er sich nach den Zypressen auf Zypern sehnt, und Tino sieht mich mit offenem Hass an:

«Darüber habe ich die ganze Zeit geredet!»

19. HIGHWAY TO HEAVEN

*T*ino bringt uns mit seinem Jeep zum Kilimandscharo. Obwohl Lisa hinten sitzt und ich neben ihm, quatscht er nur sie drei Stunden lang voll. Mit mir redet er nicht mehr. Manchmal übersetzt sie mir, was Tino erzählt. Wir fahren durch die Savanne, die wir vom Irente View Point bestaunt hatten, und Lisa sagt:

«Tino redet gerade über den von dir verehrten General. Er hat genau hier wieder mal gegen die Engländer gekämpft.»

«Und, hat er gewonnen?»

«Tino sagt, ja.»

Es stimmt übrigens nicht, dass ich den General Lettow-Vorbeck verehre. Ich schätze ihn nicht einmal, ich weiß zu wenig von seinen seelischen Qualen, wenn er den Befehl zum Niederbrennen von Dörfern und Feldern gab, um dem Feind keine Nahrung zu überlassen. Die Engländer hielten es genauso, die Belgier auch. Keiner meinte es persönlich, sondern rein strategisch, sie waren Profis und machten ihren Job, und ihr Job war der Erste Weltkrieg in Afrika. Aber um ihn zu schätzen, müsste ich wissen, ob es ihm das Herz zerriss, seine schwarzen Soldaten für einen Konflikt zwischen Weißen sterben zu sehen. Ich müsste auch wissen, ob er glaubte, dass der Kampf und das Töten letztendlich unumgänglich waren, und ich müsste wissen, ob er das alles nur für das Vaterland tat und welche

Stellung die Idee des Vaterlands Ende des 19. und Anfang des 20. Jahrhunderts in den Köpfen und Herzen der Menschen hatte. War das Vaterland eine Geisteskrankheit der Zeit? «Willst du das Vaterland in dieser schweren Stunde im Stich lassen?» Das hat nicht Paul von Lettow-Vorbeck gesagt, sondern Katharine Hepburn in «African Queen», weil Humphrey Bogart sich weigerte, Pressluftflaschen zu Torpedos umzugestalten, um damit nach Kriegsausbruch ein deutsches Kanonenboot zu versenken. «Nein, so habe ich das nicht gemeint», antwortete Bogart darauf. Man sagte also nur «Vaterland», und die coolsten Leute standen stramm. Ich müsste auch wissen, was aus Lettow-Vorbeck geworden wäre, wenn er vor Beginn seiner rasanten militärischen Karriere LSD genommen hätte, und wie ich mich ohne LSD entwickelt hätte, und wenn ich all das wüsste und einordnen und abwägen könnte, würde ich den General Lettow-Vorbeck wahrscheinlich noch immer nicht schätzen, weil ich ein Hippie bin. Aber er fasziniert mich, wie jedes Genie.

Er hat während des gesamten Ersten Weltkriegs nicht eine Schlacht in Deutsch-Ostafrika gegen die Briten verloren. Auch nicht gegen die Belgier und Südafrikaner. Er hatte es mit einer zehnfachen Übermacht zu tun und besiegte sie immer wieder mit einer Guerillataktik, die auf permanentem Stellungswechsel, also Hochgeschwindigkeitsmärschen beruhte. Er vermied den offenen Kampf und konzentrierte sich darauf, dem Gegner die Nachschubwege abzuschneiden, und kam es doch zu offenen Kämpfen, gewann er sie. Als er die Nachricht vom Ende des Ersten Weltkriegs und den Befehl zur Kapitulation vom deutschen Generalstab bekam, brachte er es zwei Wochen lang nicht übers Herz, dem Befehl nachzukommen, weil er sich gerade, wie er sagte, «in einer strategisch günstigen Situation» befand. Über das militärische Talent hinaus erstaunt bei Lettow-Vorbeck, dass seine Feinde nach dem Krieg zu seinen Freunden wurden. Der südafrikanische General Jan Christiaan Smuts, der die alliierten Truppen in Afrika gegen die Deutschen führte, sammelte sogar unter seinen Offizieren für ihn, als Lettow-Vorbeck nach dem Krieg verarmte. Wer solche Feinde hat, braucht keine Freunde mehr, und mein persönlicher Bezug zum General ist, dass ich einmal in einer Straße gewohnt habe, die nach ihm benannt ist. So schlimm wie Shaka Zulu war der Deutsche also nicht, und damit können wir das Thema auch mal beenden und uns auf das konzentrieren, was Tino eigentlich sagen will. Tino sagt «Da!» und zeigt auf Wolken am Horizont, oder irre ich mich, und sie sind schon nah? «Da!» ist die Tarnkappe des Kilimandscharo.

Trotzdem, es muss noch gesagt werden. Das war ganz klar eine andere Nummer mit Lettow-Vorbeck und dem Südafrikaner als mit dem Kommandeur des englischen Kanonenschiffs auf dem Malawisee und dem armen Kapitän Prager. Lettow-Vorbeck konnte sich in der Uniform eines britischen Offiziers nach Sansibar durchschlagen. Von dort fuhr ein Schiff nach Hamburg. Außerdem war er bei seinen weißen Soldaten nicht beliebt, weil er sie so behandelte wie seine schwarzen, und die wiederum verehrten ihn genau dafür, aber auch, weil er nach dem Krieg durchsetzte, dass Deutschland seinen Askaris eine kleine, aber lebenslange Rente zahlte.

«Dann war er ja eigentlich kein Böser», sagt Lisa, bevor ihr Handy klingelt. Es ist die Mitarbeiterin des Safari-Veranstalters, für den wir uns entschieden haben. Man findet schier Hunderte im Internet, die einen in die Serengeti bringen, dieser schien ganz nett. «Moment mal», sagt Lisa, «ich muss das erst mit meinem Freund besprechen», und dann zu mir: «Das Billigste ist eine Zeltsafari, sie kostet zweihundert Dollar am Tag.»

«Frag doch bitte Tino, was er von Zeltsafaris hält.»

Lisa fragt ihn, er antwortet, sie redet wieder mit mir. «Tino meint, Zeltsafaris seien ganz okay. Die Löwen würden Zelte genauso wie Häuser als No-go-Areas akzeptieren. Aber der Reißverschluss muss immer zu sein, und man darf keine Lebensmittel im Zelt aufbewahren. Ich schlage vor, wir machen keine Zeltsafari.»

Wir buchen stattdessen zwei Lodges plus Safari-Jeep und Fahrer als Viertagespaket und nähern uns Moshi. Je näher wir der Stadt kommen, desto mehr gelbe T-Shirts und blaue Kappen tauchen wieder auf. Das Plakat des Präsidenten ist überall, aber hier sehe ich auch des Öfteren das von seinem Herausforderer, was in Sansibar nicht möglich war. Lisa sagt, laut Tino sei die Wahl überall in Tansania völlig ungefährlich, weil die Leute viel zu faul für Unruhen seien, nur in dieser Provinz müsse man aufpassen, denn der Kandidat der Opposition stamme von hier.

Moshi hat etwa hundertfünfzigtausend Einwohner und ist eine Stadt, in der alles funktioniert. Leute aus aller Welt wollen den Kilimandscharo rauf, und das bringt Geld. Andere Leute, so wie wir, starten von hier zur Safari in die Serengeti. Tino bringt uns zum Basishotel unseres Veranstalters und verabschiedet sich. Unser Zimmer ist klein, kahl und in geschmacklosen Farben gestrichen, eine Vogelspinne empfängt uns. Sie ist fast so groß wie eine Ratte. Auf dem Tisch liegt ein wenig erfreuliches Informationsblatt des Tourveranstalters: 1. Man solle nach Anbruch der

Dunkelheit nicht mehr zu Fuß in Moshi unterwegs sein, auch keine kurzen Distanzen. 2. In Tansania sei Rauchen fast überall verboten. 3. Einen Zigarettenstummel auf die Straße zu werfen, koste zweihundert Dingsbums. Was das Abaschen auf der Straße kostet, steht da nicht. Ich weiß nicht, ob es typisch ist oder mir nur typisch erscheint. Unser Safari-Veranstalter kommt aus Ostdeutschland. Verbote, behördliche Anordnungen, dafür haben sie ein Händchen oder zumindest großes Verständnis. Das Informationsblatt empfiehlt deshalb aus oben genannten Gründen, auf das Rauchen ganz zu verzichten.

Ich denke nicht dran. Ich habe einen kleinen Reiseaschenbecher im Gepäck, den nehme ich auf die Straße mit, und alle Afrikaner, die das sehen, heißen das mit nach oben gestrecktem Daumen gut. So, wie sie dabei grinsen, glaube ich nicht, dass sie mich für die Reinhaltung ihrer Straßen loben, sondern dafür, dass ich mich nicht verarschen lasse. Wenn du in Tansania eine tote Katze auf die Straße wirfst oder dich ordentlich auf dem Bürgersteig erbrichst, interessiert das kein Schwein. Aber wehe, du platzierst zwischen all den Müll einen Zigarettenstummel, eine ausgerauchte Sports-, äh Portsman. Andererseits macht so das Rauchen auch wieder Spaß. Die Polizisten sehen so herrlich blöd aus der Wäsche, wenn ich direkt vor ihnen genüsslich rauche und dann kurz vor dem Moment, auf den sie sich freuen, den Taschenaschenbecher zücke. War wieder nichts mit den zweitausend Dingsbums, ihr Arschgesichter. Versucht es doch mal mit ehrlicher Arbeit, wie zum Beispiel Kriminelle jagen. Aber dann müsstet ihr euch ja alle selbst verhaften.

Am Abend schnuppern wir dann noch ein bisschen Heimatluft in einem Restaurant namens «Salzburg», in dem schwarze Kellnerinnen in Leopardenfellimitat-Dirndl Wiener Schnitzel und die österreichische Süßspeise «Mohr im Hemd» servieren, und dann geht es ab ins Bett, denn morgen, und zwar recht früh, beginnt die Safari ins wilde Herz des Kontinents.

Freddy ist als Erster zur Stelle. Unser Fahrer, unser Guide, unser Mädchen für alles, erklärt uns den Ablauf der Fahrt, und schon sind wir schlecht gelaunt, weil sich herausstellt, dass wir sieben bis acht Stunden brauchen werden, um die Serengeti zu erreichen. Und wir zahlen für die Anfahrt den vollen Safari-Tagespreis von etwa vierhundert Euro, nein, wir haben das bereits per Internet getan, und diejenige, die für diese Unverschämtheit verantwortlich ist, kommt dann auch gleich auf den Hof des Hotels. Blond, blauäugig, ossihart, erklärt sie, dass es nun mal nicht anders ginge. Warum nicht? Warum starten wir nicht von Arusha, der nächsten Stadt? Die liegt wesentlich näher an dem weltberühmten Tierreservat. «Weil wir nicht in Arusha, sondern in Moshi stationiert sind.» Also selber schuld, wir haben ihre Homepage sowie die Landkarten nicht ordentlich studiert.

Nächstes Problem. Wir formulieren unsere Sorgen bezüglich des Wahltags, denn wir werden an ihm den Rückweg aus der Serengeti antreten, und man habe uns gewarnt, es könne Unruhen geben. Antwort: Och … äh … na ja … es wird schon nichts passieren. Sie selbst wird allerdings am Tag der Wahl ihr Haus nicht verlassen, und auch andere Weiße in Moshi hätten genügend Lebensmittel eingekauft, um sich übers Wochenende einzubunkern. Das hört sich nicht so vielversprechend an, aber Freddy, der Afrikaner in der Runde, sagt «no problem», und ich liebe das.

Immer wenn es Probleme gibt, sagen sie «no problem». Es gäbe nur zwei Stellen auf der Strecke, sagt er, die «no problem» werden könnten. Die erste sei ein Dorf, das direkt vor der Serengeti liege, denn dort sei der Oppositionskandidat geboren; die zweite sei die Fahrt durch Arusha. Und was machen wir, wenn vor uns plötzlich Steine fliegen und Macheten nach Blut gieren? Dann nehmen wir den Rückwärtsgang, antwortet er. Aber Freddy, sagt seine Chefin, wenn vor dir ein Problem ist, dann ist hinter dir auch eins, weil dich die anderen Autos blockieren. Dann sitzt ihr in der Falle. Warum sagt sie das? Weil wir schon bezahlt haben, oder fällt es ihr tatsächlich jetzt erst ein? Freddy wird beschworen, sich vor der Rückfahrt aus der Serengeti über den Ablauf der Wahl zu informieren. Und auf geht's.

Freddy ist kein Massai, darauf legt er Wert. Für ihn sind die legendenumwobenen Hirten Ostafrikas einfach nur Hirten, also schmutzig, diebisch und polygam. Ein Massai-Häuptling hat bis zu fünfzig Frauen, und Freddy hat nur eine, es kann also sein, dass er ein bisschen neidisch ist, wie alle Intellektuellen, die mit geborenen Zuhältern konfrontiert sind. Freddy hat Energiemanagement studiert, was immer das sein mag. Elektrifizierung, sagt Freddy, aber er hat schnell eingesehen, dass damit in Tansania nichts zu verdienen ist, darum stieg er auf das Touristikstudium um, fand jedoch auch hier schnell heraus, dass in der Praxis mehr Geld als in der Theorie steckt, und wurde Fahrer, Guide und Mädchen für alles in dem blühenden Safari-Geschäft.

Freddy fährt gut, aber langsam, außerdem sind wieder eine Menge gelbe T-Shirts und blaue Kappen unterwegs, wir brauchen fast zwei Stunden bis Arusha und gut eine Stunde, bis wir aus der Stadt raus und endlich auf der Serengeti-Zubringerautobahn sind. Sie ist weniger befahren, trotzdem fährt er nicht schneller. Rechts und links nur noch Savanne, von einem Berg am Horizont steigt eine große schwarze Wolke auf. Freddy reagiert irritiert. «Ein Vulkan», sagt unser Fahrer, «er bricht gerade aus.» Weil er das immer tut oder weil die Welt untergeht? Freddy lacht wieder und schiebt Reggae in den Auto-CD-Player. Gute Idee. Bob Marley ist immer eine gute Idee. Freddy findet das auch. Bob Marley sei ein Prophet gewesen, sagt er, und ich gebe ihm recht. Zu einigen Leuten, die wir heute Musiker nennen, hätte man in früheren Zeiten heiliger Mann gesagt. Mozart, Hendrix, Bob Marley. Gott sprach mit Reggae durch ihn zu uns. Die nette Seite von Gott, denn immer, wenn du Reggae hörst, bist du sofort gut drauf. Es ist die «No problem»-Musik schlechthin, deshalb hörst du sie überall in Afrika. Ja, sagt Freddy, das stimmt. Würde Marley noch leben, wäre er heute unser aller Präsident. «Get up, stand up: stand up for your rights», Freddy und ich singen mit und haben einen nahtlosen Übergang zur Politik. Freddy ist für die Opposition und, wie sich herausstellt, ziemlich engagiert und siegesbewusst. «Wir sind stärker, als sie glauben, aber sie werden versuchen, die Wahlergebnisse zu manipulieren. Für euch ist das gut.»

«Warum?»

«Sie werden die Ergebnisse erst einen Tag später veröffentlichen und nicht am Sonntag, wenn wir zurückfahren.»

«Du meinst, sie werden gewinnen und trotzdem verlieren, und deshalb ist dann hier die Hölle los?»

«Ja. Aber erst am nächsten Tag. Und auch erst am Abend. Wenn sie alle betrunken sind. No problem, Mr. Tim, ich weiß, was ich tue.»

Ein Lastwagen mit schwerbewaffneten Soldaten überholt uns. «Wohin wollen die?»

«Zu dem Dorf, in dem der Herausforderer geboren wurde.»

«Der Ex-Priester?»

«Ja.»

«Was will er ändern, wenn er gewinnt?»

«Die Korruption abschaffen.»

«Ach so, das will jede Opposition in Afrika, Freddy, und sobald sie an die Macht kommt, ist sie genauso korrupt wie die Regierung davor. Das ist kein Rassismus, mein Freund, das lehrt die Geschichte dieses Kontinents der letzten, na sagen wir, siebzig Jahre.»

«Das muss nicht immer so sein», sagt Freddy.

«Nein, natürlich hast du recht. Der erste unbestechliche Präsident Afrikas wird der wiedergeborene Bob Marley sein.»

«No woman, no cry.»

Der Highway to Paradise endet vor den Toren des Ngorongoro-Naturschutzgebiets. Das ist noch nicht die Serengeti, sondern eine Art Halbreservat, in der die Massai noch was zu sagen haben. Sie dürfen ihre Herden durchtreiben, trotzdem schnuppern wir hier bereits das wilde Tier. Freddy lässt uns für ein paar Minuten mit dem Wagen allein, um die Eintrittskarten zu kaufen. Vorher schärft er uns ein, auf keinen Fall die Autotüren offen zu lassen. Die Affen, die hier rumlungern, würden sofort reinspringen, um irgendetwas Fressbares zu stehlen.

«Haben sie keine Angst vor uns?»

«Nein, sie fürchten sich nur vor Schwarzen. Weiße respektieren sie nicht.»

«Sind Affen Rassisten?»

Kaum ist Freddy 'ne Weile weg, vergesse ich seine Warnung. Ich stehe neben dem Wagen, rauche eine Zigarette, die Beifahrertür ist halb geöffnet, und schon kommt so ein Teil wie eine Kanonenkugel auf mich zugeschossen. Ich rufe «HUH!», aber den Affen interessiert das nicht. Er fliegt an mir vorbei auf den Beifahrersitz, dann turnt er nach hinten. Und was jetzt? Ich auch rein und Nahkampf? Das Tier ist nicht sonderlich groß, aber ich erinnere mich an eine Geschichte, die in der Lodge erzählt wurde. Die belgische Adlige berichtete dort von einer Freundin, der ein nicht sonderlich großer Affe im Vorbeihüpfen ein Auge ausgerissen hat. Ich mache alle Türen sperrangelweit auf und schlage mit der Faust aufs Dach. Lärmfolter. Aber den Affen interessiert das nicht. Im Gegenteil, ich habe den Eindruck, dass er lacht. Glücklicherweise kommt Freddy früher zurück als gedacht, und sobald der Affe den Afrikaner sieht, haut er ab. Noch mal: Wie rassistisch sind Primaten? Ich gehe mal davon aus, dass sie persönlich nichts gegen Weiße haben. Sie halten uns nur für Weicheier. Freddy hätte ihm wahrscheinlich zur Not auch eins mit dem Wagenheber übergezogen, und das weiß der Affe. Entweder hat er es schon selbst erfahren, oder seine Affenmama hat es ihm gesagt. Keine Angst vorm weißen Mann. Der ist tierlieber als jedes Tier. Aber siehst du einen Afrikaner, liebes Kind, verpiss dich bloß geschwind.

Etwa eine halbe Stunde später und zwölfhundert Meter höher halten wir dann vor dem Gedenkstein des wahrscheinlich größten Tierfreundes aller Zeiten an. Die Asche von Professor Grzimek und seinem Sohn Michael ruht hier. Denn hier gehört sie hin. Hier ruhen auch ihre Träume. Ihre Schmerzen, ihre Triumphe. Für ewig vereint, mit Blick auf den Ngorongoro-Krater. Sollte es vor den Toren des Paradieses Probleme gegeben haben, weil der Deutsche ein Weiberheld und notorischer Fremdgänger gewesen ist und nach dem Tod seines Sohnes dessen Witwe, also seine eigene Schwiegertochter, heiratete – sollte Petrus also deshalb Schwierigkeiten gemacht haben, dann waren es die Stimmen von etwa hundert Millionen Tieren, die für die Seele des geilen Professors sprachen. Warum so viele? Weil es hier um etliche Generationen geht, die dank Bernhard Grzimek nicht nur überlebten, sondern noch dazu ausgesprochen artgerecht. Außerdem leben auch die Menschen der Region nicht schlecht von der Idee eines fünfzehntausend Quadratkilometer großen Freilichtzoos, in dem die Besucher eingesperrt sind (Safari-Jeeps, Lodges) und sich die Tiere frei bewegen. Rund hunderttausend Touristen kommen jährlich, und jeder bezahlt achtzig Euro oder hundertzehn Dollar oder 195957,45 von den Dingsbums Parkgebühr, um die Serengeti zu sehen. Noch mehr Geld lassen sie bei den Safari-Veranstaltern, und die Fahrer bekommen auf ihren regulären Lohn ein fettes Trinkgeld, minimum zwanzig Euro pro Tag, wenn sie nett sind. Man sehe sich nur Freddy an. Er ist besser gekleidet als ich und voller optimistischer Zukunftsvisionen. Er träumt von einem eigenen Wagen, einem eigenen touristischen Unternehmen, er will sein eigener Boss werden, und die Chancen dafür stehen nicht schlecht. Für Freddy kommt deshalb Professor Grzimek gleich hinter Bob Marley. Na klar ist der im Himmel, auch wenn er neben seinem unmoralischen Sexualverhalten noch eine Schwäche für unchristliche Scherzartikel hatte. Der Professor liebte es, täuschend echt aussehende Kothäuflein aus Plastik auf die Klobrillen zu legen, wenn Gäste im Haus waren. Also scheiß doch auf den Papst, außerdem heiligt der Zweck die Mittel. Was glaubst denn du, Petrus, fragen die hundert Millionen Tiere, auf welche Weise dieser zauberhafte Mann die zum Teil exorbitanten Geldspenden aus den reichen Touristinnen für uns herausgeholt hat? Freddy und ich befreien den Grabstein des größten Tierheiligen der Menschheit mit unseren Mützen noch ein bisschen von Staub und Vogeldreck, und weiter geht's, denn bis zur Serengeti sind es noch rund zwei Stunden Fahrt, und Freddy will unbedingt noch vor Anbruch der Dunkelheit da sein, damit das volle Safarihonorar für den ersten Tag noch irgendwie gerechtfertigt ist.

Mit Grzimek geht es mir übrigens wie mit Lettow-Vorbeck. Mir fällt dauernd noch was ein. Als er noch ein kleiner Junge war, haben ihn andere kleine Jungen Igel genannt, wenn sie ihn ärgern wollten. Wahrscheinlich trug er einen Bürstenhaarschnitt, wie auch ich einen als Kind hatte. Mich nannten sie Mecki. Nun gibt es grundsätzlich zwei Sorten Mensch. Die einen hätten sich nach so einer Kindheit den Rest ihres Lebens für die Ausrottung des Igels starkgemacht; die anderen würden, wie Grzimek, den Igel zu ihrem Wappentier ernennen und ihn auf ihre Krawatten sticken lassen. Und noch etwas. Der Professor hatte super Sprüche drauf. «Der Einzige, der ein Ozelotfell wirklich braucht, gnä' Frau, ist der Ozelot.»

Mittlerweile sind wir angekommen. Da ist es, das Tor zur Serengeti. Ich finde es fast zu klein für den großen Moment. Vielleicht liegt es auch ein wenig daran, dass hinter ihm nur Weite liegt, im Grenzbereich der Unendlichkeit. Fünfzehntausend Quadratkilometer. Kann man sich das bitte mal räumlich vorstellen? Nur Savanne und ein paar Akazienwälder hier und da und ein paar Akaziengruppen und ein paar Akazien solo, ewige Singles, die ihren Schatten aufspannen, Schirme für die wilden Tiere, aber es sind keine wilden Tiere da. Auch keine domestizierten. Kleinere und im Erdreich wohnende sind, falls sie zugegen sind, ebenfalls nicht zu sehen. Trotzdem ist es so beeindruckend wie die Rückführung in ein anderes Leben. Hier bin ich schon mal gewesen. Und Lisa auch. Wir fahren gerade durch eines dieser Akazienwäldchen, und Freddy hat für uns das Dach aufgemacht. Wir stehen vom Kopf bis zur Brust im Freien und atmen den trockenen Wind. Das Licht, die Dämmerung, die unsichtbaren Löwen, hier bin ich schon in unzähligen Filmen und in ein paar ausgesuchten Romanen gewesen, aber ich bin nicht beeindruckt, weil mich die Gegend an faszinierende Geschichten erinnert, sondern weil die Faszination dieser Geschichten diese Gegend gewesen ist. Das wird mir schlagartig, nein, fließend klar. Biographische Instinkte, Seelenbilder, archaische Momente, ich komme aus dieser Gegend. Und Lisa auch. Alle Menschen kommen aus dieser Gegend. Nur Freddy nicht. Spaß! Massais kommen in bunten Tüchern von rechts. Sechs, sieben Männer mit Speeren. Die Art, wie sie sich bewegen, vermittelt gespannte Sorglosigkeit. Haben sie Angst vor den Löwen? Natürlich hat Diego recht, dass du nur schneller als der Letzte sein musst, wenn ein Löwe die Gruppe angreift, aber wie schnell musst du auf der Flucht vor einer Gruppe von Löwen sein? Doch das sind nur theoretische Fragen, in der Praxis sind keine Löwen hier. Nur Massais und unsere Wenigkeiten, und wir schauen uns gegenseitig wie heimliche Verwandte an, und schon sind wir vorbei.

Die Lodge erweist sich dann als wunderbar, aber auch ohne Tierbestand, bis auf ein paar Feldratten, eine Hyäne und eine alte Löwin, die nachts fauchend oder hustend um unseren Bungalow schleicht. Es ist einfach die falsche Zeit. Oder besser deren nahes Ende. Wir hatten gehofft, die Grenze noch irgendwie zu schrammen, aber nicht alle

Hoffnungen erfüllen sich. Im Foyer der Lodge hängen zwei riesige Fotos und zeigen den Ausblick, den der Gast von der überdachten Terrasse haben kann. Über den Bildern steht «Dry Season» und «Wet Season». Auf letzterem ist alles satt, grün und voll, ich meine brechend voll, auch mit Tieren, auf dem anderen Foto ist alles vertrocknet, gelbstichig und wie ausgestorben. Wir sind im falschen Foto, und wir besprechen das Problem mit Freddy bei einem Gin Tonic. Und Freddy sagt, no problem, er lässt sich was einfallen.

Pirschfahrt am nächsten Morgen. Seit zwei Stunden auf der Suche nach Tieren. Über drei Millionen soll es in der Serengeti geben. Wir haben bisher zwei gesehen, ein Wildschwein und einen großen Vogel, und für jedes wurde angehalten und das Fernglas gezückt. Freddy ist die Sache einigermaßen peinlich. Er steuert einen ausgetrockneten See an, in dessen Mitte er noch ein paar Pfützen vermutet. Wo Wasser ist, sind auch Tiere, aber es finden sich nur ein paar Gerippe. Freddy spricht über sein Funkgerät mit einem Kollegen, der in der Nähe tourt. Jetzt sehen wir ihn auch. Heia Safari, zwei Jeeps hoppeln weiter gen Norden, dem Regen entgegen. Denn ohne Regen gibt es kein Grün und ohne Grün kein Leben. Eine frustrierende Formel, und natürlich kann Freddy nichts dafür, eigentlich auch seine blonde Chefin nicht. Die einzigen Idioten hier sind Lisa und ich. Wer geht denn schon im Winter mit Badehose an den Nordseestrand oder im Hochsommer in die Sahara oder am Montag zum Friseur? Wir sind etwa drei Tage zu früh, sagt Freddy, aber wenn wir Glück haben, vielleicht nur zwei oder anderthalb, jedenfalls hält er weiter stur nach Norden, und der zweite Jeep macht es wie wir, und immer, wenn sich irgendwo was regt, das größer als eine Feldmaus ist, wirkt Freddy euphorisiert. Das geht noch mal eine Stunde so, und dann, als wir schon längst nicht mehr daran glauben, begegnen wir tatsächlich einem Elefanten, und dieses erste wilde Tier von Belang, das wir in der Serengeti sehen, greift sofort an. Freddy fährt einfach zu nah dran. Er will unbedingt wiedergutmachen, wofür er nichts kann, außerdem hat er zu spät gesehen, dass es ein Bulle ist, und nochmal außerdem weiß er vielleicht nicht, was die Wissenschaft festgestellt hat. Weil die Elfenbein-Wilderer immer brutaler werden und inzwischen sogar Handgranaten zwischen die Herden werfen, leiden immer mehr Elefanten unter einer posttraumatischen Stressstörung, die man bisher nur von Menschen kannte. Das Kürzel dafür heißt PTSS, und es bedeutet:

1. Abnormales Sozialverhalten.
2. Übersteigerte Aggressivität.
3. Die Unfähigkeit, in stressigen Situationen richtig zu reagieren.

Eine stressige Situation für einen Elefantenbullen ist zum Beispiel, wenn ein Tier in der Größe eines Safarijeeps sich ihm bis auf wenige Meter von vorn nähert und ein ähnliches Tier, also der zweite Jeep, von hinten kommt. Dann fühlt sich der Bulle in die Zange genommen. Eine stressige Situation für ihn wäre außerdem, wenn er gerade in der Musth ist. Das ist die Zeit, in der Elefantenbullen in Sexualhormonen schwimmen und ihnen das Testosteron wie Tränen aus den Augen fließt. Wenn sie dann keine Kuh finden, die ihnen zu Willen ist, fühlen sich ihre Hoden an, als hätte sie jemand mit dem Vorschlaghammer bearbeitet, denn um es sich selbst zu besorgen, ist ihr Rüssel nicht lang genug. Kommt das alles zusammen und auf einmal, also rasende Geilheit, PTSS und freche Jeeps, kann es durchaus schon mal sein, dass sechs Tonnen posttraumatische Stressstörung auf eine Tonne Blech zueilen und Lisa wie ich die Nerven verlieren.

«No problem», sagt Freddy.

Nachdem er ordentlich Gas gegeben hat, sind wieder eine Zeitlang keine Tiere zu sehen, was uns jetzt aber fast ein bisschen freut. Erst in einem Wald, der so trocken ist, dass die Bäume gespensterhaft wirken, kommt das nächste Problem. Insekten fallen über uns her, denn wir haben zwar schnell genug die Fenster, aber nicht das Dach zugekriegt. In diesem Fall sagt selbst Freddy nicht «no problem», im Gegenteil, er schlägt wie wild mit der Mütze um sich, was auch uns für die Gefahr sensibilisiert. Freddy, mach bloß die Biege, denn es ist die liebe Tsetsefliege. Die Krankheit, die sie überträgt, verläuft in drei Stadien:

1. Fieber, Schüttelfrost, Ödeme, Lymphknotenschwellung, Hautausschlag und Juckreiz. Diese Symptome treten nicht sofort, sondern erst ein paar Wochen nach der Infektion auf.

2. Ein paar Monate später dann fühlt sich der Erreger im vegetativen Nervensystem wie zu Hause. Folge: Verwirrung, Koordinationsstörungen, Schlaflosigkeit, Krämpfe.

3. Endstadium. Der Infizierte fällt in einen Dämmerzustand, aus dem er bis zum Tod nicht mehr erwacht. Danach allerdings auch nicht mehr. Daher kommt der Name. Schlafkrankheit.

Ich bin ein bisschen sauer auf Lisa, denn man hatte uns schon gestern Abend vor den Tsetses gewarnt und uns geraten, nur helle Kleidung anzuziehen, weil diese Fliegen, aus was für Gründen auch immer, hauptsächlich auf

Blau und Schwarz stehen. Und was trägt Lisa? Schwarze Hose, schwarze Bluse, schwarzes Kopftuch, schwarze Brille, schwarze Schuhe, schwarze Strümpfe und, wenn ich mich recht erinnere, auch einen schwarzen BH und ein schwarzes Höschen. Ach ja, sie hat auch schwarze Haare. Lange schwarze Haare, wunderschön. Das einzig Gute an der Tsetsefliege ist, dass ihr Stich richtig weh tut und sie deshalb nicht unbemerkt Schaden anrichten kann. Weil aber niemand aufgeschrien hat, als wir das Waldstückchen durchfuhren, haben wir wahrscheinlich auch Lisas falsche Garderobe überlebt.

Nun wird es grün. Aber schlagartig. Sobald wir aus dem Wald raus sind, ist plötzlich Schluss mit Trockenzeit. Wie kann man das verstehen? Gibt es Absprachen unter Regenwolken? Bis zu diesem Wald und keinen Meter weiter? Denn wir machen grundsätzlich keine Tsetsefliegen nass? Oder wurde der zuständige Regenmacher nur bis hierhin bezahlt? So viel zum Tatbestand der Spekulation, jetzt zu den Facts. Ich sagte grün. Treffender wäre zartes Grün, Babygrün, ein Fläumchen Grün sprießt aus dem Boden, das aber überall und flächendeckend, und in der Ferne grünt es grün und grüner, und Freddy meint, nun sei es nicht mehr weit. Und tatsächlich, ich sehe die erste Giraffe außerhalb des Zoos. Sie steht da mehr oder weniger bewegungsarm und sieht aus sechs Meter Höhe geduldig auf das junge Gras hinunter, sie weiß, dass sie sich nicht bücken muss, was für eine Giraffe schmerzhaft ist, sie baut darauf, dass ihr die Delikatesse entgegenwächst, und etwa hundert Meter weiter steht die zweite Giraffe und noch mal rund hundert Meter weiter die dritte und dann die nächste und übernächste und überübernächste, und ich kann mir vorstellen, dass so etwas schwer zu glauben ist, ich würde es auch nicht glauben, wenn ich es nicht gesehen hätte, aber die Distanz zwischen ihnen ist immer die gleiche, und sie stehen in einer schnurgeraden Linie, wie organische Telegraphenmasten. Wir fahren etwa fünf Minuten parallel zu dieser Giraffenleitung, bis Lisa plötzlich «Ein Zebra!» ruft und dann «Nein, es sind zwei ... nein, zehn ..., nein ...», und damit haben wir sie erreicht, die Spitze der Spitze der jährlichen Migration. Die Wanderschaft von rund eineinhalb Millionen Gnus und vierhunderttausend Zebras, die mit den Regenwolken vom Süden Kenias nach Tansania ziehen und die immer zusammen gehen, weil sie sich mit ihren Frühwarnsystemen so gut ergänzen. Die Gnus haben eine sehr gute Nase und sehr schlechte Augen, die Zebras riechen schlecht, aber sehen exzellent. Und mit ihnen ziehen alle anderen, die sich von Gras ernähren, sowie jene, die Grasfresser fressen, und auch die sind nicht zu vergessen, die fressen, was von den Grasfressern übrig bleibt, das heißt: Alle kommen auf uns zu, alle Tiere der Serengeti, und obwohl es nur die Spitze der Spitze ihrer großen Wanderschaft ist, sind wir trotzdem plötzlich mittendrin.

Freddy stoppt den Landrover vor zwei Felsen und lässt uns aussteigen, was bisher streng verboten war, aber er sagt «no problem», also geht alles klar. Ich entferne mich ein paar Schritte von dem Wagen und genieße die Illusion, hier wie der erste Mensch allein zu stehen, oder wie einer der ersten, denn Tansania gilt als Wiege der Menschheit, hier kommen wir her, hier haben wir uns aufgerichtet, hier hat der Gang auf zwei Beinen begonnen und unser Weg nach Norden, Süden, Westen und Osten, die Eroberung aller Kontinente sowie die Herrschaft über alle anderen Lebewesen dieses Planeten, und während ich hier stehe und darüber nachdenke, frage ich mich, ob es vielleicht doch ein Fehler gewesen ist, nicht auf allen vieren zu bleiben, denn alles, was ich hier nah und in der Ferne sehe, ist fleischgewordene Schönheit und Harmonie.

Gnus, sie sehen aus wie eine Mischung aus Elch und Bison, und dank ihres langen Bartes kommt ihr Antlitz rüber wie Vater Abraham als Tier. Sie bewegen sich synchron. Im Falle einer Störung, einer Gefahr oder einer anderen Situation, die ihre Aufmerksamkeit erfordert, werfen sie, egal, wie groß die Gruppe ist, unisono ihre Köpfe herum, und man schaut in eine geschlossene Front von muskelbepackten, alttestamentarischen Hornträgern. Drum herum bewegt sich fellgewordenes LSD. Zebras machen einen schwindelig, wenn man auf Tausende von ihnen sieht. Dazwischen schreiten unfassbar elegant alles überragende Giraffen in Zeitlupe und schauen mit sanften Augen auf die Gazellen und Antilopen herunter, die sich wie nervöse Balletttänzer gebärden, und zu diesem Kontrast von Zeitlupe und Zeitraffer passt sehr gut die mittlere Geschwindigkeit, mit der sich die Familien der Giganten bewegen. Die traditionellen Elefantenherden, mit der Matriarchin vorn und den Jungen in der Mitte, ziehen unbesiegbar und deshalb unendlich gelassen durch das Gras und über die grünen Hügel Afrikas, um im Schatten der Schirmakazien ein bisschen zu ruhen und Blätter zu naschen, und auch die Löwen, die faul ein bisschen abseits liegen, sind nicht wirklich fähig, diesen Frieden ernsthaft zu stören, denn sie holen sich nur, was sie kriegen, und sie kriegen wenig mehr als die Kranken und die Schwachen, und ohne sie und ohne die Leoparden, Hyänen und Krokodile gäbe es sehr bald für das Gras in der Savanne zu viele, die das Gras fressen. Die Balance des Großen und Ganzen ist wichtiger als das Einzelschicksal von lahmenden Huftieren, und die Geier, die in weiten Kreisen fliegend nach Aas spähen, sind keine stinkenden Vögel des Schreckens, sondern die höchst ehrenvolle Müllabfuhr der Serengeti, und das alles wirkt wie ein Bild, das ich seit langem in mir trage, wie lange, weiß ich nicht, aber ziemlich lange, darum nenne ich es mal das archaische Bild vom Garten Eden.

Und jetzt mal ohne Scheiß: Gibt es so etwas? In den Zellen gespeicherte Erinnerungen, die von Generation zu Generation weitergegeben werden? Ist das Naturwissenschaft oder Esoterik, oder ist es genau die Grenze? Dieses Wiedererkennen, dieses Nach-Hause-gekommen-Sein, diese Grüße aus dem Ursprung? In Thailand, zum Beispiel, geht es mir nicht so, egal, wie schön es dort ist, am Amazonas hatte ich auch nicht den Eindruck, dass meine Gene mit der Gegend was zu tun haben, im Himalaya, ja, da habe ich den Wiedererkennungseffekt, aber der betrifft mehr meine Spekulationen über Reinkarnationen. Also über die individuellen Wege meiner Seele. In der Serengeti dagegen entfalten sich die Erinnerungen des Kollektivs. Sie ist unser aller Wiege.

Und jetzt noch mal ohne Scheiß: Die Reise durch Afrika hat nicht immer Spaß gemacht. Denn was auf Reisen wirklich Spaß macht, ist das Ankommen, das Ziel, das Happy End der Expedition, und ich bin nie angekommen, ich habe sogar vergessen, dass es ums Ankommen geht, um den Moment, in dem alles stimmt und der Bauch sagt, dass sich der Aufwand gelohnt hat. Gibt es nicht, habe ich gedacht. Nicht für mich. Nicht in Afrika. Mein Ding ist Lisa, meine African Queen. Ihretwegen bin ich hier. Hin und wieder, ich weiß, dankte ich ihr für dies und das an Reiseeindrücken, aber ohne die in Afrika verliebte Französischlehrerin hätte ich nicht bis zur Serengeti durchgehalten. Sie hat mich hergebracht. Eva führte Adam zurück ins Paradies. Schöne Geschichte und genau der richtige Zeitpunkt, um ihr endlich dafür auch auf Knien zu danken. Leider komme ich nicht dazu, weil genau jetzt das Fieber beginnt.

20. *VERTREIBUNG AUS EDEN*

Dann sehe ich alt aus. Mindestens zehn Jahre drauf. Und so fühle ich mich auch. Eine Zeitlang sitze ich noch neben Freddy auf dem Beifahrersitz, aber das gebe ich bald auf. Mein Platz wird die Rückbank. Ich liege auf ihr wie auf einer Couch bei leichtem Erdbeben. Das Fenster wird zum Fernseher. Ein Tierfilm läuft. Ich friere, ich schwitze, ich stöhne ein bisschen. Das Stöhnen tut gut. Die Außenwelt verschwindet, der Fokus richtet sich nach innen. Die Kraft schwindet. Ich verliere den emotionalen Bezug zum real existierenden Garten Eden, das Paradies der Tiere interessiert mich nicht mehr, es verlangt mich eher nach Menschenwerk, wie zum Beispiel ein kräftiges Antibiotikum, aber in erster Linie sehne ich mich nach einem Bett.

Wir erreichen es nach etwa drei Stunden und pünktlich zum Sonnenuntergang. Der Bungalow hat ein großzügiges Fenster, eine Schirmakazie ist in der Nähe. Ich bin zu schwach, um zu lachen, aber ich schaffe es irgendwie. Ich hatte mir für die Serengeti eine essenzielle Erfahrung gewünscht und dabei an Löwengebrüll in der Nacht gedacht, aber das hier ist noch mehr auf den Punkt. Das ist so perfekt wie verliebt in Venedig, tanzen in Havanna und spielen in Las Vegas. Fettes Fieber unter der Schirmakazie, und der Himmel wird rot. Ein schöner Abend, um zu sterben, an einem idealen Ort. Unendliche Möglichkeiten für die Seele davonzufliegen. Körperlos durch die Savanne, direkt ins Paradies. Was Hemingway wohl dazu sagen würde, dass seine Leser so sterben wie seine Protagonisten, während er selbst sich mit einer Doppelflinte den Kopf weggeblasen hat. Mein Glück ist, dass mir nicht übel wird und ich auch keine Kopfschmerzen habe. Die Knochen tun mir weh, aber es ist nicht schlimm. Ich genieße das Fieber fast ein wenig, ich bade darin. Das ist ein gutes Zeichen. Es deutet auf seelischen Frieden. Ich scheine nichts zu bereuen und muss auch nichts mehr beenden. Es sieht so aus, als wäre alles erledigt.

Aber ich lebe noch am Morgen, außerdem kommt ein kleiner, dünner Massai, der sagt, dass er Arzt sei. Er beweist das mit dem weißen Kittel, den er trägt, und mit einer Plastiktüte, auf der «Apotheke Erlangen» steht. «Sie haben hohes Fieber», sagt er. «Ich weiß», antworte ich. Er holt ein Thermometer aus der Tüte und klemmt es mir unter die Achsel. Es kommt mit 39,2 Grad wieder raus. Noch ein Griff in die Plastiktüte. Jetzt hat er irgendwas Kleines, mit einer Nadel dran, in der Hand. Er sticht mir in die Kuppe des rechten Zeigefingers, lässt das Blut in eine Flüssigkeit tropfen und schaut sich das Ergebnis eine Zeitlang an. Was ich an dem Mann mag? Es ist der erste Halbgott in Weiß, der im Schneidersitz vor mir auf dem Boden hockt.

«Es ist keine Malaria», sagt er.

«Was ist es dann?»

«Wahrscheinlich eine schwere Bronchitis.»

Er fischt aus der Erlanger Geschenktüte eine Packung Antibiotika heraus. Ich nehme sofort eine Pille und frage ihn, was er bekommt. «As you like», sagt er. Alles klar, wir sind wieder in Afrika. «As you like» bedeutet: Freiwillig gibst du mir sowieso mehr als das, was ich verlangen kann. Ich bitte Lisa, ihm zwanzig Dollar zu geben, und er strahlt.

Etwa eine Stunde später geht das Fieber merklich runter, und Freddy wirft den Motor an.

Heute steht der Ngorongoro-Krater auf dem Programm. Als Professor Grzimek ihn zum ersten Mal sah, sprach er von dem achten Weltwunder. Der Krater entstand, als ein Vulkanberg in sich zusammenbrach. Die Seitenwände sind bis zu sechshundert Meter hoch, der Durchmesser beträgt einundzwanzig Kilometer. Rund fünfundzwanzigtausend Tiere leben in ihm, und er hat die höchste Raubtierdichte Afrikas. Löwen bis zum Abwinken, Leoparden und Hyänen. Wer Bestien in Action sehen will, wird im Ngorongoro-Krater gut bedient. Außerdem habe ich noch einen sehr persönlichen Bezug zu dem Weltnaturerbe. Der Farmer Adolf Siedentopf siedelte mit seiner Frau Paula von der Jahrhundertwende bis zum Ende des Ersten Weltkriegs in dem Krater. Beide waren Bielefelder. Ich komme ebenfalls aus Bielefeld. Rüdiger Nehberg übrigens auch. Irgendwas hat diese Stadt an sich, dass sie ihre Söhne so weit in die Welt hinaustreibt.

Die Fahrt zum Krater dauert rund zwei Stunden, und als wir ihn erreichen, steigt das Fieber wieder. Das versaut mir das Naturwunder-Erlebnis total. Ich sehe Löwen, die mich nicht mehr interessieren, ich sehe Flusspferde, die mir auf die Nerven gehen, ich sehe sogar eines der überaus seltenen Spitzmaulnashörner, und natürlich greift das Vieh auch sofort an. Im Gegensatz zum Elefantenangriff ist diese Attacke ein bisschen lustig, denn die Augen der Nashörner sitzen so weit seitlich am Kopf, dass sie nicht gut nach vorn sehen können. Sie erkennen nur, was links und rechts von ihnen ist. Deshalb stoppt das Tier den Angriff immer wieder ab und dreht sich zur Seite, um zu sehen, ob wir noch da sind. Dabei verläuft es sich. Freddy ärgert das

Nashorn mit der Hupe, damit es nicht zu schnell aufgibt. Normalerweise würde mich das amüsieren, aber das Fieber frisst meinen Humor wie eine Delikatesse. Außerdem nimmt es mir die Hoffnung, dass es nur eine Bronchitis ist. Wenn achthundert Milligramm Antibiotika aus der Erlanger Plastiktüte nichts bewirken, sollte ich vielleicht mal zu einem richtigen Arzt gehen. Ich will nur noch ins Bett.

Am Ende des Tages erreichen wir die nächste Lodge. Sie gefällt mir besser als die erste. Sie hat ein großes Restaurant mit einem offenen Kamin in der Mitte. Ich setze mich direkt an eine der Kaminwände und drücke meinen Rücken in die Hitze. Trotzdem friere ich. Vor dem Einschlafen nehme ich noch eine von den Antibiotika, aber als der Morgen graut, fühlen sich meine Knochen an, als ob jemand mein Gerippe als Klavier benutzt, um darauf einen Evergreen in Dauerschleife zum Besten zu geben. «Spiel mir das Lied vom Tod». Allein diese Einschätzung der Lage reicht eigentlich, um eine Malaria zu diagnostizieren, denn alle, die mal eine hatten und mir davon berichteten, sagten dasselbe: «Du glaubst, du stirbst.» Aber meine Malariatabletten will ich noch immer nicht schlucken, denn beim Denguefieber glaubt man das Gleiche. Und für die braucht es andere Pillen. Man sollte sichergehen, bevor man die echten Bomben einwirft. Freddy schlägt vor, dass wir so schnell wie möglich das Reservat verlassen und nach Arusha fahren. Dort gibt es ein gutes Krankenhaus. Die Art, wie ich daraufhin zum Jeep schleiche, bewirkt bei ihm ein überaus besorgtes Gesicht. Lisa dagegen ist sich nicht sicher, ob ich übertreibe. Sie glaubt, dass Männer grundsätzlich wehleidig sind. Hätte ich die Kraft dazu, wäre ich jetzt sauer auf sie. Aber ich habe keine Energie für den Geschlechterkampf.

Einer der Nachteile einer schweren Krankheit besteht darin, dass dich die äußeren Paradiese nicht mehr erreichen. Einer ihrer Vorteile ist, dass für die äußeren Höllen dasselbe gilt. Kaum sind wir aus dem Reservat heraus und zurück in der Zivilisation, fahren wir durch Dörfer, in denen Männer auf beiden Seiten der Straße mit Knüppeln und Macheten stehen, dazwischen sind schwerbewaffnete Polizisten und Soldaten. Die Wahl ist gelaufen, aber man weiß noch nicht, wer gewonnen hat. Wir rollen an jeder Menge finsterer Gesichter vorbei, und wieder schaue ich mir das auf der Rückbank liegend wie eine Fernsehsendung an. Den Weltspiegel vielleicht. Und mehr geht mich das auch nicht an. Dafür ist Lisa emotional überinvolviert. Sie will unbedingt noch vor Anbruch der Dunkelheit in unserem Hotel in Moshi sein. Sie erinnert sich an Freddys Worte, dass die echten Probleme am Abend beginnen, wenn die Leute trinken. Mit einem Zwischenstopp im Krankenhaus von Arusha aber werden wir es nicht mehr schaffen, noch vor Sonnenuntergang zurück zu sein.

Die Malaria ist eine Krankheit, die in Wellen kommt, und für gewöhnlich ist die nächste Welle stärker als die zuvor. Als wir das Krankenhaus in Arusha erreichen, bin ich gerade in einem Wellental. Das Fieber ist gesunken, die Knochen klappern nicht mehr ganz so laut, allerdings bin ich so schlapp wie ein Autoreifen, aus dem alle Luft entwichen ist. Am liebsten hätte ich mich vor dem Arzt auf den Boden gelegt, statt mich neben ihn zu setzen. Das Krankenhaus ist ganz in Ordnung. Es sieht nicht anders aus als eines bei uns. Nur das Personal ist netter. Auch dieser Arzt beeindruckt mich mit seiner Freundlichkeit, Herzlichkeit, Anteilnahme und seiner durchweg positiven Ausstrahlung. «Sie schwitzen, mein Freund», sagt er. «Ja», sage ich. Dann misst er meinen Blutdruck und wundert sich. «Können Sie noch gehen?», fragt er mich. «Weiß ich nicht.» Er schickt mich in einen anderen Raum zur Blutabnahme. Ein schwarzer Engel in Schwesternkleidung schiebt mir unendlich sanft eine große Spritze in die Vene, um mir eine beachtliche Menge Blut abzuzapfen, zwei dürre alte Massai schauen durch die offene Tür neugierig zu. Ich zeige ihnen, was ein weißer Mann aushalten kann, und nachdem der wahnsinnig nette Doktor das Ergebnis der Blutuntersuchung in den Händen hält, sagt er etwas Merkwürdiges.

«Sie haben keine Malaria, mein Freund. Aber vielleicht haben Sie doch eine Malaria.»

Wie meint er das? Er meint, sie hätten vielleicht zu wenig Blut abgezapft. Ja, wie viel will er denn? Einen Eimer voll, damit er seinen Kopf reinstecken kann, um nach den Erregern zu spähen? Das ist keine Schulmedizin. Die würde sagen, dass Malaria nur während eines akuten Fieberschubs einwandfrei im Blut festzustellen ist. Der gute Doktor rät mir, jetzt erst mal nichts zu tun, aber falls sich das hohe Fieber wieder einstellen sollte, sofort zu den Malariatabletten zu greifen. Zum Abschied reicht er mir die Hand. Sie reagiert enttäuscht und seine Augen auch. Ich habe ihm kein Trinkgeld gegeben. Nicht aus Gemeinheit. Nicht weil ich unzufrieden bin. Und auch nicht, weil ich grundsätzlich etwas gegen Trinkgelder habe. Ich fühle mich einfach nur zu schwach, um in meine Tasche zu greifen, zu schwach, um mich für einen Betrag zu entscheiden, zu schwach, um ihm das Geld angemessen diskret zu geben, zu schwach, um dabei nicht enttäuscht über die Motive seiner Herzlichkeit zu wirken, zu schwach für diesen ganzen Bakschisch-Scheiß.

Die Strecke von Arusha bis Moshi ist normalerweise in eineinhalb Stunden zu machen, aber wir werden heute länger brauchen, denn es geht im Stop-and-go von Straßensperre zu Straßensperre voran. Inzwischen ist bekannt, dass die Opposition zwar landesweit verloren, aber in dieser Region gewonnen hat. Damit haben wirklich alle einen Grund, sauer zu sein. Die Anhänger der Regierungspartei, weil vor Ort ab sofort ihre Gegner die Macht, die guten Jobs und das Geld haben, und die Oppositionellen sind wütend, weil ihr Ex-Priester nicht Präsident geworden ist. An allen Ecken, an allen Kreuzungen, im Grunde alle paar Meter vibrieren zumeist junge Männer in großen Gruppen, um entweder laut Parolen zu skandieren oder leise in der Dunkelheit zu lauern. Diese Gruppen sind keine Ansammlung von Individuen mehr, die Menschen sind zu einem amorphen Wesen verschmolzen, das hundert und mehr Arme, Beine und Köpfe hat. Der Gruppenkörper ist fähig, sich jederzeit zu verändern. Rund zu werden, viereckig, Beulen zu bekommen oder sich zu einem Rammbock zu formen. Es braucht nur einer loszulaufen, und alle laufen hinterher, es braucht nur einer zuzuschlagen, und alle Fäuste machen mit, es braucht nur einer einen Stein aufzuheben, und alle bücken sich. Erhellt werden die Szenen von spärlicher Straßenbeleuchtung, privaten Öllampen, Feuern am Wegesrand und Feuern in Mülltonnen. Je näher wir Moshi kommen, desto wütender wird die Straße, jetzt hören wir auch Hubschrauber über uns. Dazu setzt der nächste Fieberschub ein, die nächste Malariawelle kommt, und dieses Mal fühlt es sich wie die erste echte Killerwelle an.

Sobald wir im Hotel sind, misst Lisa Fieber bei mir, und es sind nun über vierzig Grad. Endlich werfe ich die

Malariatabletten ein, vier Stück auf einmal, denn so wird es gemacht. Drei Tage lang jeweils vier «Malarone», danach ist der gröbste Spuk in der Regel vorbei. Sie wirken noch in derselben Nacht. Am Morgen erwache ich zwar klatschnass, und auch die Bettlaken kann man auswringen, aber die Temperatur ist auf achtunddreißig und ein paar Zerquetschte runtergegangen. Putzmunter ist was anderes, aber ich fühle mich kräftig genug für die Weiterreise zum «Aga Khan Hospital». Denn noch ist es ja nicht amtlich, ob ich wirklich Malaria habe, und ich wüsste das gern und Lisa auch. Wir brauchen eine Stunde mit dem Taxi, zwei Stunden mit dem Flugzeug und dann noch mal eine Stunde Taxifahrt, bevor wir das beste Krankenhaus von ganz Ostafrika betreten. Damit sind wir mehr oder weniger nebenbei auch in Nairobi und damit in Kenia angelangt.

Hier sind nur Profis unterwegs. Die Ärzte, Schwestern, Pfleger und das Verwaltungspersonal des Aga-Khan-Krankenhauses strahlen Kompetenz und Gelassenheit aus. Und auch sie sind scheißfreundlich. Das freut mich, denn ich sehe darin den Beweis, dass Professionalität und Herzlichkeit sich nicht zwingend ausschließen. Der Arzt, den man mir zuteilt, dürfte so Mitte dreißig sein, und er ist, wenn ich es recht bedenke, der erste Mann, den ich auf dieser Reise treffe, der dem Afrikabild von Nollywood entspricht: 1. jung, 2. attraktiv, 3. modern, 4. erfolgreich, 5. lässig, 6. Dreitagebart, 7. gutes Englisch. Er untersucht mich wie sein Kollege in Tansania, aber er macht noch ein paar Checks zusätzlich. Er leuchtet mir, zum Beispiel, in die Augen, um einen Blick auf meine Iris und meine Pupillen zu werfen. Er lacht ein bisschen und sagt «aha». Mehr nicht, er geht nicht weiter darauf ein. Mir wird ein bisschen mulmig.

«Was haben Sie gesehen, Doktor?»

«Erfahrungen.»

Erfahrung heißt auf Englisch «experience». Jimi Hendrix hat eines seiner Alben «Are You Experienced» genannt. Gottes bester Gitarrist meinte LSD damit. Ich habe etwa mit zwanzig aufgehört, LSD zu nehmen. Und das kann man nach fast vierzig Jahren noch immer in meinen Augen sehen? Starkes Stück. Oder sah der Doktor das Kokain, mit dem ich vor zehn Jahren Schluss gemacht habe, oder das Haschisch, das ich vor zwei Wochen rauchte, oder den Alkohol von vorvorgestern. Oder war es vorvorvorgestern? Auf alle Fälle war es vor dem Fieber. Und im Aga-Khan-Krankenhaus finden sie auch endlich die Erreger der Malaria tropica in meinem Blut. Es gibt viele Arten von Malaria, einige sind weniger schlimm, und diese ist die schlimmste, deshalb empfiehlt mir der Arzt, die Dreitagetablettentherapie auf sieben Tage zu verlängern, und weil ich dafür nicht mehr genügend Malarone habe, verschreibt er mir neue Tabletten. Ich ziere mich etwas, der Nebenwirkungen halber. Und mir geht es doch auch wirklich schon viel besser. Aber nein, sagt er, es muss sein.

Die Medikamentenausgabe ist in einer anderen Ecke der recht weitläufigen Klinik. Auch hier muss man ein Weilchen warten, und während ich das tue, fällt mir ein Mann auf. Nicht, weil er so weiß ist wie ich, im Aga-Khan-Krankenhaus sind Weiße, aber auch Inder, Araber und Asiaten kein ungewöhnlicher Anblick. Nein, er fällt mir auf, weil er zu hundert Prozent wie Paul Newman aussieht, genauer, wie Paul Newman vor einigen Jahrzehnten, und vor allem fällt er mir auf, weil er einen zierlichen roten Damenschuh in der Hand hält. Entgeistert ist das falsche Wort für die Art, wie der junge Paul Newman auf den Schuh blickt.

Schockiert auch. Verwirrt stimmt ebenfalls nicht. Es ist ein trauriger, verwunderter, hilfloser Blick. Ich nehme mir ein Herz und spreche ihn an.

«Entschuldigen Sie, ist der Schuh krank?»

Sobald der Satz raus ist, tut es mir leid. Aber der Mann, der wie Paul Newman aussieht, nimmt ihn mir nicht krumm, im Gegenteil, er scheint ganz froh darüber zu sein, aus seiner melancholischen Nachdenklichkeit herausgerissen zu werden.

«Nein», sagt er, «der Schuh ist nicht krank. Aber seine Geschichte ist krank. Schwer krank.»

Die Geschichte des zierlichen roten Schuhs geht kurz gesagt so: Der Doppelgänger von Paul Newman lebt und arbeitet seit vielen Jahren in Nairobi. Gestern fuhr er mit seinem Dienstwagen nach Haus, und ein Inder hielt ihn an. Der Mann stand unter Schock. «Meine Frau, meine Frau, bitte helfen Sie meiner Frau.» Paul Newmans jüngeres Ebenbild steigt aus und sieht eine zierliche Inderin auf der Straße liegen. Sie hat rote Schuhe an. Zeitpunkt: direkt nach einem Raubüberfall. Man hat das Auto der Inder gerammt, man hat sie herausgezerrt, die Frau hat geschrien, der Mann hat geschwiegen, aber alles gegeben, darum steht er noch, während sie liegt. Das ist wichtig, man muss ruhig bleiben und ihnen sofort alles geben, und am besten auf den Knien, und man darf ihnen nicht ins Gesicht dabei sehen, sonst müssen sie sich sorgen, dass man sie später identifizieren könnte. Den Räubern von Nairobi soll man keine Gründe geben, warum es klüger wäre, dich zu ermorden, statt dich laufenzulassen. Die Frau hat geschrien. Sie haben sie sofort zum Schweigen gebracht. Womit? Er hat keinen Schuss gehört, also Messer oder Machete. Aber sie lebt, sie wimmert leise. Sie legen die schwerverletzte

Inderin auf den Rücksitz seines Wagens, und er rast zum Aga-Khan-Krankenhaus. Er trägt sie in die Notaufnahme, er gibt sie ab, er kümmert sich darum, dass ihr Mann psychologisch betreut wird, und das war es dann, was er tun konnte. Heute findet er den roten Schuh in seinem Auto und fährt wieder zum Krankenhaus. Er will ihn der Inderin unbedingt zurückgeben, er glaubt, dass es sie freuen wird. Am Empfang wunderte man sich über sein Anliegen. Die Frau sei doch schon bei der Einlieferung tot gewesen. «Und jetzt», sagt der wie Paul Newman aussehende weiße Mann, «jetzt weiß ich einfach nicht, was ich mit dem Schuh machen soll. Ich weiß es wirklich nicht.»

21. NAIROBBERY

Albert Macumbale erblickte 1966 im Kakamega-Distrikt das Licht der Welt. Das ist nah an der Grenze zu Uganda. Da gibt es noch Regenwald und Respekt vor Traditionen. Ist ein Junge achtzehn Jahre alt, wird er in den Busch geschickt und muss dort allein einen Monat überleben. Schafft er das, kommt er als Krieger zurück, der für seinen Stamm kämpfen muss, wann immer es nötig wird. Wer darüber hinaus einen Mann getötet hat und dessen Kopf mit ins Dorf bringt, wird ein Anführer. Alberts Stamm kommt ursprünglich aus dem Kongo. Die dunkle Seite der Tradition ist der Kannibalismus zu rituellen Zwecken. Man könnte es auch Hardcore-Voodoo nennen. Ein Junge aus dem Nachbardorf wird gefangen, getötet und gegessen, damit die Ernte reichlich sein möge. Als Höhepunkt der Zeremonie benutzt der Älteste der Runde einen abgeschnittenen Unterarm des Opfers wie einen großen Löffel und rührt damit in einem Topf voll selbstgebrautem Bier. Stimmt das, Albert? Ja. Hast du es gesehen? Ja. Hast du mitgemacht? Natürlich nicht. Albert ist Christ. Sein Vater, ein ehemaliger Minensucher bei der Armee, hat ihn fromm erzogen.

Albert lernte, Autos zu reparieren. Weil es in den regenwaldnahen Dörfern seiner Heimat deutlich weniger Autos als in Kenias Hauptstadt gab, nahm er im Alter von dreiundzwanzig Jahren einen Bus nach Nairobi. Er hatte

Angst, denn am Ziel würde niemand zu ihm «willkommen» sagen. Er begann sein Leben ohne Vision und Hilfe. Die Fahrt kostete zweihundert Schilling und verschlang damit den Bärenanteil seines Startkapitals. Als Albert in Nairobi aus dem Bus in die Morgensonne trat, hatte er noch fünf Schilling in der Tasche. Die legte er folgendermaßen an: drei Schilling fürs Frühstück, zwei Schilling für den Stadtbus zum Kibera Slum.

Sechzig Prozent der Einwohner von Nairobi leben in den rund zweihundert Slums der Stadt. Als Slum bezeichnet man Stadtteile ohne Infrastruktur. Kein fließend Wasser, kein Strom, keine Kanalisation, keine Straßen, keine Häuser. Nur ein Meer von Bretterbuden und Wellblechhütten. Weil niemand sanitäre Anlagen hat, erfand man die Lufttoilette. Man erleichtert sich in eine Plastiktüte und wirft sie über die Nachbarhütte. Und es wird viel getötet. In einigen Slums von Nairobi ist Mord die häufigste Todesursache, gefolgt von Aids. In anderen Slums hat Aids das Morden überholt. Die meisten morden mit der Machete, denn sie ist praktisch und billig. Das Universalwerkzeug der Armen taugt für die Gartenarbeit wie für den Überfall. Im Kibera Slum, zu dem Albert an diesem Morgen mit dem Kenya Bus No. 33 fuhr, leben zweihunderttausend Menschen, trotzdem fand Albert darin seinen Onkel. Ein Kräuterhändler, der von Alberts Ankunft nicht begeistert war. Seine Hütte schien mit ihm selbst, seinen zwei Söhnen und seiner Frau eigentlich schon voll zu sein. Der Onkel sagte, es gäbe zwei Möglichkeiten: Entweder esse Albert umsonst bei ihm, aber schlafe irgendwo anders. Oder umgekehrt. Albert entschied sich für umgekehrt. Nach einer Woche schmiss ihn sein Onkel raus, und Albert zog zu einem anderen Onkel.

Alberts Jobsuche sah so aus: Er folgte anderen jungen Männern, die Jobs gefunden hatten, und er bekam einen bei einer britischen Firma als Automechaniker für zwölfhundert Kenia-Schilling im Monat. Ich muss es endlich mal sagen: Tausend Schilling sind acht Euro. Albert mietete sich eine eigene Hütte. Wer vermietet diese Buden? Leute, denen sie nicht gehören. Jugendbanden dominieren das Maklergeschäft in den Slums von Nairobi. Die Hütte kostete sechzig Schilling pro Monat, und Albert renovierte sie erst einmal, so gut es ging. Weil er sie unmöbliert angemietet hatte, schlief er zunächst auf Kartons, die er am Arbeitsplatz abzweigte, dann kaufte er in vernünftigen Intervallen:

1. Ein Bett für hundertfünfzig Schilling.
2. Einen Tisch für achtzig Schilling.
3. Zwei Hocker à zwanzig Schilling.
4. Eine Decke für achtzig Schilling.

Nach drei Monaten verlor Albert seinen Job, weil die Firma umzog. Aber inzwischen hatte er Freunde, die eine Garage besaßen. Sie reparierten Autos und teilten sich das Geld. Das lief ganz gut, das Problem war, dass Albert täglich morgens zwei Stunden zu Fuß zur Arbeit unterwegs war und abends zwei Stunden zurück. Ein Jahr später nahm ihnen eine Wirtschaftskrise in Kenia alle Kunden weg. Es gibt die guten Jungs und die bösen Jungs. Die bösen Jungs, die so viel von Autos verstehen wie Albert und seine Freunde, wären spätestens jetzt in das blühende Geschäft des Carjackings eingestiegen. Die brutalste Form des Autodiebstahls. Das läuft im Prinzip wie bei dem bedauernswerten indischen Ehepaar, von dem mir der Mann mit dem roten Schuh im Aga-Khan-Krankenhaus erzählte. Sie rammen mit ihren Schrottkisten teure Limousinen von hinten oder von der Seite, den Rest besorgt die Feuerwaffe oder die Machete. Weil das täglich und überall in Nairobi passiert, bleibt kaum noch jemand stehen, wenn er in einen Unfall verwickelt wird. Kriminelle Energie ist kreativ und sucht nach immer neuen Wegen. Inzwischen schrauben die Autodiebe von parkenden Wagen das Nummernschild ab, und sobald der Besitzer losgefahren ist, winken sie damit, so, als habe er es verloren. Auch in diesem Fall ist Gasgeben nützlich, denn es fährt sich ohne Nummernschild immer noch besser als ohne Auto oder ohne Leben. Albert gehörte zu den Guten. Albert machte so etwas nicht. Albert fuhr zu seinem Vater aufs Land zurück. Er kam zwar nicht als gemachter Mann heim, aber immerhin nahm er sein Bett, seinen Tisch und die zwei Hocker auf dem Dach des Busses mit. Ein bisschen Geld hatte er auch gespart, damit stieg er in die Landwirtschaft ein. Er baute Mais an, doch die Regenzeit schwemmte die Grashütte weg, in der seine Ernte lagerte. Wieder stand Albert vor dem Nichts. Und wieder band er sein Bett, seinen Tisch und die zwei Hocker auf dem Dach eines Busses fest.

Nairobi, zum Zweiten: Jetzt arbeitete Albert zunächst in einer Slumbar. Ein kleiner Raum, Kisten statt Möbel, billiges Bier, schlechter Whisky, Cola in staubigen Flaschen. Er lebte vom Trinkgeld. Glücklicherweise wurde Albert dabei nicht selbst sein bester Kunde, denn er trinkt nicht. Ein einziges Mal hat er ein Bier probiert, ein «White Cap», und ist davon sofort eingeschlafen. Danach war er froh, dass es kein Guinness gewesen ist, denn damit hätte er drei Tage geschlafen. Außerdem wusste Albert nun: Halleluja ist nicht sein Ding. Mit Halleluja bezeichnet man in Kenia den Zustand der Volltrunkenheit. Nach einem weiteren Job in einer Plastikfabrik (zwei Jahre) und einer Baufirma (drei

Jahre) stellte sich Albert die Frage, durch wie viele Jobs ein Mann gehen muss, bevor er seine Berufung findet.

Ein Mann, der immer nüchtern ist, keine bad boys mag, scharfe Augen und ein feines Gehör hat und zudem Kenntnisse über den Umgang mit wilden Tieren, heuert am besten als Wächter bei der größten Sicherheitsfirma der Stadt an. Drei ehemalige Mitglieder der US Navy haben sie aufgezogen. Und sie boten ihm, für den Fall, dass er auch im Karen-Viertel arbeiten würde, interessante Konditionen. Albert nahm den Job sofort an, denn er unterschätzte die Gefahr, die Wächtern im Karen-Viertel droht. Es ist der reichste Stadtteil von Nairobi. Hier wohnte Karen Blixen, die «Jenseits von Afrika» geschrieben hat. Der Nachteil des Viertels ist, dass es zum einen von Slums und zum anderen vom Nairobi-Nationalpark begrenzt wird. Als er 1946 eröffnet wurde, gab es noch genügend Platz zwischen ihm und der Stadt, aber inzwischen ist Kenias Metropole ein bisschen gewachsen, heute leben wilde Tiere und Stadtbevölkerung in direkter Nachbarschaft. Nur ein lächerlich dünner Zaun trennt die Heimat von immerhin achtzig Säugetierarten und dem weltgrößten Bestand freier Nashörner von dem Haus, das Albert zugeteilt wurde. Die Stelle war vakant, weil ein Leopard das Genick von Alberts Vorgänger gebrochen hatte. Außerdem hatten die große Katze und ein Löwe, der ebenfalls den Garten als Jagdrevier nutzte, bereits zehn der zwölf Hunde des Hausbesitzers gefressen. Die restlichen zwei wurden dann jeden Abend ins Haus geholt. Nur Albert musste draußen bleiben.

Der Löwe und der Leopard kamen immer dann, wenn der Strom ausfiel, und weil das in Nairobi täglich passiert, kamen sie jeden Tag. Sie schleichen mit dem Schatten. Du kannst sie nicht sehen, aber den Löwen hörte er wenigstens. Nur der Leopard jagt unsichtbar und lautlos. Warum Albert nicht gefressen wurde? Drei Gründe:

1. Dank seiner ungewöhnlich guten Ohren hörte Albert den lautlosen Leopard trotzdem. Er hörte seine Augenlider klimpern.

2. Albert rieb sich mit dem Öl ein, das zum Reinigen von Gewehren benutzt wird. Das riechen Raubkatzen nicht gern.

3. Albert benutzte, wenn kein Gewehröl zu haben war, altes Öl von Transformatoren. Auch das mögen die Bestien nicht.

4. Albert schloss sich bei jedem Stromausfall im Hundekäfig ein.

So viel zu den Problemen, die wilde Tiere machten. Die wilden Menschen kamen in Gruppen von zehn bis fünfzehn Leuten zwischen 20 Uhr und 20.30 Uhr, wenn die meisten Wächter schlafen, weil sie gerade gegessen haben. Der beste Schutz gegen Räuber ist, sie zu sehen, bevor sie dich gesehen haben. Darum aß Albert nie in seinem Wachhäuschen, in das sie als Erstes eindringen, um den Wächter mit Knüppeln und Macheten allezumachen, sondern an einem Platz, von dem er den ganzen Garten überblicken konnte, ihn aber niemand sah. Zu Alberts Dienstausrüstung gehörte ein Alarmknopf. Sobald er ihn drückte, wusste man in den Pickups, die permanent in dem Viertel Streife fahren, welches Haus gerade überfallen wird. Die Kollegen brauchten in der Regel fünf bis sieben Minuten, um zur Stelle sein. Sie schossen nicht mit Feuerwaffen, sondern mit Hightech-Armbrüsten. Sie benutzten Pfeile, die mit Schlangen- oder Kräutergift präpariert waren. Das Schlangengift ist besser. Es hält acht Jahre, und die Räuber fürchten sich davor mehr als vor Kugeln, weil Giftpfeile bei jeder Art von Treffer tödlich sind.

Nach drei Monaten wollte Albert kündigen, aber seine Firma sagte, pass auf, Albert, wenn du das noch drei Monate überlebst, geben wir dir einen Job in einer cooleren Gegend. Albert überlebte, sie hielten Wort, und so kam der Wächter in das Viertel, in dem er noch heute arbeitet. Es liegt auf der anderen Seite der Millionenstadt, also zu weit weg für die wilden Tiere. Nicht zu weit weg für die Slums, aber das Viertel ist sicher, weil Minister, Botschafter, der Chef von «Kenia Air» und ausländische Journalisten dort wohnen. Nicht vor jeder, aber vor jeder dritten Villa stehen mit Maschinengewehr bewaffnete Posten, und um zu dem Haus zu gelangen, das Albert seit acht Jahren bewacht, muss man dreimal vor Schlagbäumen stoppen und Papiere vorweisen oder, alternativ, ein in dem Viertel bekanntes Gesicht. In dem Haus wohnt ein deutscher Journalist, der wie Paul Newman aussieht, und weil ich mich a) im Aga-Khan-Krankenhaus auf Anhieb gut mit ihm verstanden hatte und es sich b) herausstellte, dass er eines meiner Bücher gelesen hatte, empfahl er uns zunächst zwei Hotels und rief sie auch gleich an, aber weil beide gerade ausgebucht waren, bot er uns spontan seine Gastfreundschaft an. Für die Ausheilung meiner Malaria war das natürlich ideal. Drum herum nur Grün, eine große Terrasse, ein großer Garten, ein gutes Bett und erstklassiges Pflegepersonal. Der Wächter erzählt mir fabelhafte Geschichten, und der Koch ist ein wirklich lieber Kerl. Er heißt Sammy, und er schafft es, mit einem Lächeln die Sorgen aus deinem Gesicht zu waschen, und er lächelt den ganzen Tag. Im Gegensatz zu Albert, der die Ohren einer Fledermaus besitzt, hört Sammy so gut wie ein Stein. Er ist noch schwerhöriger als ich.

«One coffee, please», sage ich.

«Oh, yes, pizza», sagt er.

«No, Sammy, COFFEE!»

«No problem, Mister», sagt Sammy, «take one of my cigarettes.»

Und das sind in Wahrheit die einzigen Probleme, die wir in Nairobi haben.

22. BABYLINO, ICH GLAUBE,
WIR GEHEN BESSER

Ich habe lange nicht mehr über unsere Beziehung geschrieben. Über das Auf und Ab der Liebe, über die Grenzüberschreitungen des Ego, über die Angst. Woran mag das liegen? Dass es kein Auf und Ab mehr gab? Keine Machtspiele? Kein inneres Beben? Unsinn. Es gab genug von alldem. Aber ich hatte keine Lust mehr, darüber zu schreiben. Vielleicht hat ja auch niemand mehr Lust, darüber zu lesen. Super. Dann wäre das ja geklärt. Nur eines noch. Ich bin zwar nicht lieber das Opfer als der Täter. Aber als Täter stelle ich mich ungern dar. Auf Sansibar habe ich geträumt, dass sich der Spieß umdreht, und lange Zeit blieb es dabei. Ich war nicht mehr zu alt, sondern sie war zu jung, das heißt, ich bleibe ich und mache mein Ding, und entweder sie macht das mit oder nicht. Ich hatte keine Angst mehr, sie zu verlieren, was nicht heißt, dass es mir egal gewesen wäre oder ich es gar wünschte. Ich hatte nur einfach keine Angst mehr davor, was dazu führte, dass sie Angst bekam. Was wiederum dazu führte, dass ich mich noch weniger ängstigte. Ihre Angst befreite mich von meiner. Ihre Unfreiheit machte mich frei. Nicht richtig frei allerdings, denn jetzt begann sie an mir zu kleben wie ich zuvor an ihr. Jetzt begann ich wegzulaufen, und sie lief hinterher. Natürlich nicht wirklich, nur innerlich, es ist ein energetisches Spiel. Ob man sich öffnet oder nicht. Ob man anklopft oder abschließt. Ob man lächelt oder grinst. Lisa machte das ein paar Tage mit, dann flippte sie aus und holte die Beziehungsfrage wie eine Pistole raus. Hände hoch. Liebst du mich?

Das war in den Usambara-Bergen, bei Toni, während unseres Heimaturlaubs, und ich brauchte zu lange, um zu antworten. Eine Frage wie diese gibt dir höchstens sieben Sekunden, jedes Schweigen darüber hinaus heißt nein oder zumindest: Ich überlege noch, was auch die falsche Antwort ist. Obwohl das gar nicht stimmen muss. Das Schweigen kann auch heißen: Moment mal, so geht das nicht. Du kannst die Liebe nicht zum Rapport bestellen. Sie lässt sich nicht erzwingen, nee, ich mach da jetzt nicht mit, und wenn du dich auf den Kopf stellst. Und schon sind sieben Sekunden vorbei. Und dann noch mal sieben, und wer dann noch die Kurve kriegt, hat es wirklich drauf. Und weil ich es nicht draufhatte, war es eine Nacht lang plötzlich aus. Eine Nacht lagen in unserem Bett die Scherben eines Traums. Das entsetzte mich nicht weniger als sie. Mein Magen drehte sich um. Und damit war ihre Frage eigentlich beantwortet. Natürlich leide ich wie ein Hund, wenn du dich abwendest und weggehst. So kehrte meine Angst vor einem Leben ohne Lisa zurück. So drehte sich der Spieß ein weiteres Mal um, aber ganz schaffte sie es nicht, es waren keine hundertachtzig Grad, sondern nur neunzig. Seine Spitze zeigte nach oben, und sie neigte sich, je nach Lage der Dinge, in den nächsten Tagen mal ein bisschen zu dem einen und mal ein bisschen dem anderen von uns, das heißt, das Gleichgewicht des Schreckens war wiederhergestellt.

Dann kam die Serengeti, und sie war stark genug, um uns auf komplett andere Gedanken zu bringen, dasselbe gilt für die Malaria, bei der Lisa übrigens als Krankenschwester eine gute Figur machte, ja, sie hat sogar angeboten, mir die klassischen Patientenphantasien zu erfüllen und mich in Dessous zu pflegen, und die Tatsache, dass ich dieses Angebot nicht zu schätzen wusste, bedeutet nicht, dass ich sie schon wieder weniger zu lieben begann, sondern beweist lediglich, wie schlimm es gesundheitlich um mich stand. Schnee von gestern, das Fieber ist vorbei, was blieb und bleibt, sind die ganz normalen Prüfungen einer Reise zu zweit. Der ganz normale Wahnsinn, rund um die Uhr zusammen zu sein, die ganz normale Sehnsucht nach der Sehnsucht. Und die ganz normale Freude darüber, diese Prüfungen wegzustecken. Wir können stolz auf uns sein. Und sind es auch. Zwei Einzelgänger lernen, zu zweit zu reisen, und wenn ich jetzt noch lerne, wann es besser ist, hinter ihr statt neben ihr zu gehen, sind wir endlich ein gut funktionierendes, vagabundierendes Paar. Um ein Beispiel zu geben: Wenn Lisa schlechte Laune hat, ist es besser, hinter ihr zu sein. So fünf, sechs Meter. Diese Distanz verhindert, dass ein Wort das andere gibt. Wenn das nicht möglich ist, weil man, um ein anderes Beispiel zu nennen, zusammen auf der Rückbank eines Taxis sitzt, das seit gut zwei Stunden im Stau steht, empfiehlt sich das «Zwei-Menschen-zwei-Fenster»-Prinzip. Jeder schaut aus seinem, jeder recherchiert für sich die Folgen der Übermotorisierung einer Überpopulation. Kampala, die Hauptstadt von Uganda, fragt zu jeder Rushhour die Welt, wofür zum Teufel der Mensch Autos braucht. Damit es nicht mehr weitergeht? Schlimme Staus gibt es überall. In der Altstadt von Neu-Delhi, in den Straßenschluchten von New York, aber nirgendwo, nicht in Bangkok, nicht in Shanghai, nicht in Paris und auch nicht in Nairobi, haben wir einen Stau wie diesen gesehen. Was heißt gesehen? Gehört, gefühlt, gerochen, erlebt. Ohnmacht. Falle. Aus. Seit gut zwei Stunden fahren wir alle zehn Minuten zwei Meter voran oder alle fünf Minuten einen halben. Manchmal stehen wir auch zwanzig Minuten einfach nur rum, um dann zwanzig Meter weiterzukommen. Der Fahrer meint, wir hätten Glück. Normalerweise ginge das nicht so schnell. Die Straße, obwohl im Zentrum der Metropole, ist aus Lehm, die meisten Straßen rechts und links auch. Und es regnet. Ergebnis: eine irre Sauerei für Reifen, Karosserien und Fußgänger. Die Fußgänger quetschen sich durch die Autoschlangen, wenn sie die Straße überqueren wollen. Das ist für sie nicht ganz ungefährlich. Wir haben gerade einen angefahren. Nichts Schlimmes, wir standen ja halb, ein blauer Fleck am Oberschenkel oder ein schmerzendes Knie, und muss nicht jeder selber wissen, was er tut? In Kampala zur Rushhour über die Straße zu gehen, tut halt weh. Wir sitzen wenigstens, und noch dazu im Trockenen. Reisen, liebe Leute, ist der Hammer. Der Traum, dass es immer und immer weitergeht, wird bezahlt mit seinem verfickten Gegenteil.

Lisa ist sauer, weil ich nicht in das von Chinesen geführte Hotel will, obwohl es ganz in der Nähe ist. Wir sehen es seit geraumer Zeit, wir könnten zu Fuß hin. Das Paradies ist immer zu Fuß in fünf Minuten erreichbar, aber wir glauben es einfach nicht. Nein, ich glaube es nicht, sie schon. Ich glaube, das Paradies für Reisende in Kampala heißt «Le Bougainvillier». Ich habe die Fotos im Internet gesehen. Ich bin ganz sicher. Außerdem darf man da rauchen, bei den Chinesen merkwürdigerweise nicht. Lisa ist sauer, weil sie klüger ist als ich und meistens recht behält. Nachdem wir irgendwann dann doch noch das «Le Bougainvillier» erreichen, entschuldigt sie sich aber. Von außen sieht es wie eine kleine Burg aus, drinnen ist es ein wunderschöner Garten mit einem künstlichen Wasserfall und kleinen Treppchen, und was die Bepflanzung angeht, nun ja, ich bin kein Florist, ich sage immer nur Rosen und Orchideen, wenn mir Blumen gefallen, und das stimmt so wahrscheinlich nicht, aber davon abgesehen gedeihen hier alle Rosen und Orchideen ausgesprochen prächtig, denn die Erde Ugandas ist die fruchtbarste des Kontinents. Man braucht nur draufzuspucken, und schon kommt eine Kakaopflanze raus oder ein Kaffeestrauch oder ein Tabakblatt. Churchill hat das Land «die Perle Afrikas» genannt. Idi Amin warf sie den Säuen vor, und dreißig Jahre nach seiner unendlich dämlichen Schreckensherrschaft sind die Perlenputzer wieder da. Uganda boomt, wächst und erblüht, was im Straßenverkehr nervt, aber im Garten des «Le Bougainvillier» nur Freude schafft. Der Besitzer ist ein Franzose um die sechzig, seine ugandische Frau ist rattenscharf, wunderschön und doof, und auch mit den Zimmern hat er alles richtig gemacht. Dafür zahle ich gern hundertzwanzig Dollar ein paar Tage lang. Und dann wird man weitersehen.

Lisa träumt bereits jetzt von Ruanda und / oder dem Südsudan, aber ich bin mir ziemlich sicher, dass Uganda die letzte Station vor Kairo ist, und Kairo wird das Ende sein. Ich beziehe diese Sicherheit aus meinem Körpergefühl. Um die Nachwirkungen einer Malaria zu beschreiben, reichen drei Worte: schlapp, schlapp, schlapp. Man will keinen Meter zu viel machen. Dieser Bewegungsfreudigkeit entsprechend bleiben wir fünf Tage in dem Hotel oder in den Restaurants der unmittelbaren Nachbarschaft, einmal gehen wir auch ins Kino und sehen uns im Rahmen eines ugandisch-deutschen Filmfestivals einen der letzten großen Filme von Bernd Eichinger im Original mit englischen Untertiteln an. Die Geschichte der RAF gefällt den Afrikanern. Uns auch. Und jeden Tag werfen wir die Reisepläne des Vortags um. Wohin wir von Kampala fahren werden, wenn wir das «Le Bougainvillier» verlassen. Vorgestern dachten wir noch an die Gorillas in den Nebelbergen. Affengeil. Die letzten frei lebenden Riesenprimaten laden uns zwar nicht ein, aber auch nicht aus. Sie sollen harmlos sein. Weil sie Vegetarier sind, müssen sie nicht töten, um zu fressen, und unnützes Töten kostet Kraft. Deshalb drohen sie nur, wenn ihnen was stinkt. Nicht in die Augen blicken, das stinkt ihnen. Und nicht weglaufen, dann kommen sie hinterher. Die richtige Reaktion auf ausflippende Riesenprimaten ist Stehenbleiben, auf den Boden schauen und Blätter kauen. Dann geht alles klar. Leider ist die Anfahrt weit, denn die Gorillas wohnen an der Grenze zu Ruanda, und der Aufstieg zu ihnen ist hart. Er dauert zehn Stunden und soll nichts für Konditionsschwache sein. Also nichts für mich derzeit. Alternative: eine Lodge in der Nähe irgendwelcher atemberaubenden Wasserfälle, mitten im Wald. Vorteil: Sie ist näher. Nachteil: Aber das ist eigentlich immer noch zu weit. Dritte Möglichkeit: die Quellen des Nil. Hört sich prima an und ist nur zwei Stunden mit dem Bus oder einem Taxi von Kampala entfernt, aber noch näher dran ist eine Halbinsel im Viktoriasee, auf der es eigentlich alles gibt, was wir brauchen: Regenwald, Tiere und ein Internationaler Flughafen. Außerdem gibt es da eine kleine, ruhige Stadt ohne Verkehrsprobleme namens Entebbe, und wenn es auch stimmt, dass mich an diesem Ort der Flughafen am meisten reizt, fange ich mal mit dem Regenwald an.

Er ist Teil des Botanischen Gartens von Entebbe, und man ist in fünf Minuten durch. Doch er ist wild gewachsen, und wenn man stehen bleibt und sich umschaut, sieht alles, aber wirklich alles haargenau wie der Regenwald unserer Träume aus. Ein weißes Menschenbaby ging in ihm verloren, eine Affenmama nahm sich seiner an, das Kind entwickelte sich prächtig, dann reifte es zum Mann, und der machte bald eine steile Karriere im Wald. Immer noch im Glauben, ein Affe zu sein, besiegt er Löwen, Leoparden, Krokodile und sogar Nilpferde im Zweikampf. Sein Titel: Herr des Dschungels. Sein Name: Tarzan. Seine Liebe: Jane. Sein bevorzugtes Verkehrsmittel: die Liane. Von den fast hundert Tarzan-Filmen wurden acht im Regenwald des Botanischen Gartens von Entebbe gedreht, mit Johnny Weissmüller in der Hauptrolle. Das war in den dreißiger Jahren und ist ein bisschen her, deshalb stellt sich hier die Frage: Wie schnell wächst so ein Regenwald, und was passiert mit den Lianen? Werden die einfach immer nur länger und länger, oder fallen sie irgendwann ab und wachsen nach? Ich bin auf der Suche nach Tarzans Liane. Man hat uns gesagt, sie hängt noch, aber leider ist kein Namensschild dran.

Wir wohnen übrigens gleich rechts von den Giraffen im Zoo von Entebbe. Streng genommen ist es kein Zoo, sondern ein «Recreation-Camp» für angeschossene oder angefahrene Wildtiere. Aber es sieht aus wie ein Zoo und funktioniert auch so, bis auf die Gästehütten, die sind eine zoologische Innovation. Schulklassen kommen und bestaunen die heimischen Bestien hinter Zäunen und Wassergräben, aber mehr noch bestaunen sie uns. Die Kinder reagieren auf Lisa und mich, als gehörten wir zu den Zootieren. Kleine Mädchen fragen ihre Lehrerin, ob sie uns anfassen dürfen. So bummeln wir durch Afrika und geben uns Kosenamen, am Löwengatter bleiben wir stehen. Vier große

Raubkatzen ruhen im Schatten beziehungsweise spielen ein bisschen mit einem großen Vogel, den sie erwischt haben. Zwischen uns und den Löwen ist ein etwa zwei Meter hoher Zaun und dahinter ein knapp drei Meter breiter Wassergraben. Lisa weiß nicht recht, ob sie sich sorgen soll, und fragt mich, ob ich etwas über die Sprungkraft von Löwen weiß, und ich sage, ja, darüber weiß ich alles. Löwen springen bis zu vier Meter hoch und bis zu zehn Meter weit. Aber nur, wenn sie genügend Anlauf haben. Hier hätten sie genügend, das Gehege ist so groß wie ein halbes Fußballfeld, und just, als ich das sage, kommt ein fünfter Löwe von der anderen Seite des Geheges, also aus rund fünfzig Metern Entfernung, mit Vollgas auf uns zugelaufen, und Lisa sagt endlich den Satz, den ich schon so lange von ihr hören will:

«Babylino, ich glaube, wir gehen besser.»

23. DIE PYRAMIDE

*W*ir fliegen nach Kairo in einer Sänfte von «Egypt Air».
Die Maschine ist fast leer. Jeder kann sich in seiner Reihe
ausstrecken. Turbulenzen schaukeln uns in den Schlaf.
Träumend überqueren wir Nordkenia, Äthiopien und den
Sudan, erst über der Nubischen Wüste wachen wir mit der
Sonne wieder auf und sehen wie in Gold getaucht Oasen,
Pyramiden und den Nil, dessen Lauf wir folgen, bis der
Pilot mit dem Sinkflug über Kairo beginnt. Die Häuser-
schluchten, ich weiß nicht warum, gefallen mir. Der Flughafen auch. Er sieht so aufgeräumt aus. Es ist Freitag, also
Sonntag für Moslems, und alle, die trotzdem arbeiten müssen, winken uns durch. Auch der Taxifahrer ist superent-
spannt. Ein alter Mann mit Schnauzbart, Lachfalten und
schwarzer Weste über dem weißen Hemd flitzt mit uns in
einem kleinen, kompakten, technisch tadellosen Peugeot
über die Stadtautobahn in Richtung Zentrum an Gebäu-
den vorbei, von denen jedes einzelne ein mit den Mitteln
der Architektur erzähltes Märchen ist, und alle zusammen sind ein befahrbares Bilderbuch von Tausendundeiner Nacht. Moscheen, Paläste, ehrwürdige Universitäten,
Theater, Museen. Lisa ist berauscht, und ich sage ihr auch,
warum. Kairo ist nicht schlappe hundert Jahre alt wie Nairobi und die meisten schwarzafrikanischen Städte, sondern fast zweitausend, und die Pyramiden drum herum
sind dann noch mal älter als das Alte Testament.

Weil auch die Straßen an einem Freitagmorgen so leer wie die Flughafenhallen sind, inhalieren wir den langen Atem der Geschichte ohne den Smog der Moderne und ohne auch nur einmal im Stau zu stehen. Selbst als wir das Zentrum erreichen, ist kaum Verkehr. Als ich zum ersten Mal nach Kairo kam, erschien mir die koloniale, mediterrane Großstadtarchitektur rund um den Tahrir-Platz recht heruntergekommen und so schmutzig wie jede Metropole der Dritten Welt, aber jetzt denke ich, das ist Europa. Das ist zu Haus. Hier hat sich viel getan. Und dann muss ich lächeln, weil sich hier natürlich überhaupt nichts getan hat. Aber ich bin dieses Mal nicht von Europa nach Kairo geflogen, sondern von Uganda. Da sieht, egal, wohin man kommt, alles gleich viel besser aus. Lisa erinnert es sogar an Paris, was im Übrigen auch der Name unseres Hotels ist. Es ist im vierten Stock, und natürlich ist der Fahrstuhl kaputt, aber wenn man mich fragt, ist das besser so, denn meiner Erinnerung nach bedeutet ein funktionierender Lift in Kairo nicht, dass er in Ordnung ist. In der Regel sind sie so alt wie die Häuser, das heißt, mit ihnen ist schon Lawrence von Arabien rauf- und runtergefahren, und seit Churchill wurden sie nicht mehr repariert.

Das Hotel «Paris», wir würden sagen, die Pension, wurde dagegen erst vor wenigen Tagen eröffnet, es ist blitzsauber und angenehm möbliert. Der dicke Machmut empfängt uns. Er ist um die dreißig und so scheißfreundlich wie die meisten Ägypter, spricht aber gutes amerikanisches Englisch, denn wie wir bereits in den ersten Minuten unseres Willkommen-Smalltalks erfahren, ist Machmut erst vor zwei Monaten aus den USA zurückgekommen, wo er einige Jahre als Krankenpfleger gearbeitet hat. Das Foto seiner amerikanischen Frau sehen wir noch vor unserem Zimmer. Sofort verstehe ich diese Liebe. Seine Gattin ist noch dicker als er. In ihren Augen und in ihrem Bett wird selbst Machmut der Fette zu einem schlanken ägyptischen Liebesgott. Er hört nicht auf zu reden, die Kombination von arabischer Geschwätzigkeit und amerikanisierter Lebenseinstellung lässt das nicht zu. Jeder ist seines Glückes Schmied, und Machmut will einen guten Job machen. Informationen, Führungen, Kaffee, Schlaftabletten, was immer wir brauchen, was immer uns fehlt, wir sollen uns nicht scheuen, ihn zu fragen, deshalb fragt Lisa nach Wein und ich nach Haschisch, und Machmut kommt aus dem Takt. Endlich, das Zimmer. Es hat einen Balkon. Wir setzen uns in die Sonne, schauen auf die Straße und fragen uns, wie es sich anfühlt, nicht mehr in Afrika zu sein, obwohl es noch Afrika ist, und wir kommen beide zu dem Schluss, dass es sich prima anfühlt. Prima Klima, und das Licht ist eigentlich mediterran, außerdem besprechen wir, wie es weitergehen soll.

Lisa ist zum ersten Mal in Ägypten, sie will sich Kindheitsträume erfüllen, ich war vor dreißig Jahren zum ersten Mal hier und will in ein paar alte Fußstapfen von mir treten, um zu schauen, ob sie noch passen. Die meisten sind sowieso dort, wo Lisas Träume hinzielen, also ist auch das kein Problem. Pyramiden, Mumien, Basare, und ich will darüber hinaus noch einen alten Freund und die wichtigste Moschee meines Lebens wiedersehen. Es klopft an der Tür, ich mache auf, und ein noch jüngerer Mann als Machmut steht vor mir, schlank und klein. Sein Englisch ist ohne US-Akzent.

«Me, I'm Ali», sagt er.

In Alis Augen mischen sich semikriminelle Energie und aufrichtige Dummheit, damit kann ich leben. Er bietet

Touren an, große Programme, alle Sehenswürdigkeiten aus Kleopatras Zeiten an einem Tag für einen Sonderpreis, weil er uns mag, und ich sage: «Hör mal zu, Ali, fang mal mit was Kleinem an. Ich suche einen Freund. Er heißt Ibrahim. Er arbeitete vor dreißig Jahren in der Pension ‹Suisse›. Kennst du ihn?»

«Sieht er aus wie ein Berg?»

«Ja.»

«Dann kenne ich ihn. Jeder kennt ihn hier. Aber er ist nicht mehr in der Pension ‹Suisse›. Er hat jetzt eigene Hotels. Er ist ein großer Mann geworden. Was willst du von ihm?»

«Er ist mein Freund», antworte ich.

«Dann rufe ich ihn gleich an», sagt Ali.

Ich glaube es nicht. Ich habe Ibrahim zum ersten Mal vor dreißig Jahren und zum zweiten Mal vor zwanzig Jahren gesehen und seitdem nicht mehr, und ich habe auch nie wieder was von ihm gehört und er nicht von mir, ich weiß nicht mal seinen Nachnamen, und der Erste, den ich in Kairo nach ihm frage, hat Ibrahims Nummer im Handy gespeichert. Wie geht das? Ist das Zufall, ist das Schicksal, oder ist dieser Ali ein Ali Baba, der mir jedes Märchen erzählt, das ich hören will?

«Willst du selbst mit ihm telefonieren?», fragt Ali.

«Nein, ich höre schlecht. Sprich du mit ihm.»

«Was soll ich ihm sagen?»

«Sag ihm meinen Namen, Tim, und sag ihm, er hat mir mal einen Skarabäus geschenkt.»

Ali ruft an, Ali spricht mit jemandem, Ali hört zu, dann wendet er sich zu mir. «Ibrahim erinnert sich an dich. Er will wissen, wie es mit dem Skarabäus weitergegangen ist. Er kann in einer Stunde vor der Pension ‹Suisse› sein. Ist das okay für dich?»

Manche Freundschaften halten ewig, obwohl man sich im Leben nur zweimal gesehen hat. Das erste Mal, 1981, arbeitete er an der Rezeption der Pension «Suisse», und er war, wie ich, ein drogensüchtiger Mann um die dreißig, bei ihm kam noch die Spielsucht dazu. Er war in etwa so groß wie ich, aber er wirkte größer, weil sein Körper dreimal so viel Raum verdrängte wie meiner. Ein Riesenherz schlug unter seiner Dschellaba, und er war ständig stoned. End of the story. Den Skarabäus schenkte er mir erst zehn Jahre später, als ich zum zweiten Mal in der Pension «Suisse» abstieg und Ibrahim noch immer hinter der Rezeption saß. Allerdings saß er da ein bisschen heruntergekommener als zuvor, weil er seinen Drogenkonsum inzwischen von Haschisch auf Opium umgestellt hatte, seiner Spielsucht und seinem großen Herzen dagegen war er treu geblieben. Er fand es nicht gut, dass ich nach Tel Aviv weiterreisen wollte, weil Saddam Hussein die Stadt in jenen Tagen mit Scud-Raketen beschoss, aber genau deshalb wollte ich ja hin. Nachdem er mir das eine Nacht und einen Tag vergeblich auszureden versucht hatte, kam er mit dem Skarabäus an. In Käferoriginalgröße und aus uraltem Stein. Ibrahim sagte, er wisse mit Sicherheit, dass der Skarabäus Magie habe, aber er wisse nicht, wofür. Ob er Leben oder Tod bringe.

Um 16 Uhr sind wir vor dem Haus, in dessen sechstem Stock die Pension «Suisse» ist. Ich will hochgehen, aber Ali meint, das sei unnötig. Ibrahim käme vorgefahren. Wir müssen nicht einmal eine Zigarettenlänge warten, und ein sehr neuer, sehr großer Wagen hält blinkend vor uns an, und mein ewiger ägyptischer Freund steigt aus. Er ist wirklich ein Berg von einem Mann, und er sieht blendend aus. Wir fallen uns in die Arme. «Hat dir der Skarabäus Glück gebracht?», flüstert er mir ins Ohr.

«Ja.»

«Hamdulillah!»

Das heißt Gott sei Dank. Ibrahim parkt den Wagen in einer Seitenstraße und führt uns zu einem Hotel namens «Egyptian Nights». Es gehört ihm. Hier trinken wir den ersten Tee, den zweiten nehmen wir in dem Hotel «Arabian Nights» zu uns, das ihm auch gehört. Alles in allem besitzt Ibrahim vier Hotels in Kairo, eine Oase im Süden und ein Haus in Frankreich. Was ist passiert? Wie hat er das geschafft? Wie hat er es vom Junkie zum Big Boss gebracht? Ibrahim sagt, es sei ganz einfach gewesen. Nachdem ich damals nach Tel Aviv weitergeflogen sei, habe er das Spielen aufgegeben und das Heroin auch. Dann habe er sich Geld geliehen und zwei Stockwerke über der Pension «Suisse» ein eigenes kleines Hotel eröffnet, später ein zweites und ein drittes und so weiter und so fort. Und nun solle ich endlich erzählen, wie es mit dem Skarabäus weitergegangen sei.

«Was soll ich sagen, Ibrahim? Ich habe Tel Aviv überlebt, also hat er mir nicht den Tod gebracht, nur eine gute Geschichte. Eine sehr gute sogar. Sie schrieb sich praktisch von selbst. Trotzdem glaubte ich damals nicht, dass es was mit dem Skarabäus zu tun hatte. Das glaubte ich erst ein paar Tage später, nachdem ich ihn verschenkt hatte.»

«Du hast ihn verschenkt?»

«An eine Hure.»

«Warum hast du das getan?»

«Ich mochte sie, und als sie fragte, warum ich ihr aus Ägypten nichts mitgebracht habe, fiel mir der Skarabäus ein. Ich hatte ihn in der Tasche. Eine Woche später rief sie mich an, und weißt du, Ibrahim, was sie mir sagte? Sie sei ab sofort eine Diskothekenbesitzerin. Einer ihrer Kunden war pleite und wollte seine Diskothek billig verkaufen, und ein anderer Kunde, ein Millionär, nutzte spontan die Chance, einmal in seinem Leben etwas Gutes zu tun, und schenkte ihr das Geld, das sie für die Disko brauchte. Das alles passierte in einer Woche, in null Komma nix.»

«Der Skarabäus», sagt Ibrahim.

«Ja, das war auch das Erste, woran ich dachte. Ich fuhr sofort zu ihrer Diskothek. Ich bat sie, mir den Skarabäus zurückzugeben. Sie lehnte das ab.»

«Was ist aus ihr geworden?»

«Eine Hure. Wie vorher. Sie hat den Laden innerhalb weniger Monate in den Sand gesetzt.»

«Und was wurde aus dir?»

«Ich habe dann endlich ein Buch geschrieben und ein zweites und ein drittes und noch ein paar. Im Grunde ging es mir mit den Büchern wie dir mit den Hotels.»

Ibrahim lächelt bis zu den Ohren, was bei ihm einiges heißt, denn auf diesem Berg von einem Mann thront ein mächtiger Schädel mit einem großen, runden Gesicht, und das ist für ein Lächeln kein kurzer Weg. «Dann ist die Sache klar», sagt er. «Der Skarabäus bringt Leben, wenn du ihn weitergibst, und Tod, wenn du ihn für dich behältst.»

«Also haben wir es beide richtig gemacht.»

«Hamdulillah.»

Themenwechsel. Die Pyramiden. Ich frage Ibrahim, ob es heute noch immer möglich sei, auf ihre Spitze zu klettern. Das habe ich vor dreißig Jahren mal getan und nie wieder vergessen. Die Nacht, der Vollmond, und ein Magnetismus, der die Seele mit dem Himmel vereint. Und seitdem wir in Afrika sind, galt das für mich als abgemacht: Sobald wir nach Kairo kommen, will ich da wieder rauf. «Nein», sagt Ibrahim, «das ist schon lange verboten. Es sind zu viele runtergefallen. Die Polizei steht direkt vor den Pyramiden und passt auf.» Trotzdem, ich habe den Richtigen gefragt. Ibrahim kennt einen der Pyramiden-Polizisten und will mit ihm sprechen. «Wie viel bietest du ihm?», fragt er.

«Fünfzig Dollar.»

«Dann gibt es keine Probleme. Du musst es früh am Morgen tun, wenn noch keine anderen Touristen da sind. Ich arrangiere es für dich. Aber es kann ein paar Tage dauern.»

Alis Benehmen hat sich nach dem Treffen mit Ibrahim sichtlich gewandelt. Wir gehen durch die inzwischen beleuchteten Straßen von Kairo zurück zu unserem Hotel, und er begegnet mir nun mit echtem Respekt und auch mit ein bisschen Angst, irgendwas falsch zu machen. Trotzdem kann er es nicht lassen. Falls ich wieder einen magischen Skarabäus kaufen wolle, mache er einen guten Preis. Nachdem ich Ali erklärt habe, dass man magische Dinge nicht kaufen kann, sondern geschenkt bekommen muss, ist die Sache allerdings vom Tisch.

«Für Parfüm gilt das aber nicht», sagt er.

Am nächsten Tag nehmen wir ein Taxi zur Cheops-Pyramide. Hier hat sich tatsächlich einiges geändert. Vor dreißig Jahren konnte man mit dem Auto direkt hinfahren, jetzt geht das nicht mehr; das gesamte Areal der Pyramiden ist umzäunt und für Kraftfahrzeuge verboten. Man muss einige hundert Meter zu Fuß gehen oder eine der Pferdekutschen nehmen, um sie zu erreichen. Ein paar tausend Touristen sind mit uns vor Ort. Die ganze Welt bummelt um das Weltwunder herum, und das zum Teil in wunderlicher Garderobe. Wahrscheinlich sind es Russinnen, die hier in Hotpants und Highheels zu den Grabmälern der Gottkönige stöckeln. Wären die Mumien noch drin, könnte es durchaus sein, dass ihnen die eine oder andere Binde ausbeult. Aber sie sind schon lange nicht mehr in den Pyramiden, nichts ist mehr darin, darum hat es mir damals keinen Spaß gemacht, hineinzugehen. Die Gänge, das weiß ich noch genau, sind so niedrig, dass ich mich auf jene Art und Weise bücken musste, die Bandscheibenvorfälle provoziert, und vor mir fotografierten Leute, die sich nicht zu bücken brauchten (Japaner), die nackten Wände der Königskammern. Warum fotografierten sie nicht ihre Keller zu Haus? Das kommt billiger, und räumt man vorher alles raus, wird es keiner merken. Nein, ich will nicht rein, ich will rauf. Und das scheint in der Tat nicht mehr so einfach zu sein. Um die Pyramide ist ein Absperrseil gespannt, und strategisch gut positionierte Polizisten mit Trillerpfeifen machen sofort dicke Backen, wenn man es auch nur berührt. Ich stehe vor dem Seil und suche das Bauwerk nach den Steinen ab, die ich vor dreißig Jahren als Treppe benutzte. Es gelingt mir irgendwie nicht. Nein, hier war es nicht. Wir gehen auf die andere Seite. Hier auch nicht. Wir umrunden die Pyramide ein zweites Mal, aber ich finde einfach die richtige Seite nicht. Keine Stelle scheint mir für den Aufstieg geeignet. Denn das sind keine Stufen, sondern Steinblöcke von jeweils einem Meter Höhe, und weil die Pyramide hundertfünfzig Meter hoch ist, sieht das hier eher nach Klettern und Extremsport aus als nach einem spirituellen Spaziergang. Mir wird schwindlig, wenn ich bis zur Spitze hochsehe und mir vorstelle, ich gehe da rauf.

«Darf ich fragen, was du gerade denkst?», sagt Lisa.

«Willst du es wirklich wissen?»

«Warum nicht?»

«Weil es beschämend für mich ist.»

«Noch einmal: warum nicht?»

«Weil es vielleicht auch für dich ein bisschen beschämend ist.»

«So schlimm?»

«Um ehrlich zu sein, Lisa, ich weiß nicht, ob es schlimm ist. Aber es ist beeindruckend. Wie oft habe ich davon geredet, dass ich auf diese Pyramide will?»

«Ziemlich oft. Aber nicht täglich. Einmal in der Woche, würde ich sagen, und du hast schon in Wien damit begonnen.»

«Und, was glaubst du, warum ich so oft davon gesprochen habe?»

«Weil du es schon mal gemacht hast und es offensichtlich ein großer Moment in deinem Leben gewesen ist.»

«Und genau das ist der Punkt.»

«Ach so ist das, du willst dich damit rausreden, dass man große Momente nicht wiederholen kann.»

«Nein, das meine ich nicht.»

«Was meinst du dann, Baby? Sag es mir, ich bin nicht zu dumm für dich.»

Sie lacht mich mit einem Lachen an, von dem ich nicht weiß, ob es ein Auslachen ist. Es steht ihr genauso gut wie ein ernstes Gesicht. Ihr steht alles heute. Der wadenlange schwarze Rock, die weiße, züchtig zugeknöpfte Bluse, der Schatten des Strohhuts auf ihren Lippen, die Ohrringe der Tuaregs, die Massai-Halskette und der Gürtel, den sie vor meiner Zeit in Mali erstanden hat. Eigentlich ist Gürtel zu viel gesagt, eigentlich ist es nur ein Bauchband, das den Afrikanerinnen die Reizwäsche ersetzt. Sie tragen es unter der Kleidung, Lisa trägt es drüber. Und auch das steht ihr. Nicht nur, weil einer schönen Frau alles steht, sondern weil die Kombination perfekt ist. So sittsam, wie es die gastgebende

Kultur verlangt, aber nicht ohne erotische Signale. Nein, sie ist nicht zu dumm für mich.

«Um ehrlich zu sein, Lisa, sieht es so aus. Ohne die Erinnerungen an meine Erstbesteigung dieser Pyramide vor dreißig Jahren fiele es mir nicht mal im Traum ein, hier hochsteigen zu wollen. Ich käme keine Minute auf den Gedanken, ja, let's face it, keine Sekunde. Es ist völlig absurd. Und das ist die Lektion der Stunde, um nicht zu sagen: der Schock.»

«Dir fällt also gerade auf, was dreißig Jahre bedeuten.»

«Ja.»

Wie mit einem Hammerschlag wird mir an der viereinhalbtausend Jahre alten Pyramide des Cheops klar, dass auch ich alt geworden bin. Spiegel und alte Fotos bewirken nicht dasselbe, weil sie nur den äußeren Verfall dokumentieren, außerdem gibt es Menschen, denen das Alter steht. Aber niemandem steht Schwäche. Lisa tröstet mich mit dem Vorschlag, morgen das weltberühmte «Ägyptische Museum» zu besuchen, in dem wirklich alte Leute liegen. Wie weise. Mumien, zweitausend Jahre alt, dreitausend Jahre alt, dreitausendfünfhundert Jahre alt, sind ohne Zweifel das Beste, was ein Mann sich ansehen kann, der auf die sechzig zugeht. Forever young, mit oder ohne Nase, Ganzkörperbandage, Staubgesicht. Putzfrauen, aufgepasst: Kehrt den Dreck nicht weg.

Wir besichtigen das Elend wie geplant am kommenden Tag. Die Mumienabteilung ist das Herz des Ägyptischen Museums, vorher mussten wir an Sphinxen und Göttern vorbei, die entweder keinen Kopf oder keinen Rumpf mehr hatten, aber auch an Nachbauten von Streitwagen, für die ich ein größeres Faible besitze. So leicht konstruiert, wie es ging, und mit zwei, drei oder vier Pferden davor, mindestens so schnell wie der Wind, mit scharf geschliffenen Messern an den Rädern, die sich durch die Beine der gegnerischen Heere fraßen. Da flogen Glieder, da spritzte Blut, da wurden Fußknöchel und Kniescheiben zu Knochenparmesan geraspelt und Muskeln zu Spaghetti verschnipselt, während die Pfeile der pharaonischen Bogenschützen, die hinter den Wagenlenkern standen, die Feinde wie Schaschlik aufspießten. Aber zurück zu denen, die all das befahlen. Sie ruhen in den verschiedensten Größen und Zerbröselstadien in langen Regalen, und man sollte bei ihrem Anblick nicht denselben Fehler wie Lisa machen. «In Wien gibt es viel schönere Leichen», sagt sie, und zehn Minuten später, gleich nachdem wir das Museum verlassen haben, tritt sie in eines der tausendundein Schlaglöcher von Kairos Straßen und fällt mit einem Schrei um. Der Fluch der Pharaonen hat sie ereilt. Sie kann wieder aufstehen, aber sie kann nicht mehr gehen. Auf einem Bein hüpfend und an meinem Arm schafft sie es bis zum Taxi, und das Hotel ist wirklich nicht weit, ein paar Minuten zu Fuß und ein paar weniger mit dem Wagen, aber der Fahrstuhl ist noch immer kaputt, deshalb setzt sich Lisa weinend auf die Stufen, während ich in den vierten Stock renne und Machmut den Fetten mit dem Fall vertraut mache. Er reagiert geradezu beglückt. «My profession!», ruft er, mein Beruf, und schon ist der Ex-Krankenpfleger zur Tür hinaus und auf dem Weg zu Lisa.

«Vertraust du mir?», fragt Machmut in genau dem Tonfall und mit genau dem Blick, den ich aus US-TV-Serien kenne, die in den Notaufnahmen von Krankenhäusern spielen, und dabei nimmt er Lisas Fuß in die Hand. «Vertraust du mir?» Weil sie nicht «nein» sagt, beginnt er damit, ihren Fuß herumzubiegen. Sie stöhnt und wimmert, und ich weiß genau, was Machmut der Fette jetzt sagen wird. Und er sagt es auch: «Es ist nichts gebrochen, sonst wäre sie jetzt die Decke hochgegangen.» Er tippt auf eine starke Prellung, etwa ein Viertel des Fußes ist blau angeschwollen. Also no problem. Gemeinsam schleppen wir Lisa die Treppe rauf und legen sie ins Bett. Sie stöhnt und wimmert immer noch, und sie will einen Arzt, aber Machmut hat inzwischen alles unter Kontrolle. «Es gibt zwei Möglichkeiten: Entweder du vertraust mir oder nicht. Wenn du dich für die erste Möglichkeit entscheidest...»

«Au, oh...»

«... wenn du mir also vertraust, holen wir keinen Arzt. Sondern ich geh schnell zur Apotheke und kaufe einen Verband und Schmerztabletten und bin in zehn Minuten zurück. Okay? Einverstanden? Ich mach es, wie du es willst. Aber ich bin ein Profi, und das ist mein Rat.»

«Vertrau ihm», sage ich.

«Oh, ah...»

Machmut der Fette bittet mich vor die Tür und redet jetzt mit mir wie Dr. Shepherd. «Sie ist in Panik», sagt er. «Aber ich bin genau die richtige Person für diese Situation. Wirklich. Sie können mir vertrauen. Das ist nur eine Prellung. Und geben Sie mir bitte zwanzig Dollar.»

Zehn Minuten später ist Machmut mit Schmerztabletten und einem elastischen Verband zurück, den er Lisa professionell anlegt, allein ihm dabei zuzuschauen, schenkt Vertrauen, aber Lisa hat derweil die Pillen in Augenschein genommen und sagt:

«Das sind keine Schmerztabletten. Das sind Antidepressiva. Sehr starke Antidepressiva.»

Sie gibt mir die Packung. Ich kenne sie auch. Dieses Medikament wird in der westlichen Welt bei Panikattacken, chronischen Angstzuständen, Depressionen, Drogenentzügen und Schizophrenie verschrieben. Hier bekommt es jeder in jeder Apotheke ohne Rezept. Dr. Machmut der Fette übertreibt ein bisschen, finde ich.

Den Rest des Tages bleibt Lisa im Bett, den Abend auch, nur manchmal hüpft sie ins Bad oder auf den Balkon. Am nächsten Morgen ist nicht mehr ein Viertel, sondern die Hälfte ihres Fußes blau angeschwollen, und Machmut erhöht den Verletzungsgrad auf eine Verstauchung. Der Fluch des Pharaos reduziert Lisas Kairo-Sightseeing-Radius für unbestimmte Zeit auf den Blick, den sie vom Balkon unseres Zimmers hat. Vier Stockwerke unter ihr pulsiert die Talaat Harb Street, eine der großen Geschäftsstraßen im Zentrum, und sie ist zu jeder Tageszeit und weit bis in die Abendstunden rappelvoll mit Leben. Vom vierten Stockwerk aus sieht man keine Details. Ich kauf ihr also ein Fernglas und geh mal alleine los.

24. DIE MOSCHEE

Die großen Momente meines Lebens brennen im Guten und im Bösen wie Feuer in der Nacht. Eine Nacht, die immer länger wird, denn sie ist meine Vergangenheit, und die Feuer erlöschen nie. Eine Erinnerung dieser Art beleuchtet den Nachmittag, an dem vor dreißig Jahren das Reisen für mich begann. Als Leidenschaft, als Beruf, als Aufgabe. Eine Initialzündung? Eine Lebensidee? Eine poetische Erleuchtung? Ich weiß nicht recht, wie man es nennen soll, und den Namen der Moschee, in der es geschah, weiß ich auch nicht. Es war irgendwo in der Altstadt von Kairo, irgendwo im Basar, irgendwo rund um den Khan el-Khalili. Aber der Basar ist groß, und es gibt dort viele Moscheen, trotzdem bin ich guter Dinge, weil ich zulasse, dass der Autopilot meines Unterbewusstseins die Suche übernimmt, er scannt Fassaden, Fenster, Farben, Lichter, Stimmen und Gerüche und vergleicht all das mit meinem Weg durch diesen Basar vor dreißig Jahren, und vielleicht eine halbe Stunde später stehe ich in dem Innenhof der Moschee und fühle es mit Sicherheit: Genau hier saß ich vor langer Zeit, genau hier gurrten die Tauben, genau hier habe ich stundenlang auf meine staubigen Sandalen geschaut. Ich war stolz auf den Staub und stolz auf meine nackten Füße. Ich betrachtete sie, wie vernünftigere Leute als ich auf teure Autos schauen, denn der Staub der Gassen erzählte Geschichten. Genau hier, in dieser Moschee, in diesem Innenhof begriff ich vor drei Jahrzehnten, dass mehr als tausend Gassen und Geschichten weltweit vor mir liegen, genau hier fühlte ich mich zu meinem Beruf berufen, das heißt, genau hier brennt eines der Feuer, von denen ich sprach. Die Kraft, die dieser Ort hat, ergreift mich, sobald ich den Innenhof der Moschee betrete, wie mit einer großen, sanften, unsichtbaren Hand. Oder besser, sie ist wie ein Brunnen, in den ich mich fallen lassen kann, weil ich gern in ihm ertrinke. Wie kann das sein? Reicht eine Architektur, die mit ihren Raffinessen den Geist aus dem Alltag befreit, als Erklärung aus? Ich glaube, nein, das reicht nicht. Ich war in vielen Moscheen, auch in vielen Tempeln und Kathedralen, und in allen war ein bisschen davon zu spüren, auch manchmal mehr, wie in einem Shiva-Tempel in Varanasi, aber nirgendwo war es so stark wie hier. Wo ich gerade bei Shiva und Varanasi und Indien bin – die Hindus hätten eine Erklärung für das Phänomen, aber folgte ich ihr, müsste ich mein naturwissenschaftliches Weltbild ablegen und akzeptieren, dass es Dinge zwischen Himmel und Erde gibt, die man nicht beweisen kann, außer mit dem eigenen Erleben. Der Hinduismus sieht es in etwa so:

Nichts geht verloren. Jede Tat, jedes Wort, jeder Gedanke und jedes Gefühl bleibt auf ewig bestehen. Alles bleibt im Fluss, unsichtbar, unmessbar, unendlich, und es gibt zwei Flüsse dieser Art, in einem fließt all das Gute, das Menschen taten, sagten, dachten und fühlten, im anderen all das Böse. Und die Seele ist wie ein Haus mit zwei Türen: Öffnet man die falsche, und sei es auch nur einen Spalt, dringt der ewige Fluss des Bösen ein und macht ihr 'ne Menge Probleme. Öffnet man die andere Tür, fließt das zeitlos Gute in sie und überschwemmt sie mit Lösungen. Diese Flüsse fließen überall, aber anscheinend sind sie nicht überall gleich tief und gleich stark. Anscheinend gibt es Orte auf dieser Welt, an denen so massiv Gutes oder Böses getan wurde, dass die entsprechende Seelentür von selber aufgeht, und zwar sperrangelweit, und die andere wie vernagelt scheint.

Ich schlief zum Beispiel vor Jahren einmal in einem sehr schönen Kolonialhotel sehr schlecht. Alles war bestens, die Architektur, die Einrichtung, das Licht, der Service, die Küche, alles entsprach meinem Geschmack, und trotzdem hatte ich die ganze Nacht schreckliche Albträume. Am nächsten Tag erfuhr ich, dass dieses Hotel die Folterzentrale eines grausamen Diktators gewesen ist, und mich wunderte nichts mehr, obwohl seine Gewaltherrschaft schon sieben Jahre zurücklag. Kann man die Schreie der vor Schmerzen halb wahnsinnig gewordenen Menschen nach sieben Jahren noch hören? Oder nach siebzig? Oder siebenhundert? Falls ja, dann kann man auch die Gebete, Segnungen, Belehrungen, Erleuchtungen, kurz: die spirituelle Präsenz des Heiligen noch spüren, die vor fünfhundert Jahren das Herz der Kairoer Altstadt bestimmte.

So alt ist die Moschee, in deren Innenhof ich jetzt stehe und den gurrenden Tauben zusehe. Hier wohnt ein mächtiger Engel. Ich habe ihn schon einmal besucht. Und wieder redet er mit mir. Vergangenheit und Gegenwart verschmelzen. Deshalb bin ich hergekommen. Mit alten und neuen Fragen. Die erste ist, ob man Erleuchtungen, oder soll ich «klare Momente» sagen, wiederholen kann. Nein, Erleuchtungen treffen den Sachverhalt besser. Hat also der Innenhof dieser Moschee heute für mich noch dieselbe erleuchtende Kraft wie vor dreißig Jahren? Und die Antwort ist: Na klar. Ich habe es schon gewusst, als ich ihn betrat, aber seit ich im Schatten sitze, an einer Mauer lehne und mal kurz die Augen geschlossen habe, weiß ich es mit Sicherheit. Ich glaubte wirklich, nur kurz die Augen geschlossen zu haben, doch als ich sie wieder öffne, ist fast eine Stunde vergangen, und dazwischen lag ein Tauchgang in Wissen und Kraft. In dieser Stunde wurde naturgemäß auch meine zweite Frage beantwortet. Was hat die Moschee, die mich damals für dreißig Jahre auf Reisen schickte, mir heute zu sagen? Dass der Kreis geschlossen ist, die Reise ihr Ende gefunden hat und die Wanderschuhe abzugeben sind? Das hatte ich vermutet, denn ich bin ein bisschen reisemüde, und das nicht erst seit gestern. Ich will heim, endlich heim, aber richtig. Darum verblüfft es mich, bevor es mich beglückt, dass die Botschaft dieses Ortes heute dieselbe ist wie seinerzeit. Exakt dieselbe. Sie besteht nicht aus so dehnbaren Floskeln wie «Die Reise geht weiter» oder «Die Reise ist nie zu Ende», nein, die Botschaft oder die Erkenntnis in dieser fünfhundert Jahre alten Moschee ist folgende:

Die Reise fängt gerade erst an!

Ich verlasse die Moschee, und es stimmt. Ich betrete zum ersten Mal in meinem Leben einen Basar. Natürlich weiß ich, dass dem nicht so ist. Es fühlt sich nur so an. Jedes Geschäft, jeder Kiosk, jeder Stand, jede Orangenkiste, jeder Schneider, jeder Handwerker, jeder Händler – mit oder ohne langen weißen Bart, mit oder ohne Turban, mit oder ohne Zähne –, jeder Duft von Weihrauch, Rosenholz, Myrte, Minze und Koriander, jeder Sonnenstrahl, jeder Sonnenfleck, jeder Sonnentropfen und jedes tanzende Staubkörnchen, jedes Lachen, jedes Schimpfen, jeder Blick und jeder Traum darin ist wie ein Satz, wie ein Wort, wie ein Buchstabe in einem Märchen, das ich tausendmal gelesen, aber auch tausendmal vergessen habe, und jetzt lese ich es einmal mehr, und es ist so spannend wie bei der ersten Lektüre. Das Leben ist so gut wie neu.

Nachdem ich aus dem Basar raus bin, stehe ich vor einer Entscheidung: entweder ein Taxi oder zu Fuß, wie damals. Das Zentrum ist, wenn ich mich nicht verlaufe, nur eine halbe Stunde entfernt. Aber warum sollte ich mich verlaufen? Ich brauche nur der großen Straße zu folgen, die zum Tahrir-Platz führt, also mache ich es wie vor dreißig Jahren. Ich übergebe mich dem Menschenfluss einer Stadt, die vierzehn Millionen Einwohner hat oder sechzehn, wer vermag es zu sagen. Sie verteilen sich nicht gleichmäßig, es gibt Viertel, in denen weniger los ist auf den Straßen, aber nirgendwo ist so ein Betrieb wie in der Altstadt von Kairo. Hier läuft der Topf über, hier sprudelt und spritzt die Stadt und schlägt Blasen, hier tanzt der Deckel auf dem Topf, hier dampft alles. Und was soll ich sagen, ich dampfe mit. Um ein Haar würde ich winken, hüpfen oder mein Glück laut herausrufen, aber das ist der einzige Unterschied zu dem Spaziergang vor dreißig Jahren, heute winke ich nur mit einem Blick, hüpfe mit dem Herzen und rufe mit einem Lachen, aber sonst ist alles beim Alten geblieben oder beim Neuen oder beim ewigen Leben. Worte, nichts als Worte, sie treffen es nicht, jedenfalls nicht ins Schwarze, weil das Schwarze unbeschreiblich ist. Wenn sie gut sind, spiegeln Worte das Leben und das Erlebte, aber ersetzen es nicht. Schleier, Autos und Parfüme, Schuhputzer, Träger und Seifenblasen-Verkäufer, Busse, Esel und Pferdekarren, Barbiere, Burka-Boutiquen und Teehäuser, Kellner und Kriminelle sowie alle und alles, was ich zu erwähnen vergessen habe, fusionieren zu einem riesigen Stück Speck, in dem ich die Made bin. Die Reiseschriftstellermade schlechthin. Ach, was sage ich. Scheiß auf den Schriftsteller! Und genieß die Reise. Sie fängt gerade wieder einmal an. Und die darin ruhende Erkenntnis besagt: An den Pyramiden wurde mir klar, wie alt mein Körper geworden ist, und auf dem Weg vom Khan el-Khalili zum Hotel «Paris» verstehe ich, dass die Schwäche von Muskeln, Kreislauf und Sehnen dem Geist scheißegal sein kann, wenn er weiß, wo die Jungbrunnen sind. Forever young heißt nicht forever fucking, aber es heißt forever love.

Apropos.

Lisa wartet nicht im Hotel auf mich. Machmut der Fette auch nicht. Nur Ali ist da, und Ali erzählt mir, dass Machmut meine Freundin auf seinem Motorrad ins Krankenhaus gebracht hat. Jesus Christus, was ist da los? Die Antwort weiß ich eine Stunde später. Lisa kommt mit einer hochprofessionellen Kombination aus Gips und Stützstrumpf zurück. Sie haben sie geröntgt. Ergebnis: glatter Bruch des Fußmittelknochens. Nicht wirklich schlimm, aber schmerzhaft. Sie braucht Ruhe, Tabletten und Krücken. Die gaben sie ihr gleich mit. Und wir probieren sie gleich aus. Sie schafft die Treppen, sie schafft die hundert Meter nach rechts, die dreißig nach links und noch ein paar wieder nach rechts, und wir nehmen vor einem Teehaus Platz. Hier sieht es draußen so gemütlich aus wie drinnen, weil die Gasse so klein ist und die Häuser so groß sind, hohe Mauern, hier und da mit Efeu berankt, schützen uns wie eine Burg. An allen Tischen sitzen Gäste, darunter viele Frauen, die Kopftücher tragen und Wasserpfeife rauchen. Ich bestelle ebenfalls eine Shisha und suche unter zehn Sorten den Klassiker, also den Apfeltabak, aus. Wir rauchen sie gemeinsam, trinken Tee und plaudern. War es das jetzt mit Afrika?

Wir sitzen am Rand des Kontinents, in einem seiner großen Nordtore. Folgen wir dem Nil zum Mittelmeer, hinter dessen Horizont Europa liegt? Sind wir in ein paar Tagen zu Hause? Sind diese letzten Wasserpfeifen unter afrikanischen Sternen das Ende unserer Reise? Ich erzähle Lisa, was die Moschee dazu meinte. Dass es nicht das Ende, sondern der Anfang sei. Lisa nickt das ab, und natürlich will sie wissen, ob die Moschee etwas darüber gesagt hat, wie es mit ihr und mir weitergeht. Um ehrlich zu sein, das hatte ich dort auch gefragt. Und, was soll ich sagen? Das wusste Gott auch nicht. Aber wer weiß das schon?

Das für dieses Buch verwendete FSC®-zertifizierte Papier
Lux Cream liefert Stora Enso, Finnland.